Die Rechtsmittelbeschränkung des § 55 JGG

Europäische Hochschulschriften
Publications Universitaires Européennes
European University Studies

Reihe II
Rechtswissenschaft

Série II Series II
Droit
Law

Bd./Vol. 3123

PETER LANG
Frankfurt am Main · Berlin · Bern · Bruxelles · New York · Oxford · Wien

Verena Schaumann

Die Rechtsmittelbeschränkung des § 55 JGG

PETER LANG
Europäischer Verlag der Wissenschaften

Die Deutsche Bibliothek - CIP-Einheitsaufnahme

Schaumann, Verena:

Die Rechtsmittelbeschränkung des § 55 JGG / Verena Schaumann. - Frankfurt am Main ; Berlin ; Bern ; Bruxelles ; New York ; Oxford ; Wien : Lang, 2001
(Europäische Hochschulschriften : Reihe 2, Rechtswissenschaft ; Bd. 3123)
Zugl.: Göttingen, Univ., Diss., 2000
ISBN 3-631-37282-5

D 7
ISSN 0531-7312
ISBN 3-631-37282-5

www.peterlang.de

Inhaltsverzeichnis

Abkürzungsverzeichnis

a.F.	alte Fassung
AV	Allgemeinverfügung
BayObLG	Bayerisches Oberstes Landesgericht
BayObLGSt	Entscheidungen des Bayerischen Obersten Landesgerichts in Strafsachen
DJustiz	Deutsche Justiz
DSS	Diemer/Schoreit/Sonnen
DVJJ	Deutsche Vereinigung für Jugendgerichte und Jugendgerichtshilfe e.V.
DVJJ-J	Journal der Deutschen Vereinigung für Jugendgerichte und Jugendgerichtshilfe e.V.
DVJJ-Schriftenreihe	Schriftenreihe der Deutschen Vereinigung für Jugendgerichte und Jugendgerichtshilfe e.V.
E	Entwurf
HAZ	Hannoversche Allgemeine Zeitung
HESt	Höchstrichterliche Entscheidungen in Strafsachen
JGG	Jugendgerichtsgesetz
JGG 1923	Jugendgerichtsgesetz von 1923
JMBl.NRW	Justizministerialblatt für das Land Nordrhein-Westfalen
JW	Juristische Wochenschrift
KKW	Kleines Kriminologisches Wörterbuch
Komm.z.	Kommentar zum/zur
LB	Lehrbuch
LRE	Sammlung lebensmittelrechtlicher Entscheidungen (Holthöfer/Nüse)
LS	Leitsatz
MBliV	Ministerialblatt des Reichs- und preußischen Ministeriums des Innern
MschrKrim	Monatsschrift für Kriminologie und Strafrechtsreform
n.F.	neue Fassung
Nds.Rpfl.	Niedersächsische Rechtspflege
Neue KrimPol	Neue Kriminalpolitik
NJ	Neue Justiz
RdJ	Recht der Jugend
RJGG	Reichsjugendgerichtsgesetz
RJM	Reichsjustizminister
SchlHA	Schleswig-Holsteinische Anzeigen
SZ	Süddeutsche Zeitung

UJ	Unsere Jugend
UK	Unterkommission
VRS	Verkehrsrechts-Sammlung
Z.Kinder-Jugendpsychiat.	Zeitschrift für Kinder- und Jugendpsychiatrie
ZfJ	Zentralblatt für Jugendrecht und Jugendwohlfahrt
ZNR	Zeitschrift für Neuere Rechtsgeschichte
ZRP	Zeitschrift für Rechtspolitik

Weitere benutzte Abkürzungen, soweit sie nicht bereits aus sich heraus verständlich sind, richten sich nach:

Kirchner, Hildebert	Abkürzungsverzeichnis der Rechtssprache, 4. Auflage, Berlin New York 1993

A. Einleitung

Über § 2 JGG finden im Jugendstrafverfahren die allgemeinen Vorschriften und somit auch die Regelungen über die Rechtsmittel nach den §§ 296 ff. StPO Anwendung[1], soweit das JGG nichts Gegenteiliges bestimmt. Das JGG sieht nur einige, dafür aber einschneidende Sonderregelungen im Bereich der Rechtsmittel vor. Zum einen werden durch die §§ 59 II 2, 88 VI 3 JGG die der Beschwerde zugänglichen Anfechtungsmöglichkeiten eingeschränkt. Zum anderen enthält das JGG in Form des § 55 JGG eine Sondervorschrift betreffend das Rechtsmittelverfahren im Jugendstrafverfahren.

Durch § 55 I 1 JGG, der auch als „sachliche" Rechtsmittelbeschränkung bezeichnet wird[2], werden die Rechte der Anfechtungsberechtigten derart eingeschränkt, daß diese eine Entscheidung, in der lediglich Erziehungsmaßregeln oder Zuchtmittel angeordnet sind, nicht wegen des Umfangs der Maßnahmen und nicht deshalb anfechten können, weil andere oder weitere Erziehungsmaßregeln oder Zuchtmittel hätten angeordnet werden sollen. Darüber hinaus kann eine Entscheidung nach § 55 I 1 JGG, in der die Auswahl und Anordnung von Erziehungsmaßregeln dem Vormundschaftsrichter[3] überlassen sind, nicht wegen dieser Überlassung angefochten werden.

Dies gilt nach § 55 I 2 JGG jedoch nicht, wenn der Richter angeordnet hat, Hilfe zur Erziehung nach § 12 Nr. 2 JGG in Anspruch zu nehmen.

In § 55 II 1 JGG, der auch „instanzielle" Rechtsmittelbeschränkung genannt wird[4], ist bestimmt, daß derjenige, der eine zulässige Berufung eingelegt hat, gegen das Berufungsurteil nicht mehr Revision einlegen kann.

Daraus folgt, daß jeder Anfechtungsberechtigte bei Eingreifen dieser Vorschrift nur ein Rechtsmittel einlegen kann.

Bei erstinstanzlichen Urteilen der Jugendkammern steht dem Anfechtungsberechtigten schon nach den Vorschriften des allgemeinen Strafprozeßrechts (§ 333 StPO) nur ein Rechtsmittel zur Verfügung, nämlich das der Revision zum Bundesgerichtshof. Eine Abweichung der Rechtsmittelmöglichkeiten im Jugendstrafver-

---

[1] vgl. Schaffstein/Beulke, Jugendstrafrecht, S.163;
vgl. auch Dallinger/Lackner, Komm.z.JGG (2. Aufl.), § 2 Rz.1 f. u.7.

[2] vgl. Nothacker, GA 1982, S.451 ff. (S.452);
ebenso Eisenberg, Komm.z.JGG, § 55 Rz.33.

[3] nach dem Gesetz zur Reform des Kindschaftsrechts (Kindschaftsrechtsreformgesetz -KindRG), BGBl. I S.2942 ff. (S.2966), wurde in § 55 I 1 JGG das Wort „Vormundschaftsrichter" durch die Worte „Familien- oder Vormundschaftsrichter" ersetzt. Einer entsprechenden Änderung unterlagen die §§ 34 II, III, 70 S.3, 84 II, 42 I, 98 I, 53, 54 und 104 IV JGG.
Diese Änderungen haben in dieser Arbeit jedoch keine Berücksichtigung mehr gefunden, da sie zu diesem Zeitpunkt bereits abgeschlossen war. Die nachträgliche Aufnahme dieser Änderungen war zudem nicht notwendig, da sie zu keiner inhaltlichen Änderung dieser Arbeit führen.

[4] vgl. Nothacker, GA 1982, S.451 ff. (S.452);
ebenso Eisenberg, Komm.z.JGG, § 55 Rz.34.

fahren von denen nach allgemeinem Strafverfahrensrecht besteht gem. § 55 II JGG folglich im Falle der erstinstanzlichen Zuständigkeit des Amtsgerichts.
Aus § 55 II 1 JGG i.V.m. § 335 I StPO ergibt sich, daß ein Anfechtungsberechtigter entweder Berufung oder Revision einlegen kann. Durch die Wahl des einen Rechtsmittels wird das jeweils andere unzulässig.[5] Hierdurch verliert die Revision gegen ein erstinstanzliches Urteil des Jugendrichters oder des Jugendschöffengerichts den Charakter der Sprungrevision i.S.d. § 335 I StPO und wird zur sogenannten Wahlrevision.[6]
Die in § 55 II JGG niedergelegte instanzielle Rechtsmittelbeschränkung erlangt auch für das allgemeine Strafverfahren Bedeutung, da der Bundesrat am 01.03.1996 den Entwurf eines Gesetzes zur Entlastung der Strafjustiz beschlossen hat.[7] In diesem Entwurf sind Änderungen im Bereich der Rechtsmittel vorgesehen, um unter anderem den bestehenden Widerspruch zu beseitigen, daß bei Verfahren, die ihren Ausgang bei den Amtsgerichten nehmen, drei Instanzen, während bei erstinstanzlich vor den Landgerichten verhandelten Strafsachen nur zwei Instanzen zur Verfügung stehen. Aus diesem Grunde wird in dem Entwurf in Anlehnung an das Jugendstrafrecht vorgesehen, dem Beschuldigten und der Staatsanwaltschaft nur noch ein Rechtsmittel (Berufung oder Revision) zur Wahl zu stellen.[8]

In § 55 II 2 JGG ist zudem geregelt, daß für den Fall, daß der Angeklagte, der Erziehungsberechtigte oder der gesetzliche Vertreter eine zulässige Berufung eingelegt hat, keinem von diesen mehr das Rechtsmittel der Revision gegen das Berufungsurteil zusteht. Hierdurch soll eine Umgehung der Rechtsmittelbeschränkung des § 55 II 1 JGG verhindert werden.[9]
In § 55 III JGG ist weiterhin festgelegt, daß der Erziehungsberechtigte oder der gesetzliche Vertreter das von ihm eingelegte Rechtsmittel nur mit Zustimmung des Angeklagten zurücknehmen kann.

Die Vorschrift des § 55 JGG findet gem. § 104 I Nr. 7 JGG und Nr. 3 der RiLi[10] zu § 55 JGG auch in Verfahren gegen Jugendliche vor den für allgemeine Strafsachen zuständigen Gerichten Anwendung. Nach §§ 109 II 1, 112 Satz 1 und 2 JGG und Nr. 3 der RiLi zu § 55 JGG gilt diese Vorschrift auch in Verfahren gegen Heranwachsende vor den Jugendgerichten und den für allgemeine Strafsachen zuständigen Gerichten, vorausgesetzt, daß der Richter Jugendstrafrecht anwendet. Eine Ausnahme hiervon besteht nach § 109 II 3 JGG dann, wenn die

---

[5] Eisenberg, Komm.z.JGG, § 55 Rz.57.
[6] Eisenberg, Komm.z.JGG, § 55 Rz.57;
vgl. auch DSS (Schoreit), Komm.z.JGG, § 55 Rz.42.
[7] BRat-Dr. 633/95.
[8] s. vertiefend hierzu Meyer-Goßner/Sröber, ZRP 1996, S.354 ff. (S.357 ff.).
[9] Albrecht, P.-A., Jugendstrafrecht, § 49 B II 2.
[10] Richtlinien zum Jugendgerichtsgesetz.

Entscheidung gegen einen Heranwachsenden im beschleunigten Verfahren des allgemeinen Verfahrensrechts ergangen ist.

Die Betrachtung des § 55 JGG zeigt, daß die sachliche und die instanzielle Rechtsmittelbeschränkung erhebliche Abweichungen von den Rechtsmittelvorschriften der §§ 296 ff. StPO vorsehen. Die Anfechtungsmöglichkeiten der zur Rechtsmitteleinlegung Berechtigten werden durch diese Vorschrift erheblich eingeschränkt.
In dieser Arbeit soll nachfolgend der Instanzenzug im Jugendstrafverfahren dargestellt sowie ein Überblick über die geschichtliche Entwicklung der in § 55 JGG niedergelegten jugendstrafverfahrensrechtlichen Rechtsmittelbeschränkung gegeben werden.
Weiterhin wird auf die Begründungen, die das Bestehen der Rechtsmittelbeschränkung des § 55 JGG legitimieren sollen, sowie deren Vertretbarkeit eingegangen, um festzustellen, ob die Vorschrift des § 55 JGG als sinnvolle Regelung anzuerkennen ist. Es stellt sich insbesondere die Frage, ob die jugendstrafverfahrensrechtliche Rechtsmittelbeschränkung des § 55 JGG mit Art. 3 I GG vereinbar ist, und die überwiegend praktizierte Anwendung mit dem hinter dieser Vorschrift stehenden Sinn und Zweck - im Rahmen der Vorgaben des Rechtsstaatsprinzips - übereinstimmt.

B. Der Instanzenzug im Jugendstrafverfahren

Im Zusammenhang mit der jugendstrafverfahrensrechtlichen Rechtsmittelbeschränkung spielt die Zuständigkeit der einzelnen Gerichte in den unterschiedlichen Instanzen eine nicht unerhebliche Rolle. Dies gilt vor allem im Hinblick auf § 55 II JGG, da bei erstinstanzlicher Zuständigkeit des Landgerichts den zur Anfechtung Berechtigten auch nach allgemeinem Verfahrensrecht nur das Rechtsmittel der Revision zur Verfügung steht. Die Anfechtungsmöglichkeiten einer Entscheidung werden in diesen Fällen daher durch § 55 II JGG nicht weiter eingeschränkt.

Jugendgerichte sind die nach den Vorschriften des JGG gegenüber den Zuständigkeiten in allgemeinen Strafsachen besonders zu besetzenden Spruchkörper der Amts- und Landgerichte, die über Verfehlungen Jugendlicher in erster Instanz und in der Berufungsinstanz zu entscheiden haben.[11]

Bei den Oberlandesgerichten und dem Bundesgerichtshof werden die Jugendsachen von den allgemein zuständigen Strafsenaten bearbeitet. Eine Spezialisierung der Gerichte im Revisionsverfahren könnte derzeit durch eine gezielte Geschäftsverteilung erreicht werden, indem Jugendsachen einem oder mehreren spezialisierten Senaten zugewiesen würden.[12]

Nach § 33 II JGG zählen zu den Jugendgerichten der Strafrichter als Jugendrichter, das Jugendschöffengericht und die Jugendkammer. Aus § 33 II JGG folgt, daß es sich bei den Jugendgerichten um keine selbständigen Gerichte, wie z.B. bei den Arbeitsgerichten handelt, sondern daß die Jugendgerichte vielmehr Abteilungen der Amtsgerichte und Kammern der Landgerichte sind.[13]

Über § 33 III JGG eröffnet das Gesetz die Möglichkeit, durch Rechtsverordnung der Landesregierungen einen Richter bei einem Amtsgericht zum Jugendrichter für den Bezirk mehrerer Amtsgerichte (Bezirksjugendrichter) zu bestellen. Diese Vorschrift gestattet weiterhin die Möglichkeit der Einrichtung eines gemeinsamen Jugendschöffengerichts für den Bezirk mehrerer Amtsgerichte.

I. Die sachliche Zuständigkeit der Jugendgerichte

Die Jugendgerichte haben nach §§ 33 I, 107 und 108 I JGG grundsätzlich über alle Straftaten Jugendlicher und Heranwachsender zu entscheiden. Die Zuständigkeit der Jugendgerichte erstreckt sich auch auf Strafsachen gegen Soldaten der Bundeswehr, die im Alter eines Jugendlichen oder Heranwachsen-den sind, und zwar unabhängig davon, ob deren Taten „zivile“ oder militärische Delikte darstellen.[14]

---

[11] Schaffstein/Beulke, Jugendstrafrecht, S.148.
[12] DSS (Schoreit), Komm.z.JGG, § 33 Rz.15 m.w.N.
[13] Schaffstein/Beulke, Jugendstrafrecht, S.151;
DSS (Schoreit), Komm.z.JGG, § 33 Rz.2.
[14] Schaffstein/Beulke, Jugendstrafrecht, S.39.

Von diesem Grundsatz bestehende Ausnahmen enthalten die §§ 102, 103 II 2, 112 JGG. Ob der Betroffene als Jugendlicher oder Heranwachsender anzusehen ist, bestimmt sich gem. § 1 II JGG nach dem Alter zur Zeit der Tat.
Die §§ 39 - 41, 107, 108 JGG ersetzen die für das allgemeine Strafverfahren gegen Erwachsene geltenden Zuständigkeitsvorschriften des GVG. Das JGG geht wie das allgemeine Recht in der Regelung der sachlichen Zuständigkeit in den §§ 39 ff. JGG von dem Grundsatz aus, daß in allen schwerwiegenden Strafsachen Kollegialgerichte unter Mitwirkung von Laienrichtern entscheiden sollen. Die Zuständigkeit des Jugendschöffengerichts ist jedoch gegenüber der des Schöffengerichts erheblich erweitert. Dafür ist die Zuständigkeit der Jugendkammer gegenüber der der Strafkammer in erster Instanz nach § 41 JGG auf besonders schwerwiegende bzw. besonders umfangreiche Strafsachen beschränkt.

1. Zuständigkeit des Jugendrichters

Der Jugendrichter entscheidet nach §§ 39 I 1, 108 I JGG über die Verfehlungen Jugendlicher und Heranwachsender, solange nur Erziehungsmaßregeln, Zuchtmittel, nach dem JGG zulässige Nebenstrafen und Nebenfolgen oder die Entziehung der Fahrerlaubnis zu erwarten sind. Zusätzlich ist jedoch erforderlich, daß der Staatsanwalt Anklage beim Strafrichter erhebt, § 39 I 1 JGG.
Der Jugendrichter ist hingegen nicht zuständig, wenn Jugendstrafe[15] oder die Unterbringung in einem psychiatrischen Krankenhaus in Betracht kommt, denn § 39 II JGG bezieht sich nur auf die Rechtsfolgenkompetenz.[16]
Nach § 39 I 2 JGG ist der Jugendrichter in Strafsachen, die nach § 103 JGG gegen Jugendliche bzw. Heranwachsende und Erwachsene verbunden sind, wenn für einen Erwachsenen nach allgemeinen Vorschriften die Zuständigkeit des Richters beim Amtsgericht nicht begründet wäre, nicht zuständig.
Folglich entscheidet der Jugendrichter überwiegend in Jugendstrafsachen von geringerer Bedeutung.[17]
Nach § 108 II JGG ist der Jugendrichter für Verfehlungen Heranwachsender auch dann zuständig, wenn die Anwendung allgemeinen Strafrechts zu erwarten ist und nach § 25 GVG der Strafrichter zu entscheiden hätte.

2. Zuständigkeit des Jugendschöffengerichts

Das Jugendschöffengericht ist nach § 40 I JGG für alle Verfehlungen Jugendlicher und Heranwachsender zuständig, welche nicht zur Zuständigkeit eines anderen Gerichts gehören. Es besitzt also die sogenannte allgemeine Zuständigkeit.[18] Das Jugendschöffengericht verfügt über eine unbeschränkte Strafgewalt hinsichtlich der

---

[15] nach der h.M. gilt dies auch, wenn eine Aussetzung der Verhängung der Jugendstrafe nach § 27 JGG in Betracht kommt, s. Ostendorf, Komm.z. JGG, § 39 Rz.3.
[16] vgl. DSS (Schoreit), Komm.z.JGG, § 39 Rz.12.
[17] vgl. Schaffstein/Beulke, Jugendstrafrecht, S.152.
[18] vgl. Albrecht, P.-A., Jugendstrafrecht, § 38 B II 3 b.

Rechtsfolgen des JGG.[19] Bei Anwendung von Erwachsenenstrafrecht auf Heranwachsende ergibt sich jedoch nach § 108 III JGG eine Beschränkung.
Diejenigen Jugendstrafsachen, für die nach § 39 JGG an sich die Zuständigkeit des Jugendrichters begründet wäre, kann der Jugendstaatsanwalt nach pflichtgemäßem Ermessen aufgrund besonderer Bedeutung des Falles vor das Jugendschöffengericht bringen.[20]

3. Zuständigkeit der Jugendkammer

Die Zuständigkeit der Jugendkammer ist im Vergleich zu derjenigen der Strafkammer nach allgemeinem Recht erheblich eingeschränkt. Die große Jugendkammer des Landgerichts wird nach §§ 41 I Nr. 1 i.V.m. 33 b I JGG als erstinstanzliches Gericht in den Sachen tätig, die nach den allgemeinen Vorschriften - einschließlich der Regelung des § 74 e GVG - zur Zuständigkeit des Schwurgerichts gehören, also vor allem dann, wenn eine Katalogtat nach § 74 II GVG vorliegt. Weiterhin wird die Zuständigkeit der großen Jugendkammer begründet, wenn diese eine Sache des Jugendschöffengerichts nach Vorlage wegen des besonderen Umfangs nach §§ 41 I Nr. 2, 40 II JGG übernimmt. Ferner ist die große Jugendkammer gem. § 41 I Nr. 3 JGG in denjenigen Sachen zuständig, die nach § 103 JGG gegen Jugendliche bzw. Heranwachsende und Erwachsene verbunden sind, wenn für die Erwachsenen nach allgemeinen Vorschriften eine große Strafkammer[21] zuständig wäre.
In Verfahren gegen Heranwachsende ist sie außerdem zuständig, wenn eine Freiheitsstrafe von mehr als vier Jahren zu erwarten ist, § 108 III 2 JGG.
Nach § 41 II 1 i.V.m. 33 b I JGG entscheidet die große Jugendkammer zudem über das Rechtsmittel der Berufung gegen die Urteile des Jugendschöffengerichts.
Über Berufungen gegen Urteile des Jugendrichters entscheidet nach § 41 II 1 i.V.m. 33 b I JGG hingegen die kleine Jugendkammer.

II. Zuständige Gerichte in der Revisionsinstanz

Wird gegen ein Urteil des Jugendrichters oder des Jugendschöffengerichts anstelle der Berufung das Rechtsmittel der Revision eingelegt, so ist das Oberlandesgericht nach § 121 I Nr. 1 GVG i.V.m. § 335 I, II StPO zuständig.
Für die Revision gegen die erstinstanzlichen Urteile der Jugendkammern ist nach § 135 I GVG der Bundesgerichtshof zuständig.

---

[19] Schaffstein/Beulke, Jugendstrafrecht, S.156;
DSS (Schoreit), Komm.z.JGG, § 40 Rz.1.
[20] Schaffstein/Beulke, Jugendstrafrecht, S.157.
[21] s. §§ 74 I, 76 I GVG.

C. Überblick über die Entstehungsgeschichte der in § 55 JGG niedergelegten jugendstrafverfahrensrechtlichen Rechtsmittelbeschränkung

Vor der Einführung des Jugendgerichtsgesetzes von 1923 bestanden nur einzelne Vorschriften hinsichtlich der Behandlung jugendlicher Rechtsbrecher, wie z.B. die §§ 55 - 57 RGStGB[22], § 73 Nr. 3 GVG[23] und die §§ 137 I, 140 II Nr. 1, 149 II, 268, 298, 340[24] und § 447 IV[25] StPO.
Eine Vorschrift über eine jugendspezifische Rechtsmittelbeschränkung gab es vor dem Inkrafttreten des JGG 1923 noch nicht. In § 340 I StPO war lediglich bestimmt, daß der gesetzliche Vertreter des Beschuldigten selbständig Rechtsmittel einlegen konnte.

Erst durch das JGG 1923 wurde mit § 35 eine jugendstrafverfahrensrechtliche Rechtsmittelbeschränkung eingeführt.
In den Jahren 1943 und 1953 folgten durchgreifende Reformen des JGG. In diesen einzelnen Fassungen des JGG erfuhr die Regelung der jugendstrafverfahrensrechtlichen Rechtsmittelbeschränkung einige bedeutende Änderungen.
Die Entwicklung der jugendstrafverfahrensrechtlichen Rechtsmittelbeschränkung soll hier anhand der Fassungen des JGG von 1923, 1943 und 1953 aufgezeigt werden.
In diesem Zusammenhang wird ebenfalls auf den Anwendungsbereich der jugendspezifischen Rechtsmittelbeschränkung eingegangen, wenn keine Anklageerhebung vor dem Jugendgericht stattfand, um die Anwendungsbreite der jugendstrafverfahrensrechtlichen Rechtsmittelbeschränkung darzustellen.

I. Das Jugendgerichtsgesetz von 1923[26]

Das JGG von 1923 wurde am 16.02.1923 vom Reichstag beschlossen und mit Zustimmung des Reichsrats verkündet.[27] Mit Ausnahme der Vorschrift über die Strafmündigkeitsgrenze in § 2 JGG und des § 45 I JGG, wonach Strafen gegen Personen, die jünger als vierzehn Jahre alt waren, nicht vollstreckt werden durften und Vermerke solcher Personen im Strafregister zu tilgen waren, trat das Gesetz nach § 43 Satz 1 JGG mit dem 01.07.1923 in Kraft. Die §§ 2 und 45 I JGG traten nach § 43 Satz 1 JGG bereits mit der Verkündung des Gesetzes in Kraft.

---

[22] RGBl. 1871, S.127 ff. (S.137 f.), Gesetz betreffend die Redaktion des Strafgesetzbuchs für den Nord deutschen Bund als Strafgesetzbuch für das Deutsche Reich vom 15.05.1871;
zu späteren Änderungen s. RGBl.1876, S.25 ff. (S.26); RGBl. 1896, S.604 ff. (S.610).
[23] RGBl. 1877, S.41 ff., GVG vom 27.01.1877.
[24] RGBl. 1877, S.253 ff., StPO vom 01.02.1877.
[25] RGBl. 1921, S.229 ff., StPO vom 01.02.1877 in der Fassung nach dem Gesetz zur Entlastung der Gerichte vom 11.03.1921.
[26] Paragraphen des JGG, die unter C I genannt werden, beziehen sich, soweit keine andere Angabe gemacht wird, auf Paragraphen des JGG von 1923.
[27] RGBl. I 1923, S.135 ff.

Mit der Einführung des JGG kam es zur Verselbständigung des Jugendstrafrechts. Dies bedeutete vor allem, daß der Erziehungsgedanke gegenüber jugendlichen Rechtsbrechern in den Vordergrund trat.[28]
Äußerlich ergab sich die Betonung des Erziehungsgedankens aus dem Umstand, daß die Erziehungsmaßregeln an erster Stelle der jugendstrafrechtlichen Rechtsfolgen in den §§ 7 und 8 JGG aufgeführt waren. Zudem hatte das Gericht nach § 5 I JGG zu prüfen, ob Erziehungsmaßregeln erforderlich waren, wenn ein Jugendlicher eine mit Strafe bedrohte Handlung begangen hatte.
Für den Vorrang des Erziehungsgedankens sprach ebenfalls, daß nach § 6 JGG von Strafe abzusehen war, wenn das Gericht Erziehungsmaßregeln für ausreichend hielt[29], denn in den Erziehungsmaßregeln fand der Erziehungsgedanke seinen stärksten Ausdruck. Nach § 16 JGG sollte der Erziehungsgedanke zwar ebenfalls auf die Gestaltung und Durchführung der Jugendstrafe einwirken. Der Unterschied zu den Erziehungsmaßregeln bestand nach damaliger Auffassung jedoch darin, daß der Erziehungsgedanke bei der Strafe nur ein die Durchführung mitbestimmender Umstand war, wohingegen der Erziehungsgedanke in der Erziehungsmaßregel das die Maßnahme bestimmende Moment darstellte.[30]

1. Die Rechtsmittelbeschränkung des § 35 JGG

Die Vorschrift des § 35 JGG war im zweiten Abschnitt des Gesetzes eingeordnet, welcher Bestimmungen über die Jugendgerichtsverfassung und das Jugendgerichtsverfahren enthielt.

a. Die Regelung des § 35 I JGG

Nach dem Wortlaut des § 35 I 1 JGG konnte ein Urteil, in dem eine Erziehungsmaßregel angeordnet worden war, nicht deshalb angefochten werden, weil eine andere oder eine weitere Erziehungsmaßregel hätte angeordnet werden sollen, oder weil die Auswahl und Anordnung der Erziehungsmaßregel dem Vormundschaftsgericht überlassen worden war.

---

[28] Verhandlungen des Reichstags (Anl. zu den stenographischen Berichten), Bd.357 (1922), S.8 u. 9;
Asbrock, Dissertation, S.46 f.;
Kümmerlein, Komm.z.RJGG, Einl. S.2;
vgl. auch die Verhandlungen des Reichstags (stenographische Berichte), Bd.358 (1923), 292. Sitzung, S.9543 ff. (S.9543);
zur allgemeinen Entwicklung des JGG s.
Roth, A., ZNR 1991, S.17 ff.;
Hasenclever, Jugendhilfe und Jugendgesetzgebung seit 1900;
Voss, Jugend ohne Rechte;
Kiesow, Komm.z.JGG, Einl. S.IX ff.;
zur Entwicklung der JGG von 1923, 1943 und 1953 allgemein s. Dallinger/Lackner, Komm. z. JGG (1. Aufl.), Einf. Rz.1 ff.

[29] vgl. Peters, Werdendes Jugendstrafrecht, S.18.

[30] Peters, Werdendes Jugendstrafrecht, S.17.

Die Vorschrift galt nach § 35 I 2 JGG nicht bei Anordnung von Fürsorgeerziehung.
Einen Ausschluß der Anfechtbarkeit wegen des Umfangs der einzelnen Maßnahmen, wie ihn der heute geltende § 55 I JGG vorsieht, kannte die damalige Fassung des § 35 I 1 JGG noch nicht.
Die Regelung des § 35 I JGG bezog sich entsprechend ihrem Wortlaut nicht auf die Beschränkung der Anfechtung von Entscheidungen schlechthin, sondern nur auf den Ausschluß der Anfechtbarkeit von Urteilen.[31]
Auch eine instanzielle Rechtsmittelbeschränkung, wie sie im heute geltenden § 55 II JGG niedergelegt ist, sah die damals geltende Rechtsmittelbeschränkung noch nicht vor. Ferner bezog sich § 35 I JGG nur auf Erziehungsmaßregeln und nicht auf Zuchtmittel, da das JGG 1923 die zu einem späteren Zeitpunkt eingeführten Zuchtmittel noch nicht kannte.
Damalige Erziehungsmaßregeln waren nach § 7 JGG die Verwarnung, die Überweisung in die Zucht des Erziehungsberechtigten oder der Schule, die Auferlegung besonderer Verpflichtungen, die Unterbringung, die Schutzaufsicht und die Fürsorgeerziehung.
Die einzelnen Erziehungsmaßregeln wurden im Gesetz nicht näher umschrieben. In § 7 III JGG war bestimmt, daß sich die Voraussetzungen, die Ausführung und Aufhebung sowie das Erlöschen der Schutzaufsicht und der Fürsorgeerziehung nach dem Reichsgesetz für Jugendwohlfahrt bestimmten. Für die anderen Erziehungsmaßregeln sollte das Erforderliche die Reichsregierung mit Zustimmung des Reichsrats bestimmen.
§ 7 JGG enthielt einen abschließenden Katalog, so daß andere als in § 7 I Nr. 1 - 6 JGG aufgeführte Erziehungsmaßregeln und diejenigen, die nach § 7 II JGG von der Reichsregierung mit Zustimmung des Reichsrats als zulässig erklärt worden waren, nicht verhängt werden durften.[32]
Eine Verbindung einzelner Erziehungsmaßregeln miteinander war zulässig.[33]
Verbleibende Anfechtungsmöglichkeiten von Urteilen, in denen eine Erziehungsmaßregel angeordnet oder deren Auswahl und Anordnung dem Vormundschaftsgericht überlassen worden war, und die Gründe, die zu einer derartigen Rechtsmittelbeschränkung geführt hatten, werden im Zusammenhang des § 55 JGG erörtert, da § 55 I JGG der geltenden Fassung auf der in § 35 I JGG niedergelegten Regelung aufbaut.

---

[31] Kiesow, Komm.z.JGG, § 35 Anm.I.
[32] Kiesow, Komm.z.JGG, § 7 Anm.1;
Hellwig, Komm.z.JGG, § 7 Anm.2;
Peters, Komm.z.JGG (1. Aufl.), § 7 Anm.1.
[33] Kiesow, Komm.z.JGG, § 7 Anm.5;
Peters, Komm.z.JGG (1. Aufl.), § 7 Anm.1;
Radbruch, ZfJ 1923, S.249 ff. (S.252).

b. Die Regelung des § 35 II JGG

§ 35 II JGG enthielt Sonderregelungen betreffend die Anfechtbarkeit von Entscheidungen, die im Zusammenhang mit einer Strafaussetzung (§§ 10 - 15 JGG) standen. Gegen Entscheidungen, die eine Strafaussetzung betrafen und für sich allein angefochten werden sollten, konnte nach § 35 II 1 JGG die sofortige Beschwerde eingelegt werden.

Gleiches galt nach § 35 II 1 JGG für den Fall, daß ein Urteil nur angefochten wurde, weil die Vollstreckung der Strafe nicht ausgesetzt worden war.

Nicht anfechtbar sollten hingegen gem. § 35 II 2 JGG diejenigen Entscheidungen sein, welche sich auf die Dauer der Probezeit, auf die für ihre Dauer getroffenen Anordnungen (§ 12 II JGG) sowie auf die Entscheidung, daß sich das Gericht einer Entscheidung über die Fortdauer der Strafaussetzung enthalte (§ 13 V JGG), bezogen.

Die Vorschrift des § 35 II JGG soll hier jedoch nicht weiter behandelt werden, da § 55 JGG der heute geltenden Fassung eine dementsprechende Regelung nicht mehr enthält, sondern dieser Bereich in den Bestimmungen über das Verfahren bei der Aussetzung der Jugendstrafe zur Bewährung in § 59 JGG geregelt ist.

2. Anwendungsbereich des § 35 I JGG, wenn keine Anklageerhebung vor dem Jugendgericht erfolgte

Voraussetzung für die Anwendbarkeit der Verfahrensvorschriften war zunächst, daß der Beschuldigte zur Zeit der Tat 14 aber noch nicht 18 Jahre alt war.[34] Eine Ausnahme von dieser Voraussetzung bestand nur im Falle der bedingten Strafaussetzung. Hier kam § 35 II JGG auch dann zur Anwendung, wenn einer Person, die zur Zeit der Tat älter als 18 Jahre alt war, nach § 13 I 2, IV JGG ausnahmsweise eine bedingte Strafaussetzung bewilligt werden sollte.[35]

In der Regel mußte für die Anwendbarkeit der jugendstrafverfahrensrechtlichen Vorschriften noch hinzukommen, daß es sich bei der Strafsache um eine Jugendsache handelte [36], d.h., daß die Strafsache nach § 18 I JGG zur Zuständigkeit der Jugendgerichte gehörte.

Dies entschied sich aufgrund des § 17 JGG häufig erst mit der Erhebung der Anklage. Jugendgerichte waren nach § 17 I 2 JGG die Schöffengerichte. Es gab große Jugendgerichte, die mit zwei Richtern und drei Schöffen besetzt waren, sowie kleine Jugendgerichte, welche aus einem Richter und zwei Schöffen bestanden.[37]

---

[34] Francke, Komm.z.JGG, Einl. zum 2. Abschnitt, S.66 III 10;
Kiesow, Komm.z.JGG, vor §§ 17 ff., Anm.3a.

[35] Kiesow, Komm.z.JGG, vor §§ 17 ff., Anm.3a.

[36] Kiesow, Komm.z.JGG, vor §§ 17 ff., Anm.3c.

[37] Kiesow, Komm.z.JGG, § 17 Anm.1;
neben diese Jugendgerichte stellte die Verordnung des Reichspräsidenten über Maßnahmen auf dem Gebiete der Rechtspflege und Verwaltung vom 14.06.1932, RGBl. I 1932, S.285 ff., den Jugendeinzelrichter. Die Verordnung über Maßnahmen auf dem Gebiete der Gerichtsverfassung

Die Jugendlichkeit zur Zeit der Tat reichte als alleinige Voraussetzung für die Anwendbarkeit der jugendstrafrechtlichen Verfahrensvorschriften aber in bestimmten Ausnahmefällen aus. Hierzu zählten die Fälle, in denen die jugendstrafverfahrensrechtlichen Regelungen lediglich dazu dienten, die materiellen Bestimmungen, deren Anwendung sich ausschließlich nach dem Alter zur Zeit der Tat richtete, zur Durchführung zu bringen. Dies traf für § 35 JGG zu.[38]

Für die Geltung des § 35 JGG im Falle der Jugendlichkeit des Straftäters zur Tatzeit spricht, daß § 35 JGG dem Ziel diente, die angeordneten Erziehungsmaßregeln, mit Ausnahme der Fürsorgeerziehung, ohne Verzögerung, die durch die Einlegung von Rechtsmitteln entstanden wäre, durchzusetzen.

Da für die Anwendbarkeit des § 35 JGG die Jugendlichkeit des Betroffenen zur Zeit der Tat ausreichend war, griff § 35 JGG ohne Rücksicht darauf ein, ob ein Jugendgericht oder ein ordentliches Gericht im ordentlichen Verfahren in der Sache erkannt hatte.

Einzige Voraussetzung für die Geltung der jugendstrafverfahrensrechtlichen Rechtsmittelbeschränkung war somit, daß der Beschuldigte zur Zeit der Tat noch nicht 18 Jahre alt war.

3. Bestehen einer der heutigen Regelung des § 55 II JGG entsprechenden instanziellen Rechtsmittelbeschränkung während der Geltung des JGG 1923

Das JGG 1923 enthielt noch keine der heutigen Regelung des § 55 II JGG (instanzielle Rechtsmittelbeschränkung) entsprechende Vorschrift.

In diesem Zusammenhang ist aber darauf hinzuweisen, daß in Art. 2 § 1 Nr. 1 Satz 2 (Teil 1, Kapitel 1) der Verordnung des Reichspräsidenten über Maßnahmen auf dem Gebiete der Rechtspflege und Verwaltung vom 14.06.1932[39] für das allgemeine Strafverfahren bestimmt war, daß derjenige, der Berufung eingelegt hatte, gegen das Berufungsurteil keine Revision einlegen durfte.

Hierdurch wurde die zuvor durch § 335 StPO eröffnete Möglichkeit der Sprungrevision durch die sogenannte Wahlrevision ersetzt.

Diese Vorschrift galt auch im Jugendstrafverfahren.[40] Es handelte sich hierbei jedoch nicht um eine jugendstrafrechtsspezifische Regelung. Art. 2 § 1 Nr. 1 Satz 2 der genannten Verordnung wurde aber später als Vorbild für die in § 55 II JGG niedergelegte Rechtsmittelbeschränkung gewählt.[41]

---

und der Rechtspflege vom 01.09.1939, RGBl. I 1939, S.1658 ff., brachte die Beseitigung der Schöffengerichte und damit auch der Jugendschöffengerichte mit sich.

Jugendgerichte waren nach § 3 I der Verordnung über die Zuständigkeit der Strafgerichte, die Sondergerichte und sonstige strafverfahrensrechtliche Vorschriften vom 21.02.1940, RGBl. I 1940, S.405 ff., nunmehr der Jugendrichter und die Jugendkammer.

[38] Kiesow, Komm.z.JGG, vor § 17 ff., Anm.3b, § 18 Anm.2, § 35 Anm.I.

[39] RGBl. I 1932, S.285 ff. (S.285).

[40] s. Koffka/Schäfer, Die Vorschriften über die Strafrechtspflege, S.35.

[41] s. BT-Dr. 1/3264, S.46 (Anl. 1, Begr.).

Durch Art. 1 Nr. 1 b des Gesetzes zur Änderung von Vorschriften des Strafverfahrens und des Gerichtsverfassungsgesetzes vom 28.06.1935[42] wurde Art. 2 § 1 (Teil 1, Kapitel 1) der Verordnung des Reichspräsidenten auf dem Gebiete der Rechtspflege und Verwaltung vom 14.06.1932 dahingehend geändert, daß diesem eine weitere Ziffer zugeordnet wurde (Nr. 1 a).
Nach dieser konnte die Staatsanwaltschaft Revision einlegen, ohne an die Schranken der Nr. 1 gebunden zu sein, wenn sie geltend machte, daß in dem angefochtenen Urteil die entsprechende Anwendung eines Strafgesetzes (§ 2 des Strafgesetzbuchs) zu Unrecht erfolgt oder nicht erfolgt sei.
Entsprechend Art. 1 Nr. 1 a der genannten Verordnung beanspruchte das Analogieverbot zu dieser Zeit nämlich keine Geltung mehr.

Art. 2 des ersten Teils, Kapitel 1 in der Fassung des Art. 1 Nr. 1 b des Gesetzes vom 28.06.1935 wurde durch § 17 der Verordnung über Maßnahmen auf dem Gebiete der Gerichtsverfassung und der Rechtspflege vom 01.09.1939[43] aufgehoben.
Nunmehr sollten nach § 16 I der Verordnung vom 01.09.1939 die Urteile des Amtsrichters und des Schöffengerichts nur noch mit der Berufung angefochten werden können. Dies sollte auch dann gelten, wenn das Urteil des Amtsrichters ausschließlich Übertretungen zum Gegenstand hatte, und der Angeklagte entweder freigesprochen oder ausschließlich zu einer Geldstrafe verurteilt worden war.
Nach § 16 II dieser Verordnung war gegen die Berufungsurteile der Strafkammern kein Rechtsmittel zulässig.
In den darauffolgenden Jahren unterlag die Beschränkung der Rechtsmittel noch weiteren Änderungen.[44] Diese führten aber zu keiner mit § 55 II JGG vergleichbaren instanziellen Rechtsmittelbeschränkung.
Die Sprungrevision wurde erst durch das Gesetz zur Wiederherstellung der Rechtseinheit auf dem Gebiete der Gerichtsverfassung, der bürgerlichen Rechtspflege, des Strafverfahrens und des Kostenrechts vom 12.09.1950[45] wieder eingeführt.

---

[42] RGBl. I 1935, S.844 ff. (S.844).
[43] RGBl. I 1939, S.1658 ff. (S.1659);
in Art. 8 II des Gesetzes zur Wiederherstellung der Rechtseinheit auf dem Gebiete der Gerichtsverfassung und der Verwaltung, der bürgerlichen Rechtspflege, des Strafverfahrens und des Kostenrechts (BGBl. I 1950, S.455 ff.), durch den einzelne Vorschriften aufgehoben wurden, soweit sie nicht bereits außer Kraft getreten waren, wurde Kapitel 1 der Verordnung vom 16.06.1932 in Nr. 4 ebenfalls genannt.
[44] s. hierzu Art. 7 § 1 I u. II der Verordnung zur weiteren Vereinfachung der Strafrechtspflege vom 13.08.1942, RGBl. I 1942, S.508 ff.;
s. ebenfalls Art. 2 § 13 der Verordnung zur weiteren Anpassung der Strafrechtspflege an die Erfordernisse des totalen Krieges (Vierte Verordnung zur Vereinfachung der Strafrechtspflege) vom 13.12.1944, RGBl. I 1944, S.339 ff.
[45] BGBl. I 1950, S.455 ff. (496).

II. Das Reichsjugendgerichtsgesetz von 1943

Das RJGG[46] trat nach § 1 I der Verordnung über die Vereinfachung und Vereinheitlichung des Jugendstrafrechts (Jugendstrafrechtsverordnung) des Reichsministers der Justiz vom 06.11.1943[47] am 01.01.1944 in Kraft.
Diese Neufassung des JGG wurde aufgrund des Erlasses des Führers über besondere Vollmachten des Reichsministers der Justiz vom 20.08.1942[48] vorangetrieben. Durch diesen Erlaß wurde dem Reichsminister der Justiz die Vollmacht erteilt, eine nationalsozialistische Rechtspflege aufzubauen und alle hierfür erforderlichen Maßnahmen zu treffen. Das RJGG wurde durch die nachfolgende Verordnung des Reichsministers der Justiz über die Vereinfachung und Vereinheitlichung des Jugendstrafrechts vom 06.11.1943[49] verkündet.
Durch das RJGG trat das JGG vom 16.02.1923 sowie diejenigen Vorschriften, die der neuen Fassung des JGG entgegenstanden oder die durch sie gegenstandslos wurden, außer Kraft.[50]

Auch im RJGG stand der Erziehungsgedanke durchaus im Vordergrund[51], allerdings wurde dem Strafgedanken ein erheblich weiterer Raum als zuvor eingeräumt. Dieser Umstand wurde äußerlich durch die Vorrangstellung der Strafe erkennbar[52], denn in § 2 I RJGG war geregelt, daß die Straftat eines Jugendlichen mit Strafe oder Zuchtmitteln geahndet werden sollte. Erst in § 2 II RJGG war bestimmt, daß aus Anlaß der Straftat auch Erziehungsmaßregeln angeordnet werden konnten. Außerdem wurden die einzelnen Erziehungsmaßregeln erst an dritter Stelle der jugendstrafrechtlichen Rechtsfolgen in den §§ 11 ff. RJGG genannt.
Die stärkere Berücksichtigung des Strafgedankens kam auch dadurch zum Ausdruck, daß das neue JGG nach § 3 II 2 RJGG die Bestrafung von Zwölfjährigen und nach § 20 RJGG die Verurteilung Jugendlicher nach den Vorschriften des allgemeinen Strafrechts ermöglichte.

Der Inhalt des Erziehungsgedankens ergab sich zu der damaligen Zeit aus den Grundsätzen der nationalsozialistischen Erziehung.[53] Damalige Jugendstrafrechts-

---

[46] zur Entstehungsgeschichte dieses Gesetzes s. vertiefend Kümmerlein, DJustiz 1943, S.529 ff. (S.529 f.).
[47] RGBl. I 1943, S.635 ff. (S.635).
[48] RGBl. I 1942, S.535 (S.535).
[49] RGBl. I 1943, S.635 ff.
[50] zu diesen einzelnen Vorschriften s. § 2 der Verordnung über die Vereinfachung und Vereinheitlichung des Jugendstrafrechts, RGBl. I 1943, S.635 ff. (S.635).
[51] Kümmerlein, Komm.z.RJGG, Einl. S.11;
Reichsarbeitstagung der Jugendstrafrechtspflege vom 18.-22.11.1843 in Bad Salzungen, DJustiz 1943, S.540 ff.(S.541).
[52] Peters, Werdendes Jugendstrafrecht, S.18.
[53] Thierack, Deutsches Jugendrecht 1944 (Heft 4), S.5 ff (S.11);

experten verstanden unter „wirksamer Erziehung" - analog zu den pädagogischen Theorien des Nationalsozialismus - die scharfe Reaktion der Staatsautorität zur Disziplinierung jugendlicher Straftäter.[54] Demnach hatte der Erziehungsgedanke eine qualitative Wandlung in die bloße Disziplinierung erfahren.
Es erfolgte zudem keine Erziehung, um primär Defizite zu beseitigen, sondern vielmehr eine totale Kontrolle der Jugendlichen.[55] Diese Kontrolle wurde vorwiegend durch die Polizei und die Hitlerjugend ausgeübt. Das RJGG baute, wie z.B. durch die §§ 52, 60 RJGG, die Polizei als Organ der Jugendstrafrechtspflege in den gesetzlichen Regelungszusammenhang ein.
Die Tätigkeit der Polizei als Organ der Strafrechtspflege bildete aber nur einen Ausschnitt aus der Arbeit der Polizei. Sie besaß zudem eine Generalzuständigkeit zur Abwehr von Gefährdungen Jugendlicher und durch Jugendliche. Grundlage dieser generellen Zuständigkeit der Polizei war der Runderlaß des Reichsministers des Innern vom 30.03.1944[56] sowie die Allgemeine Verfügung des Reichsministers der Justiz vom 27.04.1944[57] über die Unterbringung in polizeilichen Jugendschutzlagern i.V.m. dem Runderlaß des Reichsministers des Innern vom 26.04.1944[58], dem Runderlaß des Reichsführers und Chefs der Deutschen Polizei[59] und dem Erlaß des Jugendführers des Deutschen Reichs.[60] [61] Diese Generalzuständigkeit sollte neben und unabhängig von der Justizkompetenz bestehen.[62]
Die Hitlerjugend nahm bereits vor Inkrafttreten des RJGG außerhalb des Elternhauses und der Schule die Stellung der alleinigen Trägerin des nationalsozialistischen Erziehungsauftrags ein.[63]
Der Eintritt in die Hitlerjugend war ab Dezember 1939 durch die Zweite Durchführungsverordnung (Jugenddienstverordnung) vom 25.03.1939[64] zu dem Gesetz vom 01.12.1936[65], welches die Hitlerjugend zur Staatsjugend erklärte, zwingend. Aus diesem Grunde hatte die Hitlerjugend die Möglichkeit, einen großen Teil der Jugend entsprechend ihrer Ziele zu erziehen.

---

s. zur nationalsozialistischen Weltanschauung, die unter anderem durch die Erziehung verwirklicht werden sollte Werle, Justiz-Strafrecht und polizeiliche Verbrechensbekämpfung im Dritten Reich, S.45 ff.
[54] vgl. Wolff, ZNR 1991, S.41 ff. (S.49 f.).
[55] vgl. Wolff, ZNR 1991, S.41 ff. (S.43 f.).
[56] MBliV 1944, S.369 ff.
[57] DJustiz 1944, S.151 ff.
[58] abgedruckt bei Kümmerlein, Komm.z.RJGG, B 11 (S.307 ff.).
[59] abgedruckt bei Kümmerlein, Komm.z.RJGG, B 11 (S.309 ff.).
[60] abgedruckt bei Kümmerlein, Komm.z.RJGG, B 11 (S.316 ff.).
[61] s. hierzu vertiefend Werle, Justiz-Strafrecht und polizeiliche Verbrechensbekämpfung im Dritten Reich, S.467 ff.
[62] Werle, Justiz-Strafrecht und polizeiliche Verbrechensbekämpfung im Dritten Reich, S.471.
[63] vgl. Kümmerlein, DJustiz 1943, S.553 ff. (S.555).
[64] RGBl. I 1939, S.710 ff.
[65] RGBl. I 1936, S.993.

Kam ein Jugendlicher seiner Jugenddienstpflicht nicht nach, konnte er nach § 12 IV der Zweiten Durchführungsverordnung vom 25.03.1939 i.V.m. dem Runderlaß des Reichsführers der SS und Chefs der Deutschen Polizei vom 20.10.1942[66] angehalten werden, den ihm durch die Hitlerjugend auferlegten Pflichten nachzukommen.
Es gab ferner den bereits im Jahre 1934 eingeführten „Streifendienst" der Hitlerjugend. Diesem kam die Stellung einer Art von Standespolizei zu, die das Verhalten Jugendlicher in der Öffentlichkeit und die Einhaltung von Jugendschutzbestimmungen in der Freizeit kontrollierte. Daneben sollten durch den Streifendienst feindliche Gruppenbildungen aufgespürt werden.[67]
Die Dienststrafverordnung der Hitlerjugend für die Dauer des Kriegs[68] sah zudem Ahndungsmöglichkeiten für das Verhalten Angehöriger der Hitlerjugend vor, das gegen die Zucht und Ordnung in der Hitlerjugend oder die Ehre der Gemeinschaft der Hitlerjugend verstieß, ihr öffentliches Ansehen oder die Kameradschaft in der Hitlerjugend verletzte oder gefährdete.

Das Ziel, auch die Erziehungsarbeit der Jugendstrafrechtspflege auf die Erziehungsgrundsätze der Hitlerjugend auszurichten, fand bei der Einführung des RJGG in vollem Umfang Berücksichtigung.[69] Zur Verwirklichung dieses Vorhabens wurden der Hitlerjugend nach den Vorschriften des RJGG besondere Rechte und Pflichten zugewiesen.
Nach § 25 I RJGG sollte die Hitlerjugend neben der Jugendgerichtshilfe während des gesamten Verfahrens zur Mitarbeit herangezogen werden. Darüber hinaus erstreckte sich der Umfang der Ermittlungen gem. § 28 I RJGG auf die Haltung des Beschuldigten in der Volks- und Jugendgemeinschaft. Hierzu sollte die Hitlerjugend befragt werden.
Des weiteren erhielten die Vertreter der Hitlerjugend nach § 35 RJGG auf Verlangen das Wort. Gem. § 44 I 1 RJGG wurde die Hitlerjugend von der Einleitung eines Verfahrens unterrichtet. War eine strafbare Handlung Gegenstand eines Disziplinarverfahrens der Hitlerjugend, so hatte diese dem Staatsanwalt nach § 44 II RJGG darüber zu unterrichten. Stand die Beseitigung eines Strafmakels durch Richterspruch in Frage, hatte die Hitlerjugend gem. § 72 III RJGG ferner Gelegenheit zur Stellungnahme.
Aus der damaligen Stellung der Polizei und der Hitlerjugend wird somit deutlich, in welchem Ausmaß diese beiden Institutionen die Jugendlichen in der nationalsozialistischen Zeit kontrollierten.

---

[66] abgedruckt bei Kümmerlein, Komm.z.RJGG, F 3 (S.467 ff.)
[67] Giesecke in Herrmann, Die Formung des Volksgenossen, S. 173 ff. (S.179).
[68] abgedruckt bei Kümmerlein, Komm.z.RJGG, F 5 (S.471 ff.).
[69] die Mitwirkung der Hitlerjugend an der Jugendrechtspflege geht bereits auf das Jahr 1935 zurück. Durch die AV des RJM über die Zusammenarbeit zwischen Justizbehörden und Hitlerjugend v. 16.05.1935 wurde eine weitgehende Zusammenarbeit sichergestellt, DJustiz 1935, S.766 f.

Der Erziehungsgedanke war zudem untrennbar mit dem Auslesegedanken verbunden.[70] Nach dem Auslesegedanken wurde ein Jugendlicher, der seinen Anlagen nach einer Erziehung unzugänglich war, aus dem Jugendstrafvollzug ausgeschlossen oder - als noch stärkere Ausprägung des Auslesegedankens - durch die Überweisung an die Polizei zur Verwahrung in einem Jugendschutzlager untergebracht.[71]

Die Aufnahme des Auslesegedankens in das RJGG zeigte sich beispielsweise an der Vorschrift des § 60 RJGG. Nach § 60 I RJGG überwies der Vollstreckungsleiter einen Jugendlichen zur Unterbringung in ein Jugendschutzlager an die Polizei, wenn er während des Vollzugs einer unbestimmten Jugendgefängnisstrafe zu der Überzeugung gelangte, daß der Verurteilte die Einordnung in die Volksgemeinschaft nicht erwarten ließ und das Mindestmaß der Strafe verbüßt hatte.

Eine Überweisung des Verurteilten erfolgte nach § 60 II RJGG ebenfalls, wenn der zu einer bestimmten oder unbestimmten Jugendgefängnisstrafe verurteilte Jugendliche eine Einordnung in die Volksgemeinschaft nicht erwarten ließ.

1. Der Inhalt der Rechtsmittelbeschränkung

§ 40 RJGG, der unter der Überschrift „Rechtsmittel" eingeordnet war, enthielt eine Bestimmung über die Anfechtung von Urteilen. Danach war ein Urteil nicht anfechtbar, wenn in diesem lediglich Zuchtmittel oder Erziehungsmaßregeln angeordnet waren oder deren Auswahl und Anordnung dem Vormundschaftsrichter überlassen wurde.

Eine Ausnahme von dem Ausschluß der Anfechtbarkeit bestand nach dem Wortlaut dieser Vorschrift nur für den Fall, daß Fürsorgeerziehung angeordnet war oder die Anfechtung auf eine Bestrafung des Angeklagten abzielte.

Darüber hinaus war die Anfechtung eines Urteils möglich, wenn dieses eine Strafe aussprach, weil in diesen Fällen ein besonders schwerer Eingriff in die Rechtsstellung des Jugendlichen vorlag. Aus diesem Grunde mußte das Jugendstrafverfahren dem Jugendlichen ähnliche Garantien wie einem erwachsenen Angeklagten gewähren.[72] Ein Urteil, das auf Strafe lautete, konnte deshalb unter Beachtung der allgemeinen Vorschriften angefochten werden, und zwar im Hinblick auf die Schuldfrage, die Strafzumessung sowie auf die Bestrafung überhaupt.[73] Ebenso konnten diejenigen Entscheidungen nach den allgemeinen Bestimmungen angefochten werden, die eine Unterbringung in einer Heil- oder Pflegeanstalt anordneten. Dasselbe galt für freisprechende Urteile.[74]

---

[70] Wolff, DVJJ-J 1992, S.204 ff. (S.226);
Reichsarbeitstagung der Jugendstrafrechtspflege vom 18.-22.11.1943 in Bad Salzungen, DJustiz 1943, S.540 ff. (S.541).

[71] Thierack, Deutsches Jugendrecht 1944 (Heft 4), S.5 ff. (S.12).

[72] Kümmerlein, Komm.z.RJGG, Einl. S.22.

[73] Peters, Jugendstrafrecht, S.81.

[74] Peters, Jugendstrafrecht, S.81 f.

Die Staatsanwaltschaft konnte ein Urteil, in dem lediglich Zuchtmittel oder Erziehungsmaßregeln - mit Ausnahme der Fürsorgeerziehung - angeordnet waren, mit Rechtsmitteln angreifen, um eine Verurteilung des Angeklagten zu Jugendstrafe zu erreichen.[75]
Die Rechtsmittelbeschränkung des § 40 RJGG bezog sich im Gegensatz zu § 35 I JGG 1923 neben Erziehungsmaßregeln auch auf Zuchtmittel.
Die jugendstrafrechtlichen Rechtsfolgen waren durch die Aufnahme der Kategorie der Zuchtmittel im Rahmen des RJGG nunmehr dreigeteilt. Diese Umgestaltung beruhte auf der Einführung des Jugendarrests am 04.10.1940[76] sowie auf der Einführung der Jugendgefängnisstrafe von unbestimmter Dauer am 10.09.1941.[77]
Zu den Zuchtmitteln zählten nach § 7 II RJGG der Jugendarrest, die Auferlegung besonderer Pflichten, wobei die Aufzählung in § 9 JGG nur beispielhaften Charakter hatte[78], sowie die Verwarnung.
Als Erziehungsmaßregeln wurden in § 11 RJGG die Erteilung von Weisungen, die Schutzaufsicht und die Fürsorgeerziehung aufgeführt. In § 12 I RJGG waren einzelne Weisungen benannt. Die Aufzählung dieser in Betracht kommenden Weisungen hatte jedoch nur beispielhaften Charakter. Es stand im Ermessen des Richters, hiervon abweichende Weisungen zu erteilen.[79]
Nach § 18 II RJGG bestand des weiteren die Möglichkeit, Zuchtmittel und Erziehungsmaßregeln sowie mehrere Zuchtmittel oder mehrere Erziehungsmaßregeln nebeneinander anzuordnen.

Dem Wortlaut nach bezog sich der Ausschluß der Anfechtbarkeit nach § 40 RJGG nur auf Urteile. Von der damals h.M. wurde jedoch eine entsprechende Anwendung der Vorschrift auf Beschlüsse befürwortet.[80]
Im Rahmen des § 40 RJGG bestand zudem darüber Streit, ob Urteile, in denen insbesondere Dauerarrest nach § 8 II RJGG angeordnet war, aus der Rechtsmittelbeschränkung herausgenommen werden sollten.
Nach einer Meinung sollten derartige Urteile de lege ferenda der Anfechtung unterstellt werden.[81]

---

[75] Potrykus, Komm.z.JGG (RJGG, 1. Aufl.), § 40 Bem.3;
Kümmerlein, DJustiz 1943, S.553 ff. (S.560);
Ostendorf, Komm.z.JGG, Grdl. zu §§ 55-56 Rz.2.
[76] RGBl. I 1940, S.1336 (S.1336).
[77] RGBl. I 1941, S.567 f.(S.567 f.).
[78] Peters, Jugendstrafrecht S.29.
[79] Peters, Jugendstrafrecht, S.20.
[80] Peters, Komm.z.RJGG (2. Aufl.), § 40 Anm.2;
anders Potrykus, Komm.z.JGG (RJGG, 1. Aufl.), § 40 Bem.3 u. 5.
[81] Peters, Werdendes Jugendstrafrecht, S.51, bei anderen Zuchtmitteln und Erziehungsmaßregeln spricht er sich für die Zulassung eines Rechtsmittels aus, wenn die Gesetzlichkeit der Maßnahme oder die Frage des Schuldspruchs in Frage steht.

Eine vermittelnde Ansicht wollte eine Anfechtung nur dann zulassen, wenn das Urteil auf einer Verletzung materiellen Rechts oder einer die Revision begründende Verfahrensnorm beruhte.[82]
Die Gegenansicht wies hingegen darauf hin, daß die Herausnahme der Arresturteile aus der Rechtsmittelbeschränkung des § 40 RJGG nicht mit dem Zuchtmittelcharakter des Jugendarrests und dem Erfordernis seiner sofortigen Vollstreckung übereinstimme, da der Jugendliche bei Einlegung eines Rechtsmittels für einen dadurch eventuell später nachfolgenden Vollzug des Jugendarrests kein Verständnis mehr aufbringe und ihm daher mehr schade als nütze.[83]
Eine Streitentscheidung ist an dieser Stelle entbehrlich. Auf die Frage, inwieweit aber die Herausnahme des Jugendarrests aus der geltenden Fassung des § 55 I JGG sinnvoll erscheint, wird an späterer Stelle dieser Arbeit eingegangen werden.[84]

2. Die Richtlinien zum Reichsjugendgerichtsgesetz

Spezielle RiLi für das Jugendstrafverfahren ergingen erstmals im Jahre 1942.[85]
Diese RiLi wurden durch die Allgemeinverfügung des Reichsjustizministers vom 15.01.1944 [86] nach der Reform des RJGG erneuert.
Die RiLi gaben bedeutende Hinweise für die Strafrechtspflege und klärten Zweifelsfragen des Gesetzes mit bindender Wirkung.[87]
In Ziffer 1 der RiLi zu § 40 RJGG war bestimmt, daß der Staatsanwalt in vertretbaren Fällen im Anschluß an die Verkündung des Urteils auf Rechtsmittel verzichten sollte, um die sofortige Vollstreckbarkeit des Urteils herbeizuführen, wenn dieses für den Jugendlichen unanfechtbar war. Die Ziffer 1 der RiLi zu § 40 RJGG wurde jedoch bereits durch die Allgemeinverfügung des Reichsjustizministers vom 18.12.1944 [88] wieder aufgehoben.
Ziffer 2 der RiLi zu § 40 RJGG regelte, daß die Vorschrift des Art. 7 § 1 I - III der weiteren Vereinfachungsverordnung vom 13.08.1942[89] über die Einschränkung der Rechtsmittel unberührt blieb. Diese Vereinfachungsverordnung beruht auf dem Erlaß des Führers über die Vereinfachung der Strafrechtspflege vom 21.03.1942.[90]
Nach Ziffer 4 dieses Erlasses waren Rechtsbehelfe gegen gerichtliche Entscheidungen den Kriegsverhältnissen entsprechend zu gestalten und konnten zur

---

[82] Sauer, NJW 1947/48, S.684 (S.684), wobei Sauer diese Anfechtungsmöglichkeiten auf alle Erziehungsmaßregeln und Zuchtmittel bezog und nicht lediglich auf den Dauerarrest.
[83] vgl. Potrykus, UJ 1950, S.468 f. (S.468).
[84] s.u. D II 2 f.
[85] s. die AV des RJM vom 08.07.1942 über Jugenderziehung und Jugendschutz, DJustiz 1942, S.473 f.;
s. auch die AV des RJM vom 23.07.1942 betreffend die RiLi für die Behandlung von Jugend- und Jugendschutzsachen, ZfJ 1942/43, S.199 f.
[86] Amtliche Sonderveröffentlichung der DJustiz Nr.30.
[87] Kümmerlein, Komm.z.RJGG, Einl. S.8.
[88] DJustiz 1945, S.15 ff. (S.16).
[89] RGBl. I 1942, S.508 ff. (S.509).
[90] RGBl. I 1942, S.139 f. (S.139).

Erreichung dieses Vorhabens von einer besonderen Zulassung abhängig gemacht werden. Dementsprechend wurde in Art. 7 § 1 I der Verordnung zur weiteren Vereinfachung der Strafrechtspflege vom 13.08.1942 bestimmt, daß Berufung und Beschwerde einer besonderen Zulassung bedurften. Die Zulassung sollte nach Art. 7 § 1 I der Verordnung erteilt werden, wenn ihre Versagung unbillig gewesen wäre. Die Entscheidung über die Zulassung der Beschwerde oder der Berufung war nach Art. 7 § 1 II 2 der Verordnung unanfechtbar, und nach Art. 7 § 1 III fand eine weitere Beschwerde nicht statt.
Hiernach bestand neben der in § 40 RJGG niedergelegten Rechtsmittelbeschränkung eine weitere Verengung der Möglichkeit der Rechtsmitteleinlegung, da selbst in den Fällen, in denen nach § 40 RJGG eine Anfechtung möglich gewesen wäre, durch Art. 7 § 1 der genannten Verordnung die Einlegung eines Rechtsmittels versagt werden konnte. Allerdings handelte es sich hierbei nicht um eine jugendspezifische Regelung, da die Verordnung auch in Verfahren gegen Erwachsene zur Anwendung kam.
Durch die erste Änderung der RiLi zum RJGG vom 18.12.1944[91] fiel die Ziffer 2 der RiLi zu § 40 RJGG weg.
Ein weiterer Eingriff in die Rechtsstellung des Jugendlichen erfolgte durch Ziffer 7 der RiLi zu § 40 RJGG. Nach dieser konnte das Rechtsmittelgericht schon vor der Hauptverhandlung durch Beschluß einen Teil der in dem Urteil ausgesprochenen Jugendgefängnisstrafe für vollstreckbar erklären, wenn das eingelegte Rechtsmittel insoweit offenbar keinen Erfolg versprach. Hiervon sollte nach Ziffer 7 Satz 2 dieser RiLi möglichst dann Gebrauch gemacht werden, wenn sich der Jugendliche in Untersuchungshaft befand oder gegen ihn ein Haftbefehl zu erlassen gewesen wäre.
Die Ziffer 7 der RiLi wurde später wegen Verstoßes gegen § 449 StPO[92], wonach Strafurteile erst nach Eintritt der Rechtskraft vollstreckt werden durften, für unwirksam erklärt.

3. Anwendungsbereich des § 40 RJGG

a. Anklageerhebung vor einem Erwachsenengericht

Nach § 1 I RJGG galt das RJGG und somit die Rechtsmittelbeschränkung des § 40 RJGG, wenn ein Jugendlicher eine der strafrechtlichen Ahndung unterliegende Verfehlung begangen hatte.
Als Jugendliche waren diejenigen Personen anzusehen, die zur Zeit der Tat 14, aber noch nicht 18 Jahre alt waren.
In Verfahren gegen Jugendliche vor den Erwachsenengerichten sollten diese gem. § 78 I RJGG die Vorschriften des RJGG anwenden, wenn der Beschuldigte zur Zeit der Erhebung der Anklage noch nicht 18 Jahre alt war. Dies galt aber nur,

---

[91] DJustiz 1945, S.15 ff. (S.16).
[92] RGBl. I 1924, S.322 ff., StPO in der Fassung der Bekanntmachung vom 22.03.1924.

soweit nicht besondere Gründe gegen die Anwendung der Vorschriften des RJGG sprachen.
Nach Ziffer 4 der RiLi zu § 78 RJGG in der Fassung der ersten Änderung vom 18.12.1944[93] konnten besondere Gründe gegen die Anwendung der jugendstrafrechtlichen Vorschriften in Verfahren vor den Erwachsenengerichten, insbesondere in Verfahren vor dem Volksgerichtshof, wegen der Besonderheit dieser Strafsachen, sprechen.

In § 78 RJGG wurde also ausnahmsweise entgegen § 1 I RJGG auf das Alter zur Zeit der Erhebung der Anklage und nicht auf das Alter zur Zeit der Tat abgestellt.
In Ziffer 3 der RiLi zu § 78 RJGG in der Fassung der ersten Änderung vom 18.12.1944[94] war aber für § 40 RJGG abweichend von § 78 I RJGG bestimmt, daß es für die Anwendbarkeit des § 40 RJGG nicht darauf ankomme, ob der Beschuldigte zur Zeit der Erhebung der Anklage bereits 18 Jahre alt war.[95]
Dementsprechend kam § 40 RJGG unabhängig vom Alter zur Zeit der Anklageerhebung des Jugendlichen und der Zuständigkeit eines Jugendgerichts oder eines für allgemeine Strafsachen zuständigen Gerichts zur Anwendung. Einzige Voraussetzung war die Einstufung als Jugendlicher zur Zeit der Tatbegehung.

b. Jugendliche, die der Wehrmachtsgerichtsbarkeit, der SS- und Polizeigerichtsbarkeit unterstanden

Nach § 79 RJGG bestimmten der Chef des Oberkommandos der Wehrmacht und der Reichsführer der SS jeder für seinen Geschäftsbereich im Einvernehmen mit dem Reichsminister der Justiz, welche Vorschriften des RJGG auf Jugendliche, die der Wehrmachtsgerichtsbarkeit oder der SS - und Polizeigerichtsbarkeit unterstanden, Anwendung finden sollten. Diese Vorschriften wurden in der Zweiten Durchführungsverordnung zum Reichsjugendgerichtsgesetz vom 28.12.1943[96] niedergelegt.
Nach dieser Durchführungsverordnung kamen die Sondervorschriften über die Jugendgerichtsverfassung und das Jugendstrafverfahren in Verfahren vor den Wehrmachtsgerichten nicht zur Anwendung.[97] Folglich galt die in § 40 RJGG niedergelegte Rechtsmittelbeschränkung in diesen Verfahren nicht. Für die SS - und Polizeigerichtsbarkeit galt sinngemäß dasselbe.[98]

c. Angehörige des Reichsarbeitsdienstes

In § 80 RJGG waren einige Sonderregelungen hinsichtlich der Anwendbarkeit der Vorschriften des RJGG auf Jugendliche, die dem Reichsarbeitsdienst angehörten,

---

[93] DJustiz 1945, S.15 ff. (S.19).
[94] DJustiz 1945, S.15 ff. (S.19).
[95] Kümmerlein, DJustiz 1945, S.2 ff. (S.10).
[96] RGBl. I 1943, S.687 f.
[97] vgl. Kümmerlein, Komm.z. RJGG, A 3, Anm.4 zu Art.II des 1. Abschnitts.
[98] vgl. Kümmerlein, Komm.z. RJGG, A 3, Anm.4 zu Art.II des 1. Abschnitts.

niedergelegt. In den Fällen, in denen die Zuständigkeit eines Jugendgerichts oder eines ordentlichen Gerichts begründet war, fand die in § 40 RJGG niedergelegte Rechtsmittelbeschränkung grundsätzlich Anwendung.[99]

4. Die zeitliche Geltung des § 40 RJGG

Nach dem Zusammenbruch des Nationalsozialismus war umstritten, ob § 40 RJGG noch unmittelbar bis zum Inkrafttreten des JGG 1953 angewendet werden sollte. Nach der damals weitaus herrschenden Meinung wurde § 40 RJGG im Hinblick auf die bereits in § 35 JGG 1923 bestehende Rechtsmittelbeschränkung nicht für nationalsozialistisches Gedankengut gehalten und somit die Fortgeltung des § 40 RJGG bejaht.[100]

III. Das Jugendgerichtsgesetz von 1953 und die weitere Entwicklung der jugendstrafverfahrensrechtlichen Rechtsmittelbeschränkung bis zur heute geltenden Fassung des § 55 JGG

1. Die Entstehung des Jugendgerichtsgesetzes vom 04.08.1953

Das Bundeskabinett verabschiedete am 29.01.1952 den Entwurf eines Gesetzes zur Änderung des Reichsjugendgerichtsgesetzes [101] und bereitete damit der gesetzgeberischen Reformarbeit im Parlament den Weg.

Trotz Anerkennung des bestehenden Bedürfnisses an einer großen Reform des Jugendstrafrechts wurde aufgrund der für dringlich erachteten Anpassung des JGG an die Verhältnisse der Nachkriegszeit zunächst lediglich eine vorläufige Neuregelung des JGG vorgeschlagen. Diese vorgeschlagene Neuregelung baute soweit wie möglich auf dem bisherigen Recht auf und beschränkte sich im wesentlichen auf die nachfolgenden Maßnahmen:

-Reinigung des Gesetzes von nationalsozialistischem Gedankengut, wobei besonderer Wert darauf gelegt werden sollte, die Rechtsstaatlichkeit des Jugendstrafverfahrens zu gewährleisten, ohne den Erfordernissen einer wirksamen Jugenderziehung Abbruch zu tun[102],

-Schaffung der Möglichkeit, Heranwachsende (Personen zwischen 18 und 21 Jahren) unter bestimmten Voraussetzungen wie Jugendliche zu behandeln,

-Neuordnung der Gerichtsverfassung unter Hinzuziehung des Laienelementes,

---

[99] Sommer, DJustiz 1944, S.51 ff. (S.57).

[100] s. zu diesem Meinungsstand
Potrykus, Komm.z.JGG (RJGG, 1. Aufl.), § 40 Bem.2;
Nothacker, GA 1982, S.451 ff. (S.456) jeweils m.w.N;
in Berlin und der Ostzone wurde § 35 JGG 1923 wieder eingeführt (s. Potrykus, Komm.z.JGG (RJGG, 1. Aufl.), § 30 Bem.2) und für Rheinland-Pfalz wurde § 40 RJGG durch Landesgesetz vom 30.12.1948, GVBl. I 1949, S.1 f., in Anlehnung an § 35 I JGG 1935 geändert, wobei eine Anfechtung ausdrücklich für Jugendarresturteile zugelassen wurde.

[101] zum Inhalt dieses Entwurfs s. BT-Dr. 1/3264.

[102] BT-Dr. 1/3264, S.35 (Anl. 1, Begr.).

-Einführung der Aussetzung der Jugendstrafe und der Verhängung der Jugendstrafe zur Bewährung und
-Einarbeitung der Richtlinien zum RJGG in das Gesetz, soweit sie Rechtsnormcharakter hatten und beizubehalten waren.[103]

Bezüglich einer Änderung des § 40 RJGG war besonders das Vorhaben von Bedeutung, das alte Gesetz von nationalsozialistischem Gedankengut zu befreien.[104]
Dieses Vorhaben konnte sich nach der Begründung zu dem Entwurf eines Gesetzes zur Änderung des Reichsjugendgerichtsgesetzes[105] jedoch nicht darauf beschränken, nur die gegenstandslos gewordenen Vorschriften, die sich auf eine Beteiligung von NS - Organisationen am Jugendstrafverfahren bezogen, zu beseitigen. Vielmehr wurden auch zahlreiche andere Vorschriften für änderungsbedürftig erachtet.
Es handelte sich dabei um diejenigen Regelungen, die mit den aktuellen Anschauungen oder dem veränderten rechtsstaatlichen Denken nicht mehr im Einklang standen[106], wie z.B. der Umstand, daß es dem Jugendlichen im Rahmen des § 40 RJGG verwehrt war, im Rechtsmittelverfahren seine Unschuld geltend zu machen.[107]
Das nationalsozialistische Recht hatte unter anderem die starke Tendenz, die Rechte des Beschuldigten einzuengen.[108] Diese Tendenz war bei der in § 40 RJGG niedergelegten Rechtsmittelbeschränkung erkennbar, da nach dieser dem Staatsanwalt umfangreichere Rechte hinsichtlich einer Anfechtung zustanden als dem Verurteilten.[109]
Eine derartige Einengung der Anfechtbarkeit von Urteilen wurde nunmehr als mit rechtsstaatlichen Grundsätzen unvereinbar befunden. Aus diesem Grunde kehrte der Entwurf von 1952 teilweise zu der Regelung des § 35 JGG 1923 zurück.[110]
In § 40 des Entwurfs wurde jedoch insoweit eine Verschärfung der Rechtsmittelbeschränkung gegenüber der Regelung in § 35 JGG 1923 vorgeschlagen, als sich der Wortlaut des § 40 des Entwurfs nicht mehr nur auf Urteile, sondern auf sämtliche Entscheidungen beziehen sollte. Zudem sollte eine Anfechtung auch wegen des Umfangs oder des Ausmaßes der in der Entscheidung angeordneten Erziehungsmaßregeln oder Zuchtmitteln eingeführt werden. Ferner erstreckte sich § 40 des

---

[103] BT-Dr. 1/3264, S.35 (Anl. 1, Begr.).
[104] vgl. BT-Dr. 1/ 3264, S.35 (Anl. 1, Begr.).
[105] BT-Dr. 1/ 3264, S.35 ff. (Anl. 1).
[106] BT-Dr. 1/3264, S.35 (Anl. 1, Begr.).
[107] BT-Dr. 1/ 4437, S.9.
[108] vgl. Peters, Werdendes Jugendstrafrecht, S.93.
[109] das OLG München war hingegen in seinem Beschluß vom 26.01.1948, MDR 1948, S.429 (S.429), noch der Ansicht, daß diese Beschränkung nicht als Ausfluß des Machtanspruchs des totalen Staats angesehen werden konnte und die Rechte des Einzelnen gegenüber dem Staat beschränken sollte, da hinter der Vorschrift des § 40 RJGG erzieherische Gesichtspunkte stünden.
[110] BT-Dr. 1/ 3264, S.46 (Anl. 1, Begr.).

Entwurfs neben den Erziehungsmaßregeln ebenfalls auf Zuchtmittel, die das JGG 1923 noch nicht gekannt hatte.

In den vorbereitenden Beratungen des Entwurfs wurde weiterhin die Ansicht vertreten, daß im Jugendstrafverfahren ein besonderes Bedürfnis bestehe, schnell zu einer rechtskräftigen Entscheidung zu gelangen. So war man sich dahingehend einig, in das JGG eine Regelung aufzunehmen, durch die eine Abkürzung des zweistufigen Rechtsmittelzugs bei Urteilen des Jugendrichters und des Jugendschöffengerichts erreicht werden konnte. Aus diesem Grunde wurden zunächst die nachfolgenden Möglichkeiten erwogen, die später jedoch wieder als unzweckmäßig oder als mit rechtsstaatlichen Grundsätzen unvereinbar verworfen wurden:
-Ein Urteil der Jugendkammer als Berufungsgericht soll unanfechtbar sein,
-ein Urteil der Jugendkammer soll unanfechtbar sein, wenn in zwei Instanzen übereinstimmende Entscheidungen ergangen sind,
-die Revision gegen ein Berufungsurteil der Jugendkammer soll von einer ausdrücklichen Zulassung abhängig sein.[111]

Nach Ablehnung dieser drei in Erwägung gezogenen Möglichkeiten wurde als brauchbare Möglichkeit für eine Verkürzung des Rechtsmittelzugs nur noch die Verordnung des Reichspräsidenten über Maßnahmen auf dem Gebiete der Rechtspflege und Verwaltung vom 14.06.1932[112] erachtet.[113]
Nach Art. 2 § 1 Nr. 1 (Kapitel 1, Teil 1) dieser Verordnung fand gegen die Urteile des Amtsrichters und des Schöffengerichts - vorbehaltlich der Regelung des § 313 StPO[114] - nach Wahl des zur Rechtsmitteleinlegung Berechtigten entweder Berufung an das Landgericht oder die Revision an das Oberlandesgericht statt. Derjenige, der Berufung eingelegt hatte, durfte keine Revision mehr gegen das Berufungsurteil einlegen.
In dem Entwurf des Gesetzes zur Änderung des Reichsjugendgerichtsgesetzes von 1952 wurden weiterhin in § 40 III und IV Sonderregelungen hinsichtlich der Anfechtbarkeit von Entscheidungen, die im Zusammenhang mit einer Aussetzung der

---

[111] BT-Dr. 1/ 3264, S.46 (Anl. 1, Begr.).
[112] RGBl. I 1932, S.285 ff., diese Verordnung wurde durch § 17 der Verordnung über Maßnahmen auf dem Gebiete der Gerichtsverfassung und der Rechtspflege vom 01.09.1939 (RGBl. I 1939, S.1658 ff.) aufgehoben. Zudem wurde die Verordnung vom 14.06.1932 in Art. 8 II des Gesetzes zur Wiederherstellung der Rechtseinheit auf dem Gebiete der Gerichtsverfassung und der Verwaltung, der bürgerlichen Rechtspflege, des Strafverfahrens und des Kostenrechts (BGBl. I 1950, S.455 ff.), durch den Vorschriften aufgehoben wurden, soweit sie noch nicht außer Kraft getreten waren, in Nr.4 genannt.
[113] BT-Dr. 1/3264, S.46 (Anl. 1, Begr.).
[114] nach § 313 StPO, RGBl. I 1925, S.475 (S.475), StPO vom 01.02.1877 in der Fassung des Gesetzes zur Abänderung der StPO vom 22.12.1925, konnte ein Urteil des Amtrichters nicht mit der Berufung angefochten werden, wenn es ausschließlich Übertretungen zum Gegenstande hatte, und der Angeklagte entweder freigesprochen oder ausschließlich zu Geldstrafe verurteilt worden war.

Jugendstrafe zur Bewährung bzw. mit der Verhängung der Jugendstrafe standen, vorgeschlagen.

Der Bundesrat nahm in seiner Sitzung vom 29.02.1952 nach Art. 76 II GG zu dem Entwurf Stellung.[115] Nach dem Änderungsvorschlag des Bundesrats zu § 40 des Entwurfs sollten in § 40 I 2 hinter dem Wort „Fürsorgeerziehung" die Worte „oder Dauerarrest" eingefügt werden. Der Bundesrat befürwortete somit die Herausnahme des Dauerarrests entsprechend der Fürsorgeerziehung aus der Rechtsmittelbeschränkung des § 40 I des Entwurfs.
In der Begründung zu diesem Änderungsvorschlag führte der Bundesrat aus, daß die Beschränkung der Anfechtung in § 40 I 1 des Entwurfs außer bei der Fürsorgeerziehung auch beim Dauerarrest unangebracht sei, weil es sich bei diesem Zuchtmittel um eine sehr einschneidende Maßnahme handele, deren richtige Auswahl der Nachprüfung im Instanzenzuge unterliegen sollte.[116] Zu § 40 II und IV machte der Bundesrat keine Änderungsvorschläge und zu § 40 III lediglich in Satz 3 solche in sprachlicher Hinsicht.

Die Bundesregierung lehnte in ihrer Stellungnahme zu den vom Bundesrat gemachten Änderungsvorschlägen die Herausnahme des Dauerarrests aus § 40 I des Entwurfs ab.
Sie versagte diesem Änderungsvorschlag des Bundesrats mit der Begründung die Zustimmung, daß die erzieherische Wirkung des Jugendarrests sehr stark abgeschwächt werde, wenn diese Maßnahme der Tat nicht unmittelbar nachfolge.[117]

Am 31.03.1952 wurde der Entwurf des Gesetzes zur Änderung des Reichsjugendgerichtsgesetzes mit der Stellungnahme des Bundesrats und der diesbezüglichen Gegenerklärung der Bundesregierung dem Bundestag zugeleitet.[118]
Nach der 1. Lesung im Plenum am 23.04.1952 wurde der Gesetzesentwurf an den Ausschuß für Rechtswesen und Verfassungsrecht als federführenden Ausschuß sowie an den Ausschuß für Fragen der Jugendfürsorge überwiesen.[119] In dem besonderen, aus Mitgliedern dieser beiden Ausschüsse gebildeten Unterausschuß „Jugendgerichtsgesetz", wurde der Gesetzesentwurf in 14 Arbeitssitzungen beraten.[120]

---

[115] Deutscher BRat, Sitzungsbericht der 79. Sitzung, S.60 ff. (S.62 ff.); zum Inhalt dieser Stellungnahme s. BT-Dr. 1/ 3264, S.53 ff. (Anl. 2).
[116] BT-Dr. 1/ 3264, S.57 (Anl. 2).
[117] BT-Dr. 1/ 3264, S.65 (Anl. 3).
[118] BT-Dr. 1/ 3264.
[119] Deutscher BT, Sitzungsbericht der 205. Sitzung, S.8817 ff. (S.8859).
[120] s. zu diesen Arbeitssitzungen die Kurzprotokolle der 1- 14. Sitzung des Unterausschusses Jugendgerichtsgesetz 23/33.

Als Ergebnis der Ausschußarbeiten wurde der Entwurf eines neuen Jugendgerichtsgesetzes vorgelegt.[121] In diesem Entwurf waren die Rechtsmittelbeschränkungen in § 55 angesiedelt.
Die Vorschrift des § 55 übernahm die Fassung des § 40 des Entwurfs der Bundesregierung bis auf einige inhaltliche Änderungen. In § 40 des Entwurfs der Bundesregierung hieß es, daß eine Entscheidung auch nicht wegen des Umfangs oder des Ausmaßes der Maßnahme angefochten werden konnte. In § 55 des neuen Entwurfs wurden die Worte „des Ausmaßes" nicht übernommen, was allerdings keine große Auswirkung auf den Inhalt dieser Vorschrift hatte. Zudem wurde § 40 I 2 des Regierungsentwurfs, der den Wortlaut „diese Vorschrift gilt nicht, wenn Fürsorgeerziehung angeordnet worden ist" in „diese Vorschrift gilt nicht, wenn die Entscheidung Fürsorgeerziehung angeordnet hat", umgeändert. Den Änderungsvorschlag des Bundesrats zum Regierungsentwurf, der die Anfechtbarkeit des Dauerarrests uneingeschränkt zulassen wollte, wurde in dem Entwurf des Ausschusses nicht übernommen.
Die in § 40 II des Regierungsentwurfs vorgesehene instanzielle Rechtsmittelbeschränkung fand in § 55 II des neuen Entwurfs ihren Platz. Die Absätze III und IV, welche die Anfechtung von Entscheidungen, die mit einer Aussetzung der Jugendstrafe zur Bewährung oder der Aussetzung der Verhängung der Jugendstrafe im Zusammenhang standen, regelten, wurden nicht in die nunmehr vorgeschlagene Fassung des § 55 JGG übernommen. Sie wurden vielmehr teilweise unter § 59 JGG des Entwurfs eingeordnet. Größtenteils wurden sie aber stark überarbeitet, worauf hier jedoch angesichts der Herausnahme dieser Regelungen aus § 55 JGG nicht weiter einzugehen ist.
Der Bundestag nahm den Entwurf zum Jugendgerichtsgesetz des Ausschusses für Rechtswesen und Verfassungsrecht am 18.06.1953 in 2. und 3. Lesung an.[122] Der Bundesrat beschloß am 03.07.1953, dem Gesetz gem. Art. 84 I i.V.m. Art. 78 GG zuzustimmen.[123] Das neue JGG wurde am 04.08.1953 verkündet und trat am 01.10.1953 in Kraft.[124]

Auf Einzelheiten, wie die Gründe, die das Bedürfnis am Bestehen des § 55 JGG 1953 legitimieren sollen, verbleibende Anfechtungsmöglichkeiten und die RiLi zu § 55 JGG 1953 soll hier nicht weiter eingegangen werden, denn das JGG von 1953 bildet die gesetzliche Grundlage des geltenden Jugendstrafrechts.[125] Außerdem wurden im Bereich des Rechtsmittelrechts seitdem keine durchgreifenden Änderungen vorgenommen, so daß auf diese Punkte im Rahmen des heute geltenden § 55 JGG eingegangen wird. Nachfolgend werden die einzelnen Änderungen des § 55 JGG 1953 bis zur heutigen Fassung dargestellt.

---

[121] BT-Dr. 1/ 4437.
[122] Deutscher BT, Sitzungsbericht der 273. Sitzung, S.13507 ff. (S.13537 ff.).
[123] Deutscher BRat, Sitzungsbericht der 112. Sitzung, S.329 ff. (S.344).
[124] BGBl. I 1953 S.751 ff.
[125] vgl. Nothacker, GA 1982, S.451 ff. (S.455 Fn. 28).

2. Die weitere Entwicklung des § 55 JGG 1953 bis zur heute geltenden Fassung

Durch das Einführungsgesetz zum Strafgesetzbuch[126] wurde der Vorschrift des § 55 JGG 1953 ein dritter Absatz hinzugefügt. Dieser Absatz bestimmte, daß der Erziehungsberechtigte oder der gesetzliche Vertreter das von ihm eingelegte Rechtsmittel nur mit Zustimmung des Angeklagten zurücknehmen konnte, und wurde seitdem nicht mehr geändert.

Aufgrund des Art. 323 I des Einführungsgesetzes zum Strafgesetzbuch vom 02.03.1974[127] wurde am 11.12.1974[128] der Wortlaut des JGG vom 04.08.1953 (in der Fassung der Bekanntmachung vom 01.03.1973[129]) in der ab dem 01.01.1975 geltenden Fassung bekanntgemacht.

Später wurde durch Art. 6 des Gesetzes zur Neuordnung des Kinder- und Jugendhilferechts (Kinder- und Jugendhilfegesetz) vom 26.06.1990[130] die Vorschrift des § 12 JGG dahingehend geändert, daß an die Stelle der bisherigen Fürsorgeerziehung die Hilfe zur Erziehung in einer Einrichtung über Tag und Nacht oder in einer sonstigen betreuten Wohnform trat. Dementsprechend wurde § 55 I 2 JGG 1953 insoweit geändert, als daß die Vorschrift keine Anwendung finden sollte, wenn der Richter den Jugendlichen verpflichtet hatte, Hilfe zur Erziehung nach § 12 Nr. 2 JGG in Anspruch zu nehmen.

Danach unterlag die Fassung des § 55 JGG 1953 durch das Erste Gesetz zur Änderung des Achten Buches Sozialgesetzbuch vom 16.02.1993[131] einer Abänderung. Seit dieser Fassung lautet § 55 I 2 JGG nicht mehr: „Diese Vorschrift gilt nicht, wenn der Richter den Jugendlichen verpflichtet hat, Hilfe zur Erziehung nach § 12 Nr. 2 in Anspruch zu nehmen", sondern „Diese Vorschrift gilt nicht, wenn der Richter angeordnet hat, Hilfe zur Erziehung nach § 12 Nr. 2 in Anspruch zu nehmen."[132]

---

[126] BGBl. I 1974, S.469 ff (S.528).
[127] BGBl. I 1974, S.469 ff. (S.645).
[128] BGBl. I 1974, S.3427 ff.
[129] BGBl. I 1973, S.149 ff.
[130] BGBl. I 1990, S.1163 ff. (S.1189).
[131] BGBl. I 1993, S.239 ff. (S.252).
[132] zu einer weiteren Änderung des § 55 I JGG durch das Gesetz zur Reform des Kindschaftsrechts s. Fn.3.

D. Die heute geltende Fassung des § 55 JGG

I. Legitimation der jugendstrafverfahrensrechtlichen Rechtsmittelbeschränkung

Mehrere Gründe wurden im Rahmen der JGG von 1923, 1943 und 1953 für die Einführung bzw. Fortgeltung der jugendstrafverfahrensrechtlichen Rechtsmittelbeschränkung angeführt, die auch im Rahmen der heutigen Regelung des § 55 JGG noch (teilweise oder vollständig) vertreten werden.
Nachfolgend sollen die einzelnen Gründe sowie deren Vertretbarkeit erläutert werden.

1.Beschleunigung des Jugendstrafverfahrens zwecks Erhalts der notwendigen erzieherischen Wirkung der angeordneten Rechtsfolgen

Die gegenüber dem allgemeinen Strafverfahrensrecht weitergehende Rechtsmittelbeschränkung des § 55 JGG beruht auf der Vorstellung des Gesetzgebers, daß im Jugendstrafverfahren ein besonderes Bedürfnis bestehe, schnell zu einer rechtskräftigen Entscheidung zu gelangen. Der angeordneten Rechtsfolge komme nämlich nur dann die notwendige erzieherische Wirkung zu, wenn sie der Tat so bald wie möglich nachfolge.[133]
Durch den Rechtsmittelausschluß bzw. die Rechtsmittelbeschränkung des § 55 JGG soll somit aus erzieherischen Gründen die Beschleunigung des Verfahrens erreicht werden.
Dieser Gedanke ist auch in der Nr. 1 Satz 1 der RiLi[134] zu § 55 JGG niedergelegt. Ebenfalls in RiLi Nr. 6 Satz 1 zu § 43 JGG wird darauf hingewiesen, daß die Maßnahmen des Jugendstrafrechts nur dann voll wirksam sind, wenn das Urteil der Tat auf dem Fuße folgt.

---

[133] BT-Dr. 1/3264, E eines Gesetzes zur Änderung des RJGG, S.46 (Anl. 1, Begr.);
BT-Dr. 1/4437, Schriftlicher Bericht des Ausschusses für Rechtswesen und Verfassungsrecht (23.Ausschuß) über den E eines Gesetzes zur Änderung des RJGG (Nr.3264 der Dr.), S.9;
ebenso bereits, allerdings mit der Abweichung, daß im Rahmen der nachfolgenden Literaturangaben nur Erziehungsmaßregeln und keine Zuchtmittel vorgesehen waren und eine dem heutigen § 55 II JGG entspr. instanzielle Rechtsmittelbeschränkung noch nicht bestand:
-Verhandlungen des Reichstags (Anl. zu den stenographischen Berichten) Bd. 254, Nr.1310, E eines Gesetzes betreffend die Änderung des GVG, einer StPO und eines zu beiden Gesetzen gehörenden Einführungsgesetzes, S.204, so wurde z.B. in § 374 II E-StPO vorgeschlagen, daß Erziehungs- und Besserungsmaßregeln, die das Gericht selbst angeordnet hatte, vom Vorsitzenden unmittelbar nach Bekanntmachung des Beschlusses vollzogen werden sollten. Der Beschluß des Gerichts konnte nach § 373 III E-StPO nicht angefochten werden.
-Verhandlungen des Reichstags (Anl. zu den stenographischen Berichten), Bd.300, Nr.576 (Begr.), E eines Gesetzes über das Verfahren gegen Jugendliche, S.14 f;
-Dr. des Reichsrats I 1920, Nr.37, Begr. zu § 28 des E eines JGG von 1920, S.26. Diesen E legte der Reichsminister der Justiz am 14.02.1920 dem Reichsrat vor;
-Verhandlungen des Reichstags (Anl. zu den stenographischen Berichten), Bd.375, Nr.5171, E eines JGG, S.22 (Begr.).

[134] Die RiLi zum JGG sind abgedruckt bei Eisenberg, Komm.z.JGG, Anhang 2.

Diese Ansicht des Gesetzgebers hat in der Rechtsprechung und der Literatur eine große Zahl von Anhängern gefunden.[135] Innerhalb dieser Auffassung wird teilweise davon ausgegangen, daß insbesondere diejenigen jugendstrafrechtlichen Rechtsfolgen einer Beschleunigung bedürfen, die keine längere erzieherische Behandlung einleiten sollen, sondern deren Funktion sich in der Wirkung eines kurzen Denkzettels erschöpfe. Hierunter fallen die Zuchtmittel.[136]

Weiter wird von dieser Meinung angeführt, für die Notwendigkeit einer jugendspezifischen Beschleunigung des Verfahrens sei der Umstand von entscheidender Bedeutung, daß ein Jugendlicher noch nicht über das Abstraktionsvermögen eines Erwachsenen verfüge und aus diesem Grunde die „Strafe" nur solange als gerechte Reaktion des Gemeinwesens auf den von ihm begangenen Rechtsbruch empfinde, wie das Gemeinwesen noch an den Folgen seines Rechtsbruchs zu tragen habe und er sich zudem selbst noch seines Handelns bewußt sei.
Dementsprechend nehme ein langwieriges Verfahren über mehrere Instanzen dem sehr viel später nachfolgenden Gegenschlag des Gemeinwesens den Notwehrcharakter und werde aus Tätersicht zu einem ungerechtfertigten Racheakt.[137]
Hierfür spreche ebenfalls, daß ein Jugendlicher zwar sehr schnell beeindruckt sei, allerdings auch ebenso schnell etwas Geschehenes wieder vergesse.[138]

In diesem Zusammenhang ist nun zunächst der Erziehungsgedanke und anschließend der Beschleunigungsgrundsatz näher zu erörtern, da die Rechtsmittelbe-

---

[135] vgl. BayObLGSt 1954, S.27 f. (S.28);
vgl. BVerfG, NStZ 1988, S.34 f. (S.34);
vgl. OLG Hamm (zu § 40 RJGG), HESt Bd.1, S.40 (S.40);
ebenso Potrykus, Komm.z.JGG (3.Aufl.), § 55 Bem.1;
Grethlein/Brunner, Komm.z.JGG, § 55 Anm.1a (1);
Brunner/Dölling, Komm.z.JGG, § 55 Rz.1;
Dallinger/Lackner, Komm.z.JGG (2.Aufl.), § 55 Rz.2;
Schaffstein/Beulke, Jugendstrafrecht, S.203;
vgl. auch Müller, Jugendstrafrecht und Jugendgerichtsbarkeit, S.80.
[136] für den Jugendarrest wurde hiervon bereits bei dessen Einführung ausgegangen, s. AV des RJM v. 06.11.1940, DJustiz 1940, S.1243 (S.1243);
Schaffstein, MschrKrim Bd.61 (1978), S.313 ff. (S.314);
Sieverts in Schaffstein/Miehe, Weg und Aufgabe des Jugendstrafrechts, S.255 ff. (S.273);
Kümmerlein, DJustiz 1943, S.553 ff. (S.556 u. S.560) hinsichtlich der Rechtsmittelbeschränkung des § 40 RJGG;
Potrykus, Komm.z.JGG (RJGG, 1. Aufl.), § 40 Bem. 1, im Rahmen des § 40 RJGG.
[137] vgl. BT-Dr. 1/4437, S.9;
vgl. auch Potrykus, Komm.z.JGG (3.Aufl.), § 55 Bem.1;
ebenso Hellmer, JR 1955, S.92 ff. (S.92);
s. auch Ostendorf, MschrKrim Bd.77 (1995), S.352 ff. (S.364).
[138] Middendorf, ZfJ 1952, S.70 ff. (S.71);
s. auch Ostendorf, MschrKrim, Bd.77 (1995), S.352 ff. (S.364).

schränkung des § 55 JGG mit dem Bedürfnis nach Beschleunigung zum Zwecke der Erziehung begründet wird.

a. Der im Jugendstrafrecht geltende Erziehungsgedanke

aa. Ziel des Erziehungsgedankens und Wege zu dessen Erreichung

Der Erziehungsgedanke beherrscht das gesamte JGG.[139] Dadurch, daß nach § 1 I JGG als Anknüpfungspunkt aller Rechtsfolgen des JGG eine vom Jugendlichen bzw. Heranwachsenden begangene Straftat maßgebend ist, wird klargestellt, daß die Erziehung nach dem JGG nicht die charakterliche Heranbildung des Jugendlichen bzw. Heranwachsenden im allgemeinen oder um ihrer selbst willen zum Ziele haben kann. Die Erziehung nach dem JGG zielt vielmehr ausschließlich darauf ab, den Täter von der Begehung weiterer Straftaten, vor allem der gleichen oder ähnlichen Art, abzuhalten.[140] Bei diesem Ziel handelt es sich zugleich um die allgemeine strafrechtliche Resozialisierungsaufgabe.[141]

Aus der Darstellung des Erziehungsziels folgt, daß die Straftat das Strafziel limitiert.[142]

Zur Erreichung des Erziehungsziels sollen dem Täter durch den strafrechtlichen Zugriff die Geltung und Gewichtigkeit bestimmter Rechtsgüter und Verhaltensweisen verdeutlicht werden.[143] Aus diesem Grunde wird versucht, dem delinquenten Jugendlichen bzw. Heranwachsenden Verbotsschwellen, Tabus und Verantwortungsdimensionen zu vermitteln oder gar zu verdeutlichen, die für sein künftiges Verhalten entscheidungsrelevant werden sollen.[144] Durch diese Vorgehensweise wird, selbst wenn es bei dem Erziehungsziel primär um Rückfallverhinderung geht, individuelle Normbekräftigung oder, soweit dies bei Tätern mit

---

[139] vgl. BGHSt 36, S.37 ff. (S.42) = BGH, JR 1989, S.519 ff. (S.521);
DSS (Diemer), Komm.z.JGG, § 5 Rz.5;
Brunner/Dölling, Komm.z.JGG, Einf. II Rz.4 u. § 31 Rz.24.

[140] BVerfGE 74, S.102 ff. (S.122)=BVerfG, NStZ 1987, S.275 f. (S.275);
DSS (Diemer), Komm.z.JGG, § 5 Rz.4, s. auch § 9 Rz.5;
Nothacker, „Erziehungsvorrang" und Gesetzesauslegung, S.377;
Ostendorf, Komm.z.JGG, Grdl. zu §§ 1-2, Rz.4;
Albrecht, P.-A., Jugendstrafrecht, § 9 II 2;
Schaffstein/Beulke, Jugendstrafrecht, S.3;
Balbier, DRiZ 1989, S.404 ff. (S.406);
Ostendorf in Walter, Beiträge zur Erziehung im Jugendkriminalrecht, S.91 ff. (S.102), Ostendorf betont jedoch, daß dieses die allgemeine strafrechtliche Sozialisierungsaufgabe sei;
Eisenberg, Komm.z.JGG, § 5 Rz.3, 4.

[141] vgl. BVerfG, NJW 1977, S.1525 ff. (S.1528);
vgl. BVerfGE 35, S.203 ff. (S.235 f.);
s. auch Schaffstein in Schaffstein/Miehe, Weg und Aufgabe des Jugendstrafrechts, Einf. S.IX.

[142] vgl. DSS (Diemer), Komm.z.JGG, § 10 Rz.23 u. 24.

[143] vgl. Streng, ZStW Bd.106 (1994), S.60 ff. (S.65).

[144] vgl. Müller-Dietz, Grundfragen des strafrechtlichen Sanktionensystems, S.46;
Bottke, Generalprävention und Jugendstrafrecht aus kriminologischer u. dogmatischer Sicht, S.15.

spezifischen Sozialisationsdefiziten erforderlich ist, sogar Normverinnerlichung angestrebt.
Es ist jedoch zu beachten, daß es sich bei dem Erziehungsgedanken insgesamt um einen unbestimmten Rechtsbegriff handelt, dessen genaue inhaltliche Bestimmung, Orientierung und Geltung umstritten sind. Hierauf soll in diesem Zusammenhang aber nicht weiter eingegangen werden.[145]

bb. Herleitung des Erziehungsgedankens

Die Verpflichtung des Staats, für die Resozialisierung von Straftätern zu sorgen und dementsprechende Mittel zur Verfügung zu stellen, ergibt sich aus dem Sozialstaatsprinzip i.V.m. Art. 1 I GG. Aus verfassungsrechtlicher Sicht entspricht die Forderung nach Resozialisierung von Straftätern dem Selbstverständnis einer Gemeinschaft, welche die Menschenwürde in den Mittelpunkt ihrer Wertordnung stellt und dem Sozialstaatsprinzip verpflichtet ist.[146]
Aus Tätersicht erwächst das Interesse an der Resozialisierung aus Art. 2 I i.V.m. Art. 1 GG.[147]
Da das Resozialisierungsgebot[148], wie auch der Erziehungsgedanke zum Ziel haben, den Straftäter dahingehend zu beeinflussen, künftig in der Gesellschaft ein Leben ohne Rechtsbruch führen zu können, kann das zum Resozialisierungsprinzip Gesagte auch auf den Erziehungsgedanken übertragen werden.[149]

Das Recht zur Erziehung von Jugendlichen steht dem Staat nach Art. 6 II 2 GG in Form eines sekundären staatlichen Erziehungsrechts zu.[150] Dieses sekundäre staatliche Erziehungsrecht steht neben dem primären Erziehungsrecht der Eltern, denn

---

[145] s. hierzu vertiefend
Eisenberg, Komm.z.JGG, Einl. Rz.5 a ff. m.w.N;
Brunner/Dölling, Komm.z.JGG, Einf. II Rz.4 ff. m.w.N;
Ostendorf, Komm.z.JGG, Grdl. zu §§ 1-2 Rz.4 ff;
Albrecht, P.-A., Jugendstrafrecht, § 8;
Pieplow (S.5 ff.), Walter (S.59 ff.), Ostendorf (S.91 ff.), Viehmann (S.111 ff.) in Walter, Beiträge zur Erziehung im Jugendkriminalrecht;
Heinz (S.28 ff.), Walter (S.51 ff.) in Wolff/Marek, Erziehung und Strafe;
Plewig, Neue KrimPol 1995, S.9 f. (S.9 f.);
Nothacker, „Erziehungsvorrang" und Gesetzesauslegung, S.59 ff.
[146] BVerfGE 35, S.202 ff. (S.235);
BVerfGE 36, S.174 ff. (S.188);
vgl. auch BVerfGE 86, S.288 ff. (S.312);
BVerfG, NJW 1977, S.1525 ff. (S.1528);
[147] BVerfG NJW 1977, S.1525 ff. (S.1528);
BVerfGE 35, S. 202 ff. (S.236).
[148] BVerfGE 35, S.202 ff. (S.235).
[149] vgl. hierzu auch Blau in Bundesministerium der Justiz 1995, Grundfragen des Jugendkriminalrechts und seiner Neuregelung, S.326 ff. (S.340).
[150] BVerfGE 24, S.119 ff. (S.135 ff.);
Ostendorf, Komm.z.JGG, Grdl.z. §§ 1-2 Rz.4.

nach Art. 6 II 1 GG ist die Erziehung der Kinder als das natürliche Recht der Eltern anzusehen. Dies ergibt sich ebenfalls aus § 1626 I BGB, in dem bestimmt ist, daß den Eltern neben der Vermögenssorge auch die Personensorge über das minderjährige Kind zusteht. Nach § 1631 I BGB umfaßt die Personensorge insbesondere auch das Recht und die Pflicht, das Kind zu erziehen. Das elterliche Erziehungsrecht endet dem Kind gegenüber, wenn dieses achtzehn Jahre alt wird.
Zu diesem Zeitpunkt müßte folglich grundsätzlich auch das sekundäre staatliche Erziehungsrecht enden.[151] Trotz Erlöschens des elterlichen Erziehungsrechts mit Eintritt der Volljährigkeit des Kindes ist aber nach Ansicht des BVerfG der fortbestehende subsidiäre Erziehungsauftrag des Staats gegenüber Heranwachsenden als gerechtfertigt anzusehen.[152]

b. Der Beschleunigungsgrundsatz

Nachdem der Erziehungsgedanke erläutert wurde, ist im folgenden Teil näher auf den Beschleunigungsgrundsatz einzugehen.

aa. Der allgemeine Beschleunigungsgrundsatz

(1) Bedeutung des allgemeinen Beschleunigungsgrundsatzes

Für die Beschleunigung von Strafverfahren sprechen mehrere Gesichtspunkte.

(a) Das Ziel des Strafverfahrens selbst, das in der Ermittlung des wahren Sachverhalts als Grundlage einer abschließenden und friedensstiftenden Entscheidung liegt, verlangt nach einem beschleunigten Prozeß[153]; denn durch die Beschleunigung des Verfahrens wird verhindert, daß die Beweismittel mit Zeitablauf verblassen, ihre Verläßlichkeit abnimmt und aus diesem Grunde die Suche nach der Wahrheit erschwert wird.[154]

(b) Der Beschleunigungsgrundsatz steht zudem im Interesse des Beschuldigten.
Für den Fall, daß der Beschuldigte unschuldig ist, ist erforderlich, daß der ihn belastende Verdacht möglichst schnell beseitigt und sein Ruf in der Öffentlichkeit wiederhergestellt wird[155], da der Strafprozeß in den Rechtskreis des zu Unrecht Beschuldigten empfindlich eingreift.[156]
Doch selbst wenn der Beschuldigte tatsächlich als schuldig zu erachten ist, fordert die Verpflichtung zur Achtung der Menschenwürde, daß dieser nicht für eine längere Zeit als unbedingt erforderlich, im Ungewissen über den Ausgang des

---

[151] vgl. Ostendorf, Komm.z.JGG, Grdl. zu §§ 1-2 Rz.4.
[152] vgl. BVerfGE 74, S.102 ff. (S.125) = BVerfG, NStZ 1987, S.275 f. (S.276);
s. zu Bedenken hiergegen Asbrock, Dissertation, S.53 ff.
[153] vgl. Pfeiffer, G., Baumann-Festschrift, S.329 ff. (S.332).
[154] Albrecht, H.-J., NJ 1994, S.396 ff. (S.396).
[155] BT-Dr. 7/551, S.34.
[156] Roxin, Strafverfahrensrecht, § 16 C;
vgl. auch Hillenkamp, JR 1975, S.133 ff. (S.134 f.).

Verfahrens gelassen wird.[157] Auch derjenige, der zu Recht in Verdacht gerät, hat einen Anspruch darauf, schleunigst von der Ungewißheit hinsichtlich des Ausgangs des Verfahrens befreit zu werden und eine klare Entscheidung zu erhalten.[158]
Es ist zwar denkbar, daß es im Einzelfall durchaus dem Interesse des Beschuldigten entspricht, die Durchführung des Verfahrens mit dem Ziel einer möglichen Einstellung desselben zu verzögern. Dies wird jedoch nur in einigen Ausnahmefällen zutreffen[159], da es sich auch für den Beschuldigten nachteilig auswirken kann, wenn durch die Verzögerung des Verfahrens die Wahrheitsfindung aufgrund nachlassender Verläßlichkeit der zur Verfügung stehenden Beweismittel erschwert wird. Darüber hinaus wird der Beschuldigte durch ein lange andauerndes Verfahren stärker in seinen Lebensumständen und Rechten beschränkt.[160]

(c) (aa) Die Beschleunigung von Strafverfahren steht des weiteren im Interesse der Rechtsgemeinschaft, da durch die Beschleunigung ein wirksamerer und besserer Schutz der Allgemeinheit vor weiteren Verbrechen gewährleistet wird[161] und generell ein öffentliches Interesse an einer effektiven Strafrechtspflege besteht.
Die Annahme, daß weniger Straftaten begangen werden, wenn ein Strafverfahren schneller beendet wird, ergibt sich aus den nachfolgenden Erkenntnissen:

-Als Begründung sind zunächst generalpräventive Gesichtspunkte heranzuziehen. Es ist nämlich anzunehmen, daß die Strafandrohung ernster genommen wird, wenn Strafverfahren möglichst schnell zu einem Abschluß gebracht werden. Hierfür spricht die Annahme, daß derjenige, der mit hoher Wahrscheinlichkeit damit rechnen muß, daß die Strafe der Tat auf dem Fuße folgt, eher von der Begehung einer strafbaren Handlung zurückschrecken wird. Dagegen wird derjenige, der davon ausgehen kann, daß sich das Verfahren über einen längeren Zeitraum hinziehen und so die Wahrheitsfindung erschwert und folglich die Vollsteckung des Urteils hinausgeschoben wird, eher straffällig werden.[162]
Außerdem ist davon auszugehen, daß das Vertrauen der Gemeinschaft in die Funktionstüchtigkeit der Justiz in einem stärkeren Maße erhalten bleibt, wenn Strafverfahren in einem angemessenen Zeitraum abgeschlossen werden.[163]

---

[157] BT-Dr. 7/551, S.34;
vgl. Hillenkamp, JR 1975, S.133 ff. (S.135).
[158] Hillenkamp, JR 1975, S.133 ff. (S. 135);
Küng-Hofer, Die Beschleunigung des Strafverfahrens unter Wahrung der Rechtsstaatlichkeit, S.28.
[159] vgl. Kohlmann, Maurach-Festschrift, S.501 ff. (S.502).
[160] s. hierzu Kohlmann, Maurach-Festschrift, S.501 ff. (S.502 f.).
[161] BT-Dr. 7/551, S.34;
BT-Dr. 8/976, S.16.
[162] BT-Dr. 7/551, S.34 f;
vgl. Berz, NJW 1982, S.729 ff. (S.729).
[163] Pfeiffer, G., Baumann-Festschrift, S.329 ff. (S.334);
vgl. auch Berz, NJW 1982, S.729 ff. (S.729 f.).

-Durch die Beschleunigung von Strafverfahren steigt weiterhin die Möglichkeit einer erfolgreichen Resozialisierung der Täter, da die angeordneten Sanktionen schneller nach der Tat vollstreckt werden können.[164]

-Dem Beschuldigten wird ferner weniger Gelegenheit gegeben, erneut Straftaten zwischen der Tat, der Verurteilung und der Vollstreckung zu begehen, wenn das gesamte Verfahren beschleunigt wird.[165]

-Hinzu kommt, daß eine schnellere Verfahrenserledigung der Verfolgung anderer Strafverfahren zugute kommt, da sich die Strafverfolgungsorgane durch eine beschleunigte Durchführung der Verfahren weniger häufig genötigt sehen, sich mehrmals mit derselben Sache zu befassen.[166]

(c) Weiterhin ist eine Beschleunigung von Strafverfahren aus dem Blickwinkel des Zeugen- und Opferschutzes erstrebenswert, weil die erhebliche Dauer eines Strafverfahrens aufgrund der damit verbundenen beständigen Anforderungen an die Opferzeugen die Gefahr in sich trägt, eine Sekundärtraumatisierung auszulösen oder jedenfalls zu verstärken.[167]

(bb) Für das Bedürfnis nach einer beschleunigten Durchführung von Strafverfahren sprechen des weiteren Gesichtspunkte der allgemeinen Prozeßökonomie.
Unter dem Begriff der allgemeinen Prozeßökonomie versteht man diejenigen rechtspolitischen Bestrebungen, die auf eine möglichst schnelle und kostengünstige Durchführung und Entscheidung eines Prozesses abzielen.[168]
Die Berücksichtigung prozeßökonomischer Gesichtspunkte beruht auf der Überlegung, daß die Strafverfolgungsinstanzen und Strafgerichte aufgrund der Entwicklung des Gesamtaufkommens an Kriminalität im Falle der zögerlichen Verfahrensdurchführung überlastet würden.[169]
Hieraus folgt, daß die Beschleunigung von Verfahren ebenfalls der Entlastung der Justiz dient. Für diese Annahme spricht außerdem der Umstand, daß eine Beschleunigung des Verfahrens lediglich durch die Vereinfachung desselben, d.h. durch den Abbau der Verfahrenskomplexität und die Abkürzung oder den Wegfall von Fristen erreicht werden kann. Hierdurch wird deutlich, daß derartige Vereinfachungen auf die Steigerung der Effizienz durch Kostenminimierung abzielen.
Aus dem Grunde, daß - wie für alle anderen öffentlichen Aufgaben - auch für den Bereich des Strafrechts nur begrenzte Mittel zur Verfügung stehen, ist das An-

---

[164] BT-Dr. 7/551, S.35;
Hanack, JZ 1971, S.705 ff. (S.706).
[165] BT-Dr. 7/551, S.35.
[166] BT-Dr. 7/551, S.35.
[167] vgl. Albrecht, H.-J., NJ 1994, S.396 ff. (S.396).
[168] Tilch, Deutsches Rechts-Lexikon Bd. 2, S.1490.
[169] Albrecht, H.-J., NJ 1994, S.396 ff. (S.396).

liegen der Förderung nach Rationalität der Strafrechtspflege als legitim anzusehen.[170]

(2) Gesetzliche Niederlegung des allgemeinen Beschleunigungsgrundsatzes und dessen Herleitung

Das Beschleunigungsprinzip als Prozeßmaxime ist in der StPO nicht ausdrücklich enthalten. Es ist jedoch trotz dieses Umstands allgemein anerkannt.[171]

Ausdruck hat das Beschleunigungsprinzip beispielsweise in den §§ 115, 128 f., 161 a, 163 a III, 222 a und 222 b StPO sowie in Nr. 5, 12, 147, 153 RiStBV und § 2 StVollStrO gefunden.[172]

In Art. 5 III 2 und Art. 6 I 1 der Konvention zum Schutze der Menschenrechte und Grundfreiheiten vom 04.11.1950, die aufgrund des Zustimmungsgesetzes vom 07.08.1952[173] innerstaatliches Recht geworden sind, ist das allgemeine Beschleunigungsgebot ebenfalls enthalten.[174]

Die rechtliche Ableitung des Beschleunigungsprinzips ist mangels ausdrücklicher Normierung nicht eindeutig und folglich umstritten.[175]

Eine Herleitung des Beschleunigungsgrundsatzes aus dem Rechtsstaatsprinzip erscheint jedoch überzeugend, da dieses ein faires gerichtliches Verfahren auf allen Rechtsgebieten fordert[176], und das Recht auf ein faires rechtsstaatliches Strafverfahren wiederum eine angemessene Beschleunigung des Verfahrens gebietet.[177]

bb. Der Beschleunigungsgrundsatz des Jugendstrafrechts

Nach § 2 JGG gelten im Bereich des Jugendstrafrechts die allgemeinen Vorschriften, also auch die der StPO, soweit das JGG nichts Gegenteiliges bestimmt.

---

[170] Albrecht, H.-J., NJ 1994, S.396 ff. (S.396).
[171] BGHSt 24, S.239 ff. (S.240);
BGHSt 26, S.228 ff. (S.232 f.);
vgl. BT-Dr. 7/551, S.36 f;
Kohlmann, Maurach-Festschrift, S.501 ff. (S.504 f.);
Roxin, Strafverfahrensrecht, § 16 Rz.3 ff;
Pfeiffer, G., Baumann-Festschrift, S.329 ff. (S.330 f.);
Kühne, Strafprozeßlehre, § 12 Rz.125 ff.
[172] vgl. Roxin, Strafverfahrensrecht, § 16 Rz.4.
[173] BGBl. II, S.685 (S.685).
[174] OLG Koblenz, NJW 1972, S.404 f. (S.404);
Hanack, JZ 1971, S.705 ff. (S.711);
vgl. auch Pfeiffer, G., Baumann-Festschrift, S.329 ff. (S.330 f.).
[175] s. hierzu Nothacker, „Erziehungsvorrang" und Gesetzesauslegung, S.206 m.w.N;
Nach BGHSt 26, S.1 ff. (S.4) spricht bereits die allgemeine prozessuale Fürsorgepflicht neben den Rechtsstaatsprinzip für eine Beschleunigung des Strafverfahrens;
vgl. hierzu auch Kleinknecht/Meyer-Goßner, Komm.z.StPO, Einl. Rz.160.
[176] BVerfGE 63, S.380 ff. (S.390 f.);
vgl. BVerfGE 70, S.297 ff. (S.308 f.);
vgl. für das Diziplinarverfahren BVerfGE 46, S.17 ff. (28 f.).
[177] BVerfGE 63, S.45 ff. (68 f.).

Aus diesem Grunde findet das allgemeine Beschleunigungsprinzip im Jugendstrafverfahren grundsätzlich Anwendung.
Nachdem die Bedeutung des allgemeinen Beschleunigungsprinzips und dessen Herleitung dargestellt wurden, stellt sich die Frage, ob dieses Prinzip als alleiniges Instrument zur Beschleunigung in jugendstrafrechtlichen Verfahren zur Anwendung kommt oder ob im jugendstrafrechtlichen Bereich noch ein spezieller Beschleunigungsrundsatz besteht, der neben das allgemeine Beschleunigungsprinzip tritt.
Zur Klärung dieser Frage ist zunächst auf die Bedeutung der Verfahrensbeschleunigung im Jugendstrafrecht einzugehen.

(1) Bedeutung des Beschleunigungsgrundsatzes im Jugendstrafrecht
Die Beschleunigung von Jugendstrafverfahren entspricht zunächst unstreitig dem erzieherischen Interesse, den jugendlichen bzw. heranwachsenden Beschuldigten möglichst schnell von der durch das Strafverfahren entstehenden Belastung sowie von der Ungewißheit und Angst hinsichtlich dessen Ausgangs zu befreien.[178]
Dieses Ziel stimmt mit dem des allgemeinen Beschleunigungsgrundsatzes überein, so daß sich hiernach keine Anhaltspunkte für die Geltung eines speziellen Beschleunigungsgrundsatzes im Jugendstrafverfahren ergeben.

Die herrschende Ansicht meint jedoch, im Jugendstrafverfahren bestehe ein besonderes Bedürfnis, schnell zu einer rechtskräftigen Entscheidung zu gelangen, da der angeordneten Maßnahme nur dann die notwendige erzieherische Wirkung zukomme, wenn sie der Tat so bald wie möglich nachfolge.[179]
Im Rahmen des allgemeinen Beschleunigungsgrundsatzes wird zwar vertreten, daß durch die Beschleunigung des Strafverfahrens die Möglichkeit einer erfolgreichen Resozialisierung des Täters steige, weil die angeordnete Sanktion schneller nach der Tat vollstreckt werden könne.[180] Diese Zielsetzung stimmt jedoch nicht vollkommen mit der des Jugendstrafrechts überein.
Im Jugendstrafrecht ist man vielmehr der Ansicht, daß es einer jugendgemäßen Beschleunigung des Verfahrens bedürfe, da der Jugendliche schneller als der Erwachsene vergesse[181] und zudem noch nicht über das Abstraktionsvermögen eines Erwachsenen verfüge.[182]

---

[178] Eisenberg, Komm.z.JGG, § 55 Rz.36;
Eisenberg, JuS 1983, S.569 ff. (S.574).
[179] s.o. D I 1.
[180] BT-Dr. 7/551, S.35;
Hanack, JZ 1971, S.705 ff. (S.706).
[181] Middendorf, ZfJ 1952, S.70 ff. (S.71).
[182] vgl. BT-Dr. 1/4437, S.9;
vgl. auch Potrykus, Komm.z.JGG (3.Aufl.), § 55 Bem.1;
ebenso Hellmer, JR 1955, S.92 ff. (S.92).

Unter diesem Gesichtspunkt ergibt sich folglich eine Abweichung bzw. Intensivierung der Zielsetzung des allgemeinen Beschleunigungsgrundsatzes zu den Belangen der Beschleunigung im Jugendstrafverfahren.[183]

(2) Bewertung der unterschiedlichen Zielsetzungen des Beschleunigungsgrundsatzes im allgemeinen Strafrecht und im Jugendstrafrecht

Aufgrund dieser an zweiter Stelle genannten Zielsetzung des Beschleunigungsprinzips im Jugendstrafrecht wird deutlich, daß mit der Beschleunigung im Jugendstrafverfahren primär das Ziel verfolgt wird, erhöhte sozialisatorische Wirkungen durch einen engen zeitlichen Zusammenhang zwischen Tat und Reaktion zu erzielen.

Hierdurch kommt zum Ausdruck, daß das Beschleunigungsprinzip im Jugendstrafrecht zumindest hinsichtlich der erzieherischen Ausrichtung einer anderen Intention als das des allgemeinen Strafrechts folgt.

Zu der Frage, ob aufgrund dieser Feststellung das Bestehen eines speziellen jugendstrafrechtlichen Beschleunigungsgrundsatzes anerkannt wird, der neben das allgemeine Beschleunigungsprinzip treten würde, finden sich in Rechtsprechung und Literatur kaum Hinweise.

(3) Bestehen eines speziellen jugendstrafrechtlichen Beschleunigungsprinzips

Hervorzuheben ist, daß sich das Jugendstrafrecht gegenüber dem allgemeinen Strafrecht durch eine erhöhte Variabilität der Rechtsfolgen, einschließlich deren Kombination nach § 8 (gegebenenfalls i.V.m. § 31 I 2) und § 112 b IV JGG, und der Verfahrensformen auszeichnet.

In diesem Zusammenhang wird im Jugendstrafrecht vom Prinzip der Reaktionsbeweglichkeit hinsichtlich der zu verhängenden Maßnahmen[184] sowie bezüglich des Verfahrens gesprochen.[185] Zum Teil wird das Prinzip der Reaktionsbeweglichkeit auch als Flexibilität bezeichnet.[186] Aus Gründen der Einheitlichkeit der Begriffe wird in dieser Arbeit die Bezeichnung der Reaktionsbeweglichkeit verwendet.

Im Hinblick auf die Regelungen des § 55 I und II JGG interessiert das im Jugendstrafrecht geltende Prinzip der Reaktionsbeweglichkeit des Verfahrens. Diesem Prinzip wird die Beschleunigung des Verfahrens zugeordnet[187], welchem auch die Beschränkung der Rechtsmittel in § 55 JGG dienen soll.[188]

---

[183] auf die Frage, ob durch die Rechtsmittelbeschränkung des § 55 JGG ebenfalls prozeßökonomische Ziele verfolgt werden, wird an späterer Stelle eingegangen.

[184] Brunner/Dölling, Komm.z.JGG, Einf. II Rz.22.

[185] Brunner/Dölling, Komm.z.JGG, Einf. II Rz.24.

[186] Nothacker, „Erziehungsvorrang“ und Gesetzesauslegung, S.203.

[187] Brunner/Dölling, Komm.z.JGG, Einf. II Rz.24 f.;
vgl. auch Heinz, RdJ, 1984, S.291 ff. (S.294);
anders Peters, Strafprozeß, § 69 III 5.

[188] Brunner/Dölling, Komm.z.JGG, Einf. II Rz.25;

Diese Vorschrift gilt als geradezu „klassische" Ausprägung der Prinzipienvariante jugendstrafrechtlicher Beschleunigung, weil im allgemeinen Strafverfahrensrecht eine derartige Rechtsmittelbeschränkung nicht besteht.[189]
Bezüglich § 55 II 1 JGG würde dies aber dann nicht mehr gelten, wenn die Aufnahme einer dem § 55 II 1 JGG entsprechenden Regelung in die StPO, wie sie in dem Entwurf eines Zweiten Gesetzes zur Entlastung der Rechtspflege (strafrechtlicher Bereich) von 1995[190] vorgeschlagen wurde, umgesetzt würde.
Für das Bestehen eines speziellen jugendstrafrechtlichen Beschleunigungsprinzips spricht ebenfalls die Formulierung der h.M., daß im Jugendstrafverfahren ein „besonderes" Bedürfnis nach Beschleunigung besteht. Dieser Formulierung kann entnommen werden, daß dieses besondere Bedürfnis an einer jugendspezifischen Beschleunigung nicht allein durch das allgemeine Beschleunigungsprinzip erreicht werden kann.
Demzufolge ist das Bestehen eines speziellen jugendstrafrechtlichen Beschleunigungsgrundsatzes anzuerkennen.

Das jugendstrafrechtliche Beschleunigungsgebot ersetzt den allgemeinen Beschleunigungsgrundsatz aber nicht, sondern tritt neben diesen[191], da - wie oben bereits dargelegt - das allgemeine Beschleunigungsprinzip über § 2 JGG Anwendung findet, soweit das JGG nichts Gegenteiliges bestimmt.

(4) Gesetzliche Niederlegung des jugendstrafrechtlichen Beschleunigungsprinzips und dessen Herleitung

(a) Gesetzliche Niederlegung des jugendstrafrechtlichen Beschleunigungsprinzips

Wie der allgemeine Beschleunigungsgrundsatz ist auch das jugendstrafrechtliche Beschleunigungsprinzip nicht ausdrücklich gesetzlich geregelt. Dem Beschleunigungsgrundsatz werden unter anderem zahlreiche Normen des JGG, der JAVollzO und einige nach Maßgabe des § 2 JGG ergänzend heranzuziehende „allgemeine Vorschriften" der StPO zugerechnet.[192]
Im JGG kommt der Beschleunigungsgrundsatz insbesondere in den §§ 38 III 2, 43 I 1, 55, 56, 72 V und 78 III zum Ausdruck. Dies gilt ebenfalls für die RiLi zu § 4 JAVollzO.
Auch die RiLi zum JGG enthalten in Nr. 6 und 7 zu § 43 JGG, in Nr. 1 zu § 55 JGG und in denen zu §§ 82-85 JGG Regelungen, die mit dem Beschleunigungsprinzip im Zusammenhang stehen.

Müller, Jugendstrafrecht und Jugendgerichtsbarkeit, S.30.
[189] vgl. Nothacker, „Erziehungsvorrang" und Gesetzesauslegung, S.221.
[190] BRat-Dr. 633/95, S.12.
[191] vgl. Nothacker, „Erziehungsvorrang" und Gesetzesauslegung, S.208.
[192] Scheffler, RdJ 1981, S.451 ff. (S.451).

Wirft man nun aber einen Blick in die RiLi zu den §§ 82-85 JGG, in denen teilweise der Beschleunigungsgrundsatz niedergelegt ist, so ist zunächst in RiLi II Nr. 1 festgelegt, daß die im Rahmen der Strafvollstreckung grundsätzlich erforderliche Beschleunigung für die Vollstreckung der gegen Jugendliche festgesetzten Maßnahmen besonders wichtig ist. Insoweit stimmt diese Generalklausel mit der Forderung der h.M. überein, daß sämtliche Rechtsfolgen des JGG der Tat des Jugendlichen unmittelbar nachfolgen müssen, um erzieherisch wirken zu können.
Darüber hinaus wird in RiLi IV Nr. 1 das Bedürfnis nach einer besonderen Beschleunigung der Vollstreckung für das Zuchtmittel der Verwarnung betont, indem diese RiLi bestimmt, daß die Verwarnung erteilt wird, sobald das Urteil rechtskräftig ist, möglichst unmittelbar im Anschluß an die Hauptverhandlung.
In RiLi V Nr. 4 wird für den Fall, daß Jugendarrest angeordnet wurde, das Urteil sofort rechtskräftig, und der Vorsitzende des Gerichts entweder selbst Vollzugsleiter ist oder das Einverständnis des Vollzugsleiters herbeiführen kann, bestimmt, daß die Ladung nach Möglichkeit im Anschluß an die Hauptverhandlung ausgehändigt wird. In geeigneten Fällen kann im Anschluß an die Hauptverhandlung eine mündliche Ladung zum sofortigen Antritt des Jugendarrests erfolgen.
Auf das Bedürfnis einer beschleunigten Vollstreckung wird in RiLi VI Nr. 1 ebenfalls für die Jugendstrafe hingewiesen. In dieser RiLi wird betont, daß der Erziehungserfolg der Jugendstrafe durch eine Verzögerung der Vollstreckung in starkem Maße gefährdet werden kann. Aus diesem Grunde sollen daher auf freiem Fuße befindliche Verurteilte gleich nach Eintritt der Rechtskraft des Urteils zum Antritt der Jugendstrafe geladen werden. In Untersuchungshaft befindliche oder einstweilen untergebrachte (§§ 71 II, 72 IV JGG) Verurteilte sollen sogleich nach Rechtskraft des Urteils in die zuständige Vollzugsanstalt eingewiesen werden.

Einen besonderen Hinweis auf das Bedürfnis nach Beschleunigung bei der Vollstreckung der übrigen Rechtsfolgen des JGG enthalten die RiLi zu §§ 82-85 JGG neben dem in RiLi II Nr. 1 niedergelegten allgemeinen Grundsatz hingegen nicht.
In ihrer Begründung zu § 55 JGG erachtet die h.M. eine besondere Beschleunigung des Verfahrens als dringlich, indem sie hervorhebt, daß die gesamten nach dem JGG bestehenden Rechtsfolgen ihre notwendige erzieherische Wirksamkeit nur dann entfalten können, wenn sie der Tat so schnell wie möglich nachfolgen.
Insbesondere für die Zuchtmittel betont die h.M. das Bedürfnis nach einer besonderen Verfahrensbeschleunigung, da diese keine längere erzieherische Behandlung einleiten, sondern sich in der Wirkung eines kurzen Denkzettels erschöpfen sollen[193], so daß diese Ansicht mit den RiLi zur Verwarnung und zum Jugendarrest übereinstimmt.

---

[193] AV des RJM v. 06.11.1940, DJustiz 1940, S.1243 (S.1243) für den Jugendarrest;
Schaffstein, MschrKrim Bd.61 (1978), S.313 ff. (S.314);
Sieverts in Schaffstein/Miehe, Weg und Aufgabe des Jugendstrafrechts, S.255 ff. (S.273);
Kümmerlein, DJustiz 1943, S.553 ff. (S.556 u. S.560) für § 40 RJGG;
Potrykus, Komm.z.JGG (RJGG, 1. Aufl.), § 40 Bem.1 hinsichtlich § 40 RJGG.

Im Hinblick auf die nach § 15 JGG bestehenden Zuchtmittel in Form von Auflagen enthalten die RiLi jedoch keinen ausdrücklichen Hinweis auf die Notwendigkeit einer besonderen Beschleunigung, so daß hier lediglich die in RiLi II Nr. 1 zu §§ 82 - 85 niedergelegte Generalklausel einschlägig ist.
Aufgrund dieser in den RiLi unterschiedlichen Behandlung des Jugendarrests und der Verwarnung einerseits und den Auflagen andererseits ergibt sich daher eine Ungereimtheit zu der Ansicht der h.M., da diese das Bedürfnis nach einer besonderen Beschleunigung für alle Zuchtmittel gleichermaßen betont.
Dies gilt entsprechend für die RiLi VI Nr. 1 für die Vollstreckung von Jugendstrafe, da die h.M. für deren Vollstreckung die Notwendigkeit der Beschleunigung gegenüber der Vollstreckung von Erziehungsmaßregeln nicht besonders betont.

Allein aufgrund dieser festgestellten Unstimmigkeit ist mit Asbrock[194] davon auszugehen, daß es sinnvoll wäre, den speziellen jugendstrafverfahrensrechtlichen Beschleunigungsgrundsatz gesetzlich zu fixieren, um die besonderen Belange des Jugendstrafrechts hinsichtlich der Beschleunigung des Verfahrens zu konkretisieren.

(b) Herleitung des Beschleunigungsgrundsatzes

Fraglich ist, ob der jugendstrafrechtliche Beschleunigungsgrundsatz als Ausfluß des aus dem Sozialstaatsprinzip abgeleiteten Erziehungsgedankens[195] anzusehen ist oder ob er, wie der allgemeine Beschleunigungsgrundsatz, ebenfalls aus dem Rechtsstaatsprinzip hergeleitet werden kann.
Gegen eine Ableitung des jugendstrafrechtlichen Beschleunigungsprinzips aus dem Erziehungsgedanken spricht der Umstand, daß es sich bei diesen beiden Varianten des Grundsatzes der Beschleunigung grundsätzlich um das gleiche Rechtsinstitut handelt.[196]
Das Rechtsstaatsprinzip fordert ein faires gerichtliches Verfahren auf allen Rechtsgebieten.[197] Dieses Recht auf ein faires rechtsstaatliches Verfahren gebietet unter anderem eine angemessene Beschleunigung des Verfahrens.[198]
Im Jugendstrafverfahren wird davon ausgegangen, daß eine besondere jugendspezifische Beschleunigung erforderlich sei, damit die angeordneten Rechtsfolgen ihre erzieherische Wirksamkeit entfalten können.
Aus diesem Grunde kann die beabsichtigte Beschleunigung grundsätzlich als angemessen angesehen und somit wie das allgemeine Beschleunigungsprinzip aus dem Rechtsstaatsprinzip hergeleitet werden.

---

[194] Asbrock, Dissertation, S.165 ff.
[195] vgl. Scheffler, RdJ 1981, S.451 ff. (S.453).
[196] vgl. Scheffler, RdJ 1981, S. 451 ff. (S.453).
[197] BVerfGE 63, S.380 ff. (S.390 f.);
vgl. BVerfGE 70, S.297 ff. (S.308 f.);
vgl. für Disziplinarverfahren BVerfGE 46, S.17 ff. (S.28 f.).
[198] BVerfGE 63, S.45 ff. (S.68 f.).

Der sich demzufolge aus dem Rechtsstaatsprinzip ergebende Beschleunigungsgrundsatz wird jedoch durch den aus dem Sozialstaatsprinzip abgeleiteten Erziehungsgedanken im Hinblick auf das jugendliche Alter des Täters in angemessener Weise modifiziert.
Ob nun zutreffend davon ausgegangen wird, daß im Jugendstrafrecht zwecks Erhalts der notwendigen erzieherischen Wirksamkeit der angeordneten Maßnahmen eine besondere Beschleunigung des Verfahrens, wie sie durch die Regelung des § 55 JGG angestrebt wird, erforderlich ist, wird an einer späteren Stelle erörtert werden.

(5) Verfolgung anderer als erzieherischer Zwecke durch die Rechtsmittelbeschränkung des § 55 JGG und deren Vereinbarkeit mit Art. 3 I GG

Im Rahmen der Darstellung des allgemeinen Beschleunigungsgrundsatzes wurde darauf hingewiesen, daß durch diesen auch prozeßökonomische Zielsetzungen verfolgt werden.
Die Rechtsmittelbeschränkung des § 55 JGG steht nach überwiegender Ansicht primär im Dienste der aus erzieherischen Gründen erforderlichen Verfahrensbeschleunigung.
Diese Vorschrift führt aber zu einer erheblichen Einschränkung der Anfechtungsmöglichkeiten von Entscheidungen und somit zu einer Verkürzung des Rechtsmittelzugs im Jugendstrafverfahren. Hierdurch werden Zeit und Kosten eingespart.
Aus diesem Grunde stellt sich die Frage, ob durch die Vorschrift des § 55 JGG neben erzieherischen - oder sogar vorrangig - verfahrensökonomische Gesichtspunkte berücksichtigt werden.
Wäre dies der Fall, so könnte ein Verstoß der in § 55 JGG niedergelegten Rechtsmittelbeschränkung gegen Art. 3 I GG vorliegen.

In der Literatur wird teilweise der Vorwurf erhoben, daß durch die jugendstrafverfahrensrechtliche Rechtsmittelbeschränkung des § 55 JGG nicht nur erzieherische Verfahrensbeschleunigung zu erreichen versucht werde, sondern daß durch diese Vorschrift primär allgemeine verfahrensökonomische Erledigungsgründe verfolgt werden.[199]
Im Hinblick auf § 55 I JGG finden sich diesbezüglich nur wenige Vertreter in der Literatur. Die in § 55 II JGG niedergelegte instanzielle Rechtsmittelbeschränkung wird im Schrifttum hingegen ganz offen mit verfahrensökonomischen Gründen legitimiert.[200]

Für den Fall, daß durch die Rechtsmittelbeschränkung des § 55 JGG neben erzieherischen Gesichtspunkten - oder sogar primär - verfahrensökonomische Grün-

---

[199] vgl. Albrecht, P.-A., Jugendstrafrecht, § 49 A II 3 d.
[200] vgl. Albrecht, P.-A., Jugendstrafrecht, § 49 B II 1 m.w.N.

de verfolgt werden, könnte sich durch diese Vorschrift ein Verstoß gegen Art. 3 I GG ergeben.[201]
Nach Art. 3 I GG sind alle Menschen vor dem Gesetz gleich. Es ist allgemein anerkannt, daß dieser Gleichheitssatz auch den Gesetzgeber bindet.[202] Durch diese Verfassungsvorschrift wird dem Gesetzgeber verboten, wesentlich Gleiches ungleich und wesentlich Ungleiches gleich zu behandeln.[203]
Für die Überprüfung eines Verstoßes des § 55 JGG gegen Art. 3 I GG ist zunächst das Vorliegen zweier Vergleichsgruppen festzustellen.
Es liegt zum einen die Gruppe der jugendlichen und heranwachsenden Personen, die nach Jugendstrafrecht abgeurteilt werden, und zum anderen der Personenkreis Erwachsener und Heranwachsender, auf die das Jugendstrafrecht keine Anwendung findet, vor. Bei diesen beiden Personengruppen handelt es sich jeweils um Straftäter. Es besteht zwar hinsichtlich des Alters und des Entwicklungsstands dieser beiden Gruppen ein Unterschied. Da es sich jedoch in beiden Fällen um Personen handelt, die gegen das Gesetz verstoßen haben, können diese als vergleichbar angesehen werden.
Weiterhin müßte eine Ungleichbehandlung dieser beiden Gruppen gegeben sein.
Durch § 55 JGG eröffnet das Gesetz die Möglichkeit einer Ungleichbehandlung hinsichtlich der Anfechtungsmöglichkeiten in Verfahren gegen jugendliche und heranwachsende Straftäter, in denen bei Anwendung von Jugendstrafrecht die Regelung des § 55 JGG gilt, gegenüber den Anfechtungsmöglichkeiten in Verfahren gegen erwachsene und heranwachsende Straftäter, in denen im Falle der Nichtanwendung von Jugendstrafrecht die Vorschrift des § 55 JGG nach § 109 I JGG keine Geltung beansprucht.
Diese Ungleichbehandlung beruht darauf, daß gem. § 55 I JGG die Anfechtungsmöglichkeiten einer Entscheidung wesentlich stärker als nach allgemeinem Strafverfahrensrecht eingeschränkt werden. Hierbei ist aber zu beachten, daß sich diese Vorschrift nur auf die speziellen jugendstrafrechtlichen Rechtsfolgen bezieht.
Die Vorschrift des § 55 II JGG enthält eine Ausnahme von dem in § 333 StPO niedergelegten Grundsatz, nach dem gegen Berufungsurteile des Landgerichts die Einlegung des Rechtsmittels der Revision zulässig ist, so daß hierin eine Ungleichbehandlung liegt. Diese Ungleichbehandlung wird jedoch dadurch abgemildert, daß in Erwachsenenstrafverfahren häufiger als in Jugendstrafverfahren in erster Instanz das Landgericht zuständig ist, und in diesen Fällen ohnehin nur das Rechtsmittel der Revision gegen das in dieser Instanz ergehende Urteil zur Verfügung steht.

---

[201] vgl. Nothacker, GA 1982, S.451 ff. (S.467).
[202] BVerfGE 1, S.14 ff. (S.16).
[203] BayObLGSt 1956, S.163 ff. (S.164).

Ein Verstoß gegen Art. 3 I GG liegt vor, wenn kein vernünftiger, sich aus der Natur der Sache ergebender oder sonst sachlicher Grund für eine Ungleichbehandlung besteht.[204]
Ein sachlicher Grund für die festgestellte Ungleichbehandlung könnte vorliegen, wenn diese Ungleichbehandlung aus erzieherischen Gründen erfolgen würde, denn in der Rspr. und herrschenden Literatur wird die Rechtsmittelbeschränkung des § 55 JGG mit dem erzieherischen Bedürfnis der Verfahrensbeschleunigung im Jugendstrafverfahren begründet.[205]
Ein sachlicher Grund würde somit nicht vorliegen, wenn durch die Rechtsmittelbeschränkung allein verfahrensökonomische Ziele verfolgt würden.
Eisenberg und Nothacker meinen, ein sachlicher Grund für die festgestellte Ungleichbehandlung sei bereits dann nicht gegeben, wenn die Rechtsmittelbeschränkung des § 55 JGG neben erzieherischen auch verfahrensökonomische Ziele verfolge.[206]
Die jugendstrafverfahrensrechtliche Rechtsmittelbeschränkung des § 55 JGG ist somit daraufhin zu untersuchen, ob durch diese allein oder neben erzieherischen Zielen verfahrensökonomische Gesichtspunkte verfolgt werden.
Im Hinblick auf § 55 II JGG ist in diesem Zusammenhang darauf hinzuweisen, daß diese Vorschrift nach einer Entscheidung des Bundesverfassungsgerichts keinen verfassungsrechtlichen Bedenken begegnet. Das Gericht meint, von Verfassungs wegen sei ein Instanzenzug nicht gewährleistet.[207] Diese Aussage des Bundesverfassungsgerichts spricht jedoch nicht dagegen, daß eine Ungleichbehandlung von Jugendlichen und dem Jugendstrafrecht unterfallenden Heranwachsenden im Verhältnis zu nach allgemeinem Strafverfahrensrecht abzuurteilenden Straftätern eines sachlichen Grundes bedarf.

(a) § 55 I JGG

Hinsichtlich der Regelung des § 55 I JGG wird die Ansicht vertreten, daß sich die Verfolgung auch verfahrensökonomischer Erledigungsgründe aus der Entwicklungsgeschichte des § 55 I JGG ergebe.
Als Begründung dieser Annahme wird darauf hingewiesen, daß § 35 I JGG 1923 eine dem § 55 I JGG vergleichbare Rechtsmittelbeschränkung nur für die rein erzieherisch zu verhängenden Erziehungsmaßregeln enthielt, da die Zuchtmittel erst

[204] BVerfGE 1, S.14 ff. (S.16 f.);
BGHSt 8, S.327 ff. (S.334).
[205] so ausdrücklich für § 55 II JGG BayObLGSt 1956, S.163 ff. (S.164 f.);
BVerfG NStZ 1988, S.34 f. (S.34)=BVerfG, ZfJ 1987, S.636 f. (S.636), ebenfalls im Hinblick auf § 55 II JGG;
allgemein zu § 55 JGG s. D I 1 m.w.N.
[206] vgl. Eisenberg, Komm.z.JGG, § 55 Rz.55;
vgl. auch Nothacker, GA 1982, S.451 ff. (S.467).
[207] BVerfG, ZfJ 1987, S.34 f. (S.34)=BVerfG, NStZ 1988, S.34 f. (S.34) m.w.N.

in die Fassung des RJGG aufgenommen wurden.[208] Für diese Ansicht spreche zudem, daß § 35 I JGG 1923 noch keinen Ausschluß der Anfechtung wegen des Umfangs der angeordneten Maßnahmen vorgesehen habe. Des weiteren bezog sich diese Vorschrift entsprechend ihrem Wortlaut nur auf Urteile. Dies weise ebenfalls darauf hin, daß die erzieherische Zweckbestimmung der Rechtsmittelbeschränkung, die noch im JGG von 1923 vorherrschend gewesen sei, in der heutigen Regelung des § 55 JGG nur nachrangige Bedeutung gegenüber allgemeinen Verfahrenszwecken erlangt habe. Diese Situation bestehe jedoch nur faktisch und nicht nach der verbalisierten gesetzgeberischen Intention.[209]
Zu prüfen ist, inwieweit diese Argumente für die Verfolgung verfahrensökonomischer Gesichtspunkte durch die sachliche Rechtsmittelbeschränkung sprechen.

(aa) Aus dem Umstand, daß die in § 35 I JGG 1923 niedergelegte Rechtsmittelbeschränkung nur Erziehungsmaßregeln und noch keine Zuchtmittel umfaßte, da diese erst in das RJGG aufgenommen wurden, kann nicht zwingend entnommen werden, daß durch die Erstreckung des § 55 I JGG auf die Zuchtmittel verfahrensökonomische Ziele verfolgt werden sollen. Vielmehr sollen auch die Zuchtmittel die Erziehung gewährleisten, indem sie im Unterschied zu den Erziehungsmaßregeln die sühnende Wirkung des Tadels oder die Übelszufügung als primäres Erziehungsmittel einsetzen.[210]
Von der h.M. wird insbesondere für die Zuchtmittel, die keine längere erzieherische Behandlung einleiten sollen, darauf hingewiesen, daß gerade bei diesen Maßnahmen das Bedürfnis an einer besonderen Beschleunigung des Verfahrens bestehe.[211] Schwierigkeiten bereitet in diesem Zusammenhang nur der Umstand, daß das Gesetz die Abgrenzung zwischen dem Zuchtmittel der Auflage und der Erziehungsmaßregel in Form von Weisungen verwischt. Aus diesem Grunde wird teilweise die Forderung erhoben, die Differenzierung zwischen Erziehungsmaßregeln und Zuchtmitteln wieder aufzuheben.[212]

(bb) Der Umstand, daß § 35 I JGG 1923 im Gegensatz zu der heutigen Regelung des § 55 I JGG noch keinen Ausschluß der Anfechtung wegen des Umfangs der

---

[208] Albrecht, P.-A., Jugendstrafrecht, § 49 A II 3 d.
[209] Nothacker, GA 1982, S.451 ff. (S.455 f.);
s. hierzu auch BT-Dr. 1/3264, E eines Gesetzes zur Änderung des RJGG, S.46 (Anl.1, Begr.).
[210] vgl. Schaffstein/Beulke, Jugendstrafrecht, S.102.
[211] AV des RJM v. 06.11.1940, DJustiz 1940, S.1243 (S.1243);
Schaffstein, MschrKrim Bd.61 (1978), S.313 ff. (S.314);
Sieverts in Schaffstein/Miehe, Weg und Aufgabe des Jugendstrafrechts, S.255 ff. (S.273);
Kümmerlein, DJustiz 1943, S.553 ff. (S.556 u. 560) hinsichtlich der Rechtsmittelbeschränkung des § 40 RJGG;
Potrykus, Komm.z.JGG (RJGG, 1. Aufl.), § 40 Bem.1, im Rahmen des § 40 RJGG.
[212] s. hierzu Schaffstein/Beulke, Jugendstrafrecht, S.102 f. m.w.N.

Maßnahmen enthielt[213], läßt ebenfalls nicht darauf schließen, daß durch diese Erweiterung des Anfechtungsausschlusses verfahrensökonomische Ziele verwirklicht werden sollten. Gegen eine derartige Schlußfolgerung spricht, daß bereits gem. § 35 I JGG 1923 die Anfechtung eines Urteils ausgeschlossen war, weil eine andere oder weitere Erziehungsmaßregeln hätten angeordnet werden sollen. Als hiermit vergleichbar kann der Ausschluß der Anfechtung einer Entscheidung wegen des Umfangs der angeordneten Maßnahmen angesehen werden, so daß anzunehmen ist, daß die Erweiterung des § 55 I JGG um diesen Ausschlußgrund der Anfechtung aus erzieherischen Gründen vorgenommen wurde.

(cc) Weiterhin bezog sich § 35 I JGG 1923 seinem Wortlaut nach nur auf Urteile. Dies gilt ebenfalls für die Vorschrift des § 40 RJGG. Diese Regelung wurde aber im Gegensatz zu § 35 I JGG 1923[214] nach der damals vorherrschenden Meinung entsprechend auf Beschlüsse angewendet.[215]
Aus dem Wortlaut des § 55 I JGG, der sich auf Entscheidungen bezieht, folgert die h.M., daß die sachliche Rechtsmittelbeschränkung neben Urteilen sämtliche in Betracht kommenden Entscheidungen jeder Instanz über Erziehungsmaßregeln oder Zuchtmittel erfaßt. Hierzu sollen die Beschlüsse nach den §§ 65, 66, 71, 86 i.V.m. 83 JGG zählen.[216] Ferner erstreckt sich der Anwendungsbereich des § 55 JGG nach dieser Ansicht neben Rechtsmitteln auf sämtliche Rechtsbehelfe, wie z.B. das Wiederaufnahmeverfahren gem. §§ 359 ff. StPO.[217]
Allein aus dieser Tatsache kann aber nicht ohne weiteres die Folgerung gezogen werden, daß durch diese weite Auslegung bzw. Analogie des § 55 I JGG verfahrensökonomische Ziele angestrebt werden und nicht nur rein erzieherische. Gegen eine derartige Schlußfolgerung spricht die Überlegung, daß die Geltung des § 55 I JGG im Rahmen sämtlicher Entscheidungen über Erziehungsmaßregeln und/oder Zuchtmittel sowie für Rechtsbehelfe gerade erzieherisch geboten sein könnte. An einer späteren Stelle dieser Arbeit wird im Rahmen des § 55 I JGG noch näher darauf einzugehen sein, inwieweit die von der h.M. vorgenommene Auslegung und analoge Anwendung dieser Vorschrift als mit dem Gesetz vereinbar anzusehen ist.

---

[213] bereits nach § 40 RJGG konnte ein Urteil, in dem lediglich Erziehungsmaßregeln oder Zuchtmittel angeordnet oder deren Auswahl und Anordnung dem Vormundschaftsrichter überlassen wurden, nicht wegen des Umfangs der Maßnahmen angefochten werden. Eine Anfechtung war nach dieser Vorschrift nur möglich, wenn Fürsorgeerziehung angeordnet wurde oder wenn die Anfechtung auf eine Bestrafung des Angeklagten abzielte.

[214] Kiesow, Komm.z.JGG, § 35 Anm.I.

[215] Peters, Komm.z.RJGG (2. Aufl.), § 40 Anm.2;
anders Potrykus, Komm.z.JGG (RJGG, 1. Aufl.), § 40 Bem.3 u. 5.

[216] s. ausführlich unter II 2 a aa.

[217] Brunner/Dölling, Komm.z.JGG, § 55 Rz.8;
vgl. Dallinger/Lackner, Komm.z.JGG (2. Aufl.), § 55 Rz.5 u. 7;
s. ausführlich unten II 2 a bb.

Hiernach kann lediglich festgestellt werden, daß keine Anhaltspunkte vorliegen, die Anlaß zu der Annahme geben, daß durch die Regelung des § 55 I JGG und die von der h.M. praktizierten Auslegung und entsprechenden Anwendung dieser Vorschrift verfahrensökonomische Ziele verwirklicht werden sollen.
Soweit die Rechtsmittelbeschränkung des § 55 I JGG dennoch eine Beschleunigung des Verfahrens bewirkt, so ist dieses als willkommene Begleiterscheinung, nicht jedoch als Zielsetzung dieser Vorschrift anzusehen.

(b) § 55 II JGG

Die Vorschrift des § 55 II JGG wird entgegen der sachlichen Rechtsmittelbeschränkung des § 55 I JGG, wie bereits erwähnt, im Schrifttum teilweise ganz offen mit verfahrensökonomischen Gründen legitimiert. Aufgrund der gegenüber dem allgemeinen Gerichtsverfassungsrecht erweiterten Zuständigkeit des Jugendschöffengerichts würden ansonsten häufiger als nach allgemeinem Strafverfahrensrecht drei Instanzen eröffnet. Dies sei aus verfahrensökonomischen Gründen nicht vertretbar. Im Falle der Anwendbarkeit der Vorschriften über die Rechtsmittel des allgemeinen Rechts würden Verfahren gegen Jugendliche in diesen Fällen gegenüber den Verfahren gegen erwachsene Straftäter sogar noch verzögert.[218]
Diese Annahme gilt jedoch nur für diejenigen Strafsachen, die von der erweiterten Zuständigkeit des Jugendschöffengerichts erfaßt werden und für die nach allgemeinem Gerichtsverfassungsrecht erstinstanzlich die große Strafkammer zuständig wäre.
Hiernach würde ein Verstoß gegen Art. 3 I GG wegen Fehlens eines sachlichen Grundes für die festgestellte Ungleichbehandlung vorliegen.

Dieser Auffassung ist aber entgegenzuhalten, daß die Erweiterung des Zuständigkeitsbereichs des Jugendschöffengerichts gegenüber dem des allgemeinen Schöffengerichts gerade auf dem erzieherischen Gesichtspunkt beruht, die Einheit von Jugendrichter, der i.d.R. ebenfalls Vorsitzender des Jugendschöffengerichts ist, und Vormundschaftsrichter i.S.d. § 34 II 1 JGG in den Fällen aufrechtzuerhalten, in denen dieses verantwortbar erschien.[219]
Aus diesem Grunde ist es nicht möglich, die Regelung des § 55 II JGG mit verfahrensökonomischen Gesichtspunkten zu begründen, da hierdurch ein Widerspruch zu der erzieherisch motivierten Erweiterung der Zuständigkeit des Jugendschöffengerichts auftreten würde.

---

[218] Dallinger/Lackner, Komm.z.JGG (2. Aufl.), § 55 Rz.30;
a.A. Nothacker, GA 1982, S.451 ff. (S.467).
[219] BT-Dr. 1/3264, E eines Gesetzes zur Änderung des RJGG, S.45 (Anl.1, Begr.);
ebenso Nothacker, GA 1982, S.451 ff. (S.467 f.).

(aa) Die Verordnung des Reichspräsidenten über Maßnahmen auf dem Gebiete der Rechtspflege und Verwaltung vom 14.06.1932

Etwas anderes könnte sich daraus ergeben, daß sich die Vorschrift des § 55 II JGG nicht aus vorangehenden jugendstrafrechtlichen Vorschriften entwickelt hat, sondern daß sie erst im Jahre 1953 in das JGG eingeführt wurde und ihr Vorbild in der Verordnung des Reichspräsidenten über Maßnahmen auf dem Gebiete der Rechtspflege und Verwaltung vom 14.06.1932[220] fand.

Nach Art. 2 § 1 Nr. 1 (Kapitel 1, Teil 1) dieser Verordnung konnte gegen Urteile des Amtsrichters und des Schöffengerichts - vorbehaltlich der Regelung der damaligen Fassung des § 313 StPO - nach Wahl des Berechtigten Berufung an das Landgericht oder Revision an das Oberlandesgericht eingelegt werden. Wer jedoch eine zulässige Berufung gegen das Urteil eingelegt hatte, durfte keine Revision mehr gegen das Berufungsurteil einlegen.

Art. 2 § 1 Nr. 1 war im ersten Teil der Verordnung, der die Überschrift „Vereinfachung und Ersparnisse" trägt, eingeordnet, so daß durch die Entwicklung des § 55 II JGG am Vorbild dieser Verordnung aus erzieherischen Gründen Zweifel bestehen.

Denn Grund für den Erlaß dieser Verordnung war die „Diktatur der Armut", die auch auf dem Gebiet der Prozeßgesetze zu radikalen Eingriffen zwang.[221] Nach Schlegelberger, Staatssekretär im Reichsjustizministerium, ging es zu damaliger Zeit nicht mehr darum, ob eine bestimmte Rechtsordnung erwünscht war, sondern allein um die Sicherstellung der staatlichen Einrichtung eines Rechtszugs überhaupt. Es handelte sich folglich nicht mehr um das „Wie", sondern um das „Ob" eines staatlichen Rechtszugs, so daß die Verordnung vom 14.06.1932 richtigerweise die Bezeichnung „Verordnung zur Erhaltung der Rechtspflege" erhalten hätte.[222]

Durch diese Verordnung wurde die Erzielung von Ersparnissen hauptsächlich auf zwei Wegen zu erreichen versucht: Einmal durch die Beschränkung der Rechtsmittel und zum anderen durch die Abkürzung der Dauer der einzelnen Verhandlungen und die Vermeidung überflüssiger Vertagungen und Verfahren.[223]

Demnach wurden mit der Rechtsmittelbeschränkung des Art. 2 § 1 Nr. 1 der genannten Verordnung ausschließlich verfahrensökonomische Ziele verfolgt, um ein bestimmtes Maß an staatlichen Einrichtungen des Rechtszugs trotz der bestehenden Notlage überhaupt noch zu erhalten.

Art. 2 § 1 Nr. 1 der Verordnung vom 14.06.1932 galt neben allgemeinen Strafsachen auch für Jugendstrafsachen.[224]

---

[220] RGBl. I, S.285 ff.

[221] so Schlegelberger, JW 1932, S.1929 f. (S.1929).

[222] Schlegelberger, JW 1932, S.1929 f. (S.1929).

[223] Koffka/Schäfer, Die Vorschriften über die Strafrechtspflege, Einl. S.16.

[224] Koffka/Schäfer, Die Vorschriften über die Strafrechtspflege, S.35.

Ein Unterschied zu der heute geltenden Fassung des § 55 II 2 JGG bestand jedoch darin, daß nach Art. 2 § 1 der Verordnung von 1932 der Ehegatte und der gesetzliche Vertreter ein eigenes Recht auf die Einlegung von Rechtsmitteln besaßen, so daß die Einlegung eines Rechtsmittels durch eine Person dieser Gruppe die Einlegung eines Rechtsmittels durch ein weiteres Mitglied derselben Gruppe nicht sperrte.[225]

Nachdem dargelegt wurde, daß die in Art. 2 § 1 Nr. 1 der Verordnung von 1932 niedergelegte Rechtsmittelbeschränkung aus der Not der Zeit heraus entstand, ist trotz der Geltung dieser Regelung auch für Jugendstrafsachen nicht davon auszugehen, daß mit dieser in der damaligen Zeit auch erzieherische Zwecke verfolgt wurden, so wie es für die heute geltende Fassung des § 55 II JGG von der vorherrschenden Meinung vertreten wird.
Gegen die Berücksichtigung erzieherischer Belange durch die Verordnung von 1932 spricht bereits die Einordnung des Art. 2 § 1 Nr. 1 in dem Teil über „Ersparnisse und Kosten." Die Einsparung von Kosten war erforderlich, da Deutschland im Jahre 1932 noch immer an den Folgen des 1. Weltkriegs litt und mit der Verpflichtung zu hohen Reparationszahlungen belegt wurde. Hinzu kamen die Folgen der Wirtschaftskrise, die aufgrund des Sturzes der Kurse an der New Yorker Börse am 24.10.1929 ausgelöst wurde.
In dieser Zeit der großen Not wurde im allgemeinen dennoch das Ziel verfolgt, dem Erziehungsgdanken des JGG soweit wie möglich Rechnung zu tragen. Aufgrund erforderlicher Einsparungen waren Überschneidungen mit Sparmaßnahmen aber nicht zu vermeiden. Für diese Annahme spricht, daß bereits in § 33 I des Entwurfs eines Jugendgerichtsgesetzes von 1922[226], der in der Fassung des JGG 1923 als § 35 I ohne Änderungen übernommen wurde, darauf hingewiesen wurde, daß die Erziehungsmaßnahmen, mit Ausnahme der Fürsorgeerziehung, häufig an Wert verlieren, wenn sie erst längere Zeit nach der Anordnung in die Tat umgesetzt werden. Da aber die Verordnung vom 14.06.1932 aufgrund von Sparmaßnahmen erlassen wurde, kann hieraus nicht die Verfolgung auch erzieherischer Ziele entnommen werden.

Nach diesen Feststellungen erscheint es geradezu erstaunlich und verfehlt, daß die Verordnung vom 14.06.1932 im Rahmen der Überarbeitung des RJGG als Vorbild für die Neuregelung des § 55 II JGG gewählt und diese Neuregelung allein mit erzieherischen Belangen der Beschleunigung begründet wurde, obwohl Art. 2 § 1 Nr. 1 der Verordnung lediglich die Vereinfachung des Verfahrens sowie die Einsparung von Kosten zum Ziele hatte.

---

225 vgl. Koffka/Schäfer, Die Vorschriften über die Strafrechtspflege, S.36.
226 Verhandlungen des Reichstags (Anl. zu den stenographischen Berichten) Bd. 375, Nr. 5171, S.22 (Begr.).

Trotz des Umstands, daß Art. 2 § 1 Nr. 1 der Verordnung des Reichspräsidenten über Maßnahmen auf dem Gebiete der Rechtspflege und Verwaltung vom 14.06.1932 im Rahmen des Entwurfs eines Gesetzes zur Änderung des RJGG als brauchbares Vorbild für eine Verkürzung des Rechtsmittelzuges erachtet wurde[227], ist aber nicht zwingend davon auszugehen, daß mit der Rechtsmittelbeschränkung des § 55 II JGG allein oder zumindest primär verfahrensökonomische Ziele verfolgt werden sollen.
Es kann zunächst nur festgestellt werden, daß es als verwirrend anzusehen ist, daß gerade diese Verordnung als Vorbild für die Regelung des § 55 II JGG gewählt wurde, weil diese erlassen wurde, um das Verfahren zu vereinfachen und um Kosten zu verringern. Es wird daher der Eindruck erweckt, daß durch § 55 II JGG verfahrensökonomische Ziele verfolgt werden sollen.
Daß § 55 II JGG in Abweichung zu Art. 2 § 1 Nr. 1 der Verordnung vom 14.06.1932 nicht deren verfahrensökonomische Zwecke zum Ziele hat, hätte in dem Entwurf eines Gesetzes zur Änderung des Reichsjugendgerichtsgesetzes im Jahre 1952[228] deutlicher herausgestellt werden müssen, um derartige Unklarheiten zu vermeiden. Die gesetzliche Niederlegung des jugendstrafrechtlichen Beschleunigungsgrundsatzes wäre zudem angebracht gewesen.

(bb) Der Gesetzesantrag des Bundesrats von 1995

Für die Berücksichtigung verfahrensökonomischer Zielsetzungen durch die Rechtsmittelbeschränkung des § 55 II JGG könnte ferner der Umstand sprechen, daß der Bundesrat in dem Entwurf eines Zweiten Gesetzes zur Entlastung der Rechtspflege (strafrechtlicher Bereich)[229] vorgeschlagen hat, den Wortlaut des § 333 StPO derart zu ändern, daß es in einem neuen 2. Absatz dieser Vorschrift heißen soll: „Wer eine zulässige Berufung eingelegt hat, kann gegen das Berufungsurteil nicht mehr Revision einlegen. Hat der Angeklagte oder der gesetzliche Vertreter eine zulässige Berufung eingelegt, so steht gegen das Berufungsurteil keinem von ihnen das Rechtsmittel der Revision zu."
Der Vorschlag des Bundesrats stimmt mit dem Wortlaut des § 55 II JGG fast vollkommen überein. Ein Unterschied besteht lediglich darin, daß in § 55 II 2 JGG neben dem Angeklagten und dem gesetzlichen Vertreter der Erziehungsberechtigte genannt wird.
In dem Gesetzesantrag des Bundesrats wird ausdrücklich erwähnt, daß die vorgesehene Änderung des § 333 II StPO auf § 55 II JGG zurückgreift.[230]
Der Gesetzesantrag des Bundesrats hat zum Ziel, durch Straffung des Prozeßablaufs unter Wahrung rechtsstaatlicher Erfordernisse eine effektive Strafjustiz zu gewährleisten. Diese Zielsetzung wird damit begründet, daß dem Problem der

---

[227] BT-Dr. 1/3264, S.46 (Anl. 1, Begr.).
[228] BT-Dr. 1/3264.
[229] BRat-Dr. 633/95.
[230] BRat-Dr. 633/95, S.72.

überlasteten Strafjustiz nicht durch eine Personalvermehrung begegnet werden könne.[231] Weitere Gesetzesänderungen zur Entlastung der Justiz seien notwendig, weil mit dem Rechtspflegeentlastungsgesetz vom 11.01.1993 kein durchschlagender Erfolg zur Entlastung der Strafjustiz erreicht worden sei[232]; die Eindämmung der Rechtsmittel werde zudem zu einer Einsparung von Kosten führen.[233]

Folglich sollen durch die im Jugendstrafverfahren bestehende und die im Erwachsenenstrafverfahren geplante instanzielle Rechtsmittelbeschränkung unterschiedliche Ziele mit ein- und derselben Regelung erreicht werden:
Durch die Regelung des § 55 II JGG sollen erzieherische Belange verwirklicht werden, wohingegen die geplante Einführung des § 333 II StPO zur Entlastung der Rechtspflege beitragen soll.
Daß dieser Umstand zu Widersprüchlichkeiten führt, ist nicht zu übersehen. In dieser Arbeit wurde bereits[234] erläutert, daß die Vorschrift des § 55 JGG geradezu als „klassische" Ausprägung der Prinzipienvariante jugendstrafrechtlicher Beschleunigung anzusehen ist, da im allgemeinen Strafverfahrensrecht eine derartige Rechtsmittelbeschränkung nicht besteht.
Durch die Umsetzung des Gesetzesantrags des Bundesrats würde diese Abgrenzung im Hinblick auf § 55 II JGG in Frage gestellt werden und zudem den Eindruck verstärken, daß durch § 55 II JGG nicht nur erzieherische Ziele verfolgt werden sollen, sondern daß ebenfalls verfahrensökonomische Gründe eine wichtige Rolle einnehmen.
Für die vorgeschlagenen Änderungen des Rechtsmittelrechts wird allerdings auch angeführt, in diesem Bereich müsse vor allem der Widerspruch aufgehoben werden, daß bei Verfahren, die beim Amtsgericht ihren Ausgang nehmen, drei Instanzen zur Verfügung stehen, während bei den Strafsachen, die erstinstanzlich vom Landgericht verhandelt werden, nur zwei Instanzen durchlaufen werden können.[235] Dieser Aspekt ist in diesem Zusammenhang jedoch nicht von Bedeutung, da er nicht geeignet ist, die erstrebte Aufnahme des Wortlauts des § 55 II JGG in § 333 II StPO zu rechtfertigen.

(cc) Abwägung der widerstreitenden Gesichtspunkte

Durch die Entwicklung des § 55 II JGG am Vorbild des Art. 2 § 1 Nr. 1 (Kapitel 1, Teil 1) der Verordnung des Reichspräsidenten auf dem Gebiete der Rechtspflege und Verwaltung vom 14.06.1932 und den Gesetzesantrag des Bundesrats von 1995 wird der Eindruck erweckt, daß die instanzielle Rechtsmittelbeschränkung des § 55 II JGG primär der Erreichung verfahrensökonomischer Ziele dient.

---

[231] BRat-Dr. 633/95, S.1.
[232] vgl. BRat-Dr. 633/95, S.1.
[233] so BRat-Dr. 633/95, S.3.
[234] s.o. D I 1 b bb (3).
[235] BRat-Dr. 633/95, S.36.

Es ist aber zu berücksichtigen, daß die Beschleunigung von Strafverfahren nur durch die Vereinfachung des Verfahrens, d.h. durch den Abbau der Verfahrenskomplexität und die Abkürzung oder den Wegfall von Fristen erreicht werden kann.[236]
Die Vereinfachung von Strafverfahren zielt zunächst grundsätzlich auf die Steigerung der Effizienz des Strafrechts durch Kostenminimierung ab.[237] Selbst wenn neben dem Aspekt der Kostenminimierung der Wunsch nach Beschleunigung des Strafverfahrens besteht, um eine Mehrung des Nutzens des Strafverfahrens zu gewährleisten[238], erscheint die Abgrenzung zwischen diesen unterschiedlichen Zielsetzungen schwierig, da sie unweigerlich zusammenhängen.
Aus diesem Grunde erscheint auch die Grenze zwischen erzieherisch motivierter und allgemeiner Verfahrensbeschleunigung, die andere als erzieherische Ziele verfolgt, fließend.
Entscheidend ist somit die Setzung eines Schwerpunkts auf eines der Ziele, selbst wenn diese durch ähnliche Maßnahmen erreicht werden sollen. Dies ist im Rahmen des § 55 II JGG durch die Betonung des erzieherischen Zwecks dieser Vorschrift geschehen.
Es kann auch nicht davon ausgegangen werden, daß der Gesetzgeber in dem Entwurf zur Änderung des Reichsjugendgerichtsgesetzes[239] verfahrenökonomische Gesichtspunkte durch die Einführung des § 55 II JGG zu verwirklichen versuchte und diese Zielsetzung durch die Betonung erzieherischer Belange der Beschleunigung zu kaschieren gedachte.
Hiergegen spricht ebenfalls die Tatsache, daß in dem Gesetzesantrag der Bundesregierung ausdrücklich darauf Bezug genommen wird, daß die vorgeschlagene Einführung des § 333 II StPO zur Entlastung der Rechtspflege beitragen soll, da eine ausreichende Entlastung derselben durch das Rechtspflegeentlastungsgesetz vom 11.01.1993 nicht erreicht wurde.
Daß durch die Regelung des § 55 II JGG primär verfahrensökonomische Ziele verfolgt werden sollen, kann nach dem Gesagten nicht angenommen werden.

Ob hingegen neben erzieherischen Gesichtspunkten verfahrensökonomische Gründe durch § 55 II JGG verfolgt werden, ist schwer nachzuprüfen.
Wäre dies der Fall, dann wäre nach Nothacker[240] und Eisenberg[241] im Hinblick auf Art. 3 I GG ein sachlicher Grund für die durch § 55 II JGG bestehende Ungleichbehandlung nicht gegeben.
In diesem Zusammenhang ist zu beachten, daß - wie für alle anderen öffentlichen Aufgaben - auch für den Bereich des Strafrechts nur begrenzte Mittel zur Verfü-

---

236 vgl. Albrecht, H.-J., NJ 1994, S.396 ff. (S.396).
237 vgl. Albrecht, H.-J., NJ 1994, S.396 ff. (S.396).
238 s. hierzu D I 1 b aa (1).
239 BT-Dr. 1/3264.
240 Nothacker, GA 1982, S.451 ff. (S.467).
241 Eisenberg, Komm.z.JGG, § 55 Rz.55.

gung stehen und deshalb das Anliegen der Förderung der Rationalität der Strafrechtspflege im Grunde nach als legitim anzusehen ist.[242] Dies hat mit gewissen Einschränkungen auch für das Jugendstrafverfahren zu gelten. Die stärkere Einschränkung der Rechtsmittel im Jugendstrafverfahren kann hierdurch aber nicht gerechtfertigt werden.
Fraglich ist somit, ob die Rechtsmittelbeschränkung des § 55 II JGG neben der Verwirklichung erzieherischer Belange ebenfalls der Erreichung verfahrensökonomischer Ziele dienen soll.
Für die Verfolgung auch prozeßökonomischer Gesichtspunkte spricht einerseits der Umstand, daß die genannten Zielsetzungen beide durch eine Verkürzung der Dauer von Strafverfahren zu erreichen sind.
Andererseits ist aber zu berücksichtigen, daß zur Verwirklichung erzieherischer Belange die Beschleunigung von Jugendstrafverfahren als legitimes Ziel anzuerkennen ist und allein die Maßnahmen, die zur Erreichung dieses Ziels ergriffen wurden, verfahrensökonomische Charakterzüge tragen, die als unbeabsichtigte Begleiterscheinung und nicht als Zielsetzung des § 55 JGG anzusehen sind.
Demnach ist davon auszugehen, daß durch die instanzielle Rechtsmittelbeschränkung des § 55 II JGG allein erzieherische Gesichtspunkte verfolgt werden und somit unter diesem Gesichtspunkt kein Verstoß gegen Art. 3 I GG vorliegt.
Daß trotz dieser Annahme die festgestellten Widersprüche bestehen bleiben, spricht dafür, wie in dieser Arbeit bereits gefordert wurde[243], das Anliegen jugendstrafrechtlicher Beschleunigung gesetzlich zu fixieren und zudem das Verhältnis zu verfahrensökonomischen Gesichtspunkten klarzustellen.

(c) Zwischenergebnis

Als Ergebnis ist nunmehr festzuhalten, daß nicht davon auszugehen ist, daß durch die in § 55 JGG niedergelegte Rechtsmittelbeschränkung andere als erzieherische Ziele verfolgt werden. Ein Verstoß gegen Art. 3 I GG kann somit nicht festgestellt werden.

c. Die notwendige erzieherische Wirksamkeit der angeordneten Rechtsfolgen

Nach der h.M. hat sich die Annahme längst verfestigt, daß die jugendkriminalrechtlichen Rechtsfolgen ihre erzieherische Wirksamkeit nur ausüben können, wenn die Zeitspanne zwischen auslösender Tat, richterlicher Anordnung und Vollstreckung so gering wie möglich sei.[244]

---

[242] vgl. Albrecht, H.-J., NJ 1994, S.396 ff. (S.396).
[243] s.o. D I 1 b bb (4) (a).
[244] Schaffstein, MschrKrim Bd.61 (1978), S.313 ff. (S.314);
vgl. auch Wetterich/Hamann, Strafvollstreckung, Rz.526;
Ostendorf, MschrKrim Bd.77 (1995), S.352 ff. (S.364);
vgl. auch Eckert, ZfJ 1982, S.135 ff. (S.146).

Dies gelte vor allem für diejenigen Rechtsfolgen, die keine längere erzieherische Behandlung einleiten sollen, sondern deren Funktion sich in der Wirkung eines kurzen Denkzettels erschöpfe, also für die Zuchtmittel.[245]
Die Erhebungen von Nolte über in Oldenburg zu Jugendarrest verurteilte Jugendliche und Heranwachsende zeigen jedoch, daß bei Jugendlichen in 65,5 % und bei Heranwachsenden in 60 % der Fälle zwischen Tatbegehung und Arrestantritt ein Zeitraum von 4 - 8 Monaten liegt.[246]
Pfeiffer kommt nach seinen Erhebungen zu dem Ergebnis, daß zwischen der Tatbegehung und der Hauptverhandlung im Durchschnitt fast 6 Monate liegen und auch danach noch fast 3 Monate vergehen, bis der Jugendarrest vollstreckt wird.[247]
Nach einer in der Arrestanstalt Rendsburg durchgeführten Untersuchung betrug die durchschnittliche Dauer von der Tat bis zum rechtskräftigen Urteil über 7 Monate. Zwischen dem Urteil und dem Arrestantritt ergab sich dann nochmals ein durchschnittlicher Zeitraum von 3 Monaten und 6 Tagen, so daß erst ungefähr 10 Monate nach Tatbegehung die „Strafe" folgte.[248]
Nach einem Bericht in der HAZ vom 07.12.1996 vergehen allein von der Urteilsverkündung bis zur Vollstreckung des Jugendarrests in Niedersachsen häufig bis zu 10 Monate, da in Niedersachsen zu wenig Arrestplätze zur Verfügung stehen.
Aus den Ergebnissen dieser Arbeiten und den Berichten folgt, daß hinsichtlich des Jugendarrests noch ein großer Widerspruch zwischen der Forderung der h.M. und der wirklichen Situation besteht.

Spezielle empirische Arbeiten, die die These der h.M., daß zwecks Erhalts der notwendigen erzieherischen Wirkung der angeordneten Maßnahmen ein möglichst kurzer Zeitraum zwischen Tatbegehung und Vollstreckung erforderlich sei, mit genauer Sicherheit belegen, liegen jedoch nicht vor.
Auch im Rahmen des allgemeinen Strafrechts wird die Meinung vertreten, daß die Möglichkeit einer erfolgreichen Resozialisierung des Täters wachse, wenn die angeordneten Maßnahmen schneller nach der Tat vollstreckt werden könnten.[249]
Doch auch für diese Annahme bestehen keine empirisch gesicherten Erkenntnisse.
Im Bereich des Jugendstrafrechts wird der Beschleunigung des Verfahrens zwecks Erhalts der notwendigen erzieherischen Wirksamkeit der angeordneten Maßnahmen ein besonderes Gewicht beigemessen. Zur Begründung wird darauf hin-

---

245 AV des RJM vom 06.11.1940, DJustiz 1940, S. 1243 (S.1243);
Schaffstein, MschrKrim Bd.61 (1978), S.313 ff. (S.314);
Sieverts in Schaffstein/Miehe, Weg und Aufgabe des Jugendstrafrechts, S.255 ff. (S.273);
Kümmerlein, DJustiz 1943, S.553 ff. (S.556 u. S.560), für § 40 RJGG;
Potrykus, Komm.z.JGG (RJGG, 1. Aufl.), § 40 Bem.1, im Rahmen des RJGG.
246 Nolte, Dissertation, S.116 f.
247 Pfeiffer, Ch., MschrKrim Bd.63 (1981), S.28 ff. (S.32).
248 Ostendorf, MschrKrim Bd.77 (1995), S.352 ff. (S.364).
249 vgl. BT-Dr. 7/551, S.35;
Hanack, JZ 1971, S.705 ff. (S.706).

gewiesen, daß der Jugendliche noch in der Entwicklung stehe und somit noch leichter prägbar sei.[250]
Spranger bezeichnet den Abschnitt des Jugendalters als eine Phase des Prozesses, in der es keinen festen Zustand des Jugendlichen gebe.[251]
Als Begründung für die Annahme, daß zum Erhalt der notwendigen erzieherischen Wirkung der angeordneten Rechtsfolgen eine besondere Beschleunigung des Jugendstrafverfahrens erforderlich sei, wird von der h.M. angeführt, daß ein Jugendlicher noch nicht über das Abstraktionsvermögen eines Erwachsenen verfüge. Er empfinde deshalb die „Strafe" nur solange als gerechte Reaktion des Gemeinwesens auf den von ihm begangenen Rechtsbruch, als das Gemeinwesen noch an den Folgen seines Rechtsbruchs zu tragen habe und er sich selbst noch seines Handelns bewußt sei. Es wird zudem davon ausgegangen, daß der Jugendliche schneller als der Erwachsene beeindruckt sei, allerdings etwas Geschehenes ebenso schnell wieder vergesse.[252]

Die von Sachverständigen und der Justizpraxis zusammengestellten „Marburger Richtlinien"[253], die als psychologische RiLi zu § 105 JGG erarbeitet wurden, enthalten eine Reihe von psychosozialen Bezeichnungen, die einerseits für eine unreife, noch in der Entwicklung stehende Persönlichkeit und andererseits für eine bereits eingetretene Erwachsenenreife charakteristisch sein sollen.
Für die noch unreife, in der Entwicklung stehende Persönlichkeit wird unter anderem angeführt, daß diese ein Leben im Augenblick führe und noch nicht die Fähigkeit zu zeitlich überschauendem Denken besitze.[254]
Diese Aussage kann mit dem noch nicht voll entwickelten Abstraktionsvermögen eines Jugendlichen gleichgesetzt werden. Die h.M. bezieht nämlich das noch nicht vollkommen ausgebildete Abstraktionsvermögen eines Jugendlichen darauf, daß dieser bei einem langen Abstand zwischen der von ihm begangenen Tat und der auf diese erst wesentlich später nachfolgende Vollstreckung der angeordneten Maßnahme nicht in der Lage sei, den Zusammenhang zwischen dem von ihm verwirklichten Straftatbestand und der Sanktionierung zu begreifen.
Unter dem Begriff des Abstraktionsvermögens kann mit der h.M. demnach die Fähigkeit verstanden werden, die Vollstreckung einer im Urteil angeordneten Maßnahme auf die vor einer längeren Zeit begangene Straftat zu beziehen.
Ebenso ergibt sich eine Übereinstimmung des von den Marburger Richtlinien aufgeführten Lebens im Augenblick mit der von der h.M. vertretenen Auffassung, daß der Jugendliche einerseits schneller als der Erwachsene beeindruckt sei, andererseits aber um so schneller etwas Erlebtes auch wieder vergesse.

---

[250] vgl. Brunner/Dölling, Komm.z.JGG, Einf. I Rz.2.
[251] Spranger, Psychologie des Jugendalters, S.41.
[252] s.o. Teil D I 1.
[253] abgedruckt in MschrKrim Bd.38 (1955), S.58 ff.
[254] MschrKrim Bd.38 (1955), S.58 ff. (S.60).

Insoweit stimmen also die Marburger Richtlinien mit der von der h.M vertretenen Ansicht überein.

Zu prüfen bleibt an dieser Stelle, inwieweit die These, daß das Abstraktionsvermögen Jugendlicher noch nicht ausreichend entwickelt sei und Jugendliche zudem Geschehnisse schneller als Erwachsene vergessen, auf Schwierigkeiten stößt bzw. belegt werden kann. Gleichzeitig ist zu überlegen, welche weiteren Argumente für die Annahme sprechen, daß die nach Jugendstrafrecht anzuordnenden Maßnahmen ihre erzieherische Wirksamkeit nur dann entfalten können, wenn sie der Tat so schnell wie möglich nachfolgen.

aa. Die Einteilung der Altersgruppen nach dem Jugendgerichtsgesetz

Jugendliche i.S.d. JGG sind nach § 1 II JGG diejenigen Personen, die zur Zeit der Tat vierzehn, aber noch nicht achtzehn Jahre alt sind. Das Alter der Jugendlichkeit erstreckt sich somit über einen Zeitraum von knapp 4 Jahren.

Heranwachsende, bei denen nach § 109 II JGG die Vorschrift des § 55 JGG bei Anwendung von Jugendstrafrecht durch den Richter eingreift, sind diejenigen Personen, die zur Zeit der Tat achtzehn, aber noch nicht einundzwanzig Jahre alt sind. Die Einordnung als Heranwachsender erstreckt sich demnach über einen Zeitraum von knapp 3 Jahren.

In § 105 JGG ist geregelt, unter welchen Voraussetzungen der Jugendrichter bestimmte Vorschriften des JGG auf Heranwachsende anzuwenden hat. Dies ist nach § 105 I Nr. 1 JGG der Fall, wenn die Gesamtwürdigung der Persönlichkeit des Täters bei Berücksichtigung auch der Umweltbedingungen ergibt, daß der Heranwachsende zur Zeit der Tat nach seiner sittlichen und geistigen Entwicklung noch einem Jugendlichen gleichstand. Nach § 105 I Nr. 2 JGG wird ein Heranwachsender teilweise den Vorschriften des JGG unterstellt, wenn es sich nach der Art, den Umständen oder den Beweggründen der Tat um eine Jugendverfehlung handelt.

Dadurch, daß Heranwachsende unter den in § 105 I Nr. 1 und 2 JGG genannten Voraussetzungen teilweise den Vorschriften des JGG unterstellt werden, erweitert sich der Zeitraum der von § 55 JGG betroffenen Personen auf ungefähr 7 Jahre.

Es erscheint schwierig, für diesen langen Zeitraum ein einheitliches Bild über den Entwicklungsstand der geistigen Fähigkeiten Jugendlicher und Heranwachsender zu finden.

Bei Heranwachsenden wird zwar grundsätzlich davon ausgegangen, daß sie dem Erwachsenenstrafrecht und nur ausnahmsweise über § 105 JGG dem Jugendstrafrecht unterliegen. Nach der Verurteiltenstatistik von 1991[255] zeigt sich jedoch, daß

[255] s. hierzu Schaffstein/Beulke, Jugendstrafrecht, S.56.

ein nicht unerheblicher Anteil der Heranwachsenden dem Jugendstrafrecht unterworfen wurde.[256]

Doch selbst bei Nichtberücksichtigung der Gruppe der Heranwachsenden erstreckt sich allein der Abschnitt der Jugendlichkeit über einen mehrjährigen Zeitraum, der es fragwürdig erscheinen läßt, ob eine Gleichbehandlung der betroffenen Personen im Hinblick auf den geistigen Entwicklungsstand überhaupt möglich ist.
In § 3 Satz 1 JGG wird dieser Umstand in dem Sinne berücksichtigt, daß ein Jugendlicher strafrechtlich nicht verantwortlich ist, wenn er zur Zeit der Tat nach seiner sittlichen und geistigen Entwicklung nicht reif genug war, das Unrecht der Tat einzusehen und nach dieser Einsicht zu handeln. Hierdurch zeigt der Gesetzgeber selbst das Problem auf, daß nicht alle Jugendlichen in ihrer Entwicklung in gleichem Maße fortgeschritten sind.
Der Gesetzgeber geht aber trotz dieser Erkenntnis davon aus, daß Jugendliche, die i.S.d. § 3 Satz 1 JGG strafrechtlich verantwortlich sind, nicht über das gleiche Abstraktions- und Erinnerungsvermögen wie Erwachsene verfügen. Er stellt folglich die strafrechtliche Verantwortlichkeit eines Jugendlichen mit einem nicht voll entwickelten Abstraktions- und Erinnerungsvermögen auf eine Stufe.
Hiergegen spricht aber die Erkenntnis, daß es kein empirisch gesichertes Leitbild eines normal entwickelten Jugendlichen bzw. Heranwachsenden gibt.

bb. Entwicklungspsychologische Forschungen
Entwicklungspsychologische Forschungen haben vielmehr ergeben, daß in der Reifezeit kontinuierlich fortschreitende Veränderungen stattfinden.[257]
Das Jugendalter wird von Entwicklungspsychologen auch als Zeitraum der Adoleszenz bezeichnet.[258]

(1) Die Fähigkeit junger Menschen zu formalen Operationen
Jean Piaget, dessen Arbeiten modernen Auffassungen über die Entwicklung des Denkens zugrundeliegen[259], teilt die Entwicklung kognitiver Funktionen des Kindes und des jungen Menschen in die vier großen Gruppen
-der sensomotorischen Entwicklung,
-des präoperationalen Denkens,
-der konkreten Operationen und
-der formalen Operationen ein.[260]

---

[256] in einer am Freitag, den 26.09.1997 verabschiedeten Entschließung des Bundesrats zur Stärkung der inneren Sicherheit wird allerdings die stärkere Anwendung des Erwachsenenstrafrechts auf Heranwachsende gefordert, SZ vom 27.09.1997.
[257] vgl. Nickel, Entwicklungspsychologie des Kindes- und Jugendalters Bd.2, S.312 m.w.N.
[258] vgl. Mietzel, Wege in die Entwicklungspsychologie, S.232.
[259] vgl. Krech/Crutchfield u.a., Grundlagen der Psychologie Bd.4, S.13.
[260] vgl. hierzu zusammenfassend Lindsay/Norman, Einführung in die Psychologie, S.384 ff.; Oerter/Montada, Entwicklungspsychologie, S.518 ff.

Unter dem Begriff der Kognition sind diejenigen Prozesse und Strukturen, die mit dem Wahrnehmen und Erkennen zusammenhängen (Denken, Erinnerung, Vorstellung, Gedächtnis, Lernen, Planen u.a.), zu verstehen.[261]
Da im Hinblick auf das Abstraktions- und Erinnerungsvermögen lediglich die Phase der formalen Operationen von Bedeutung ist, sind diese übrigen Phasen nicht näher zu erläutern.

Im Alterszeitraum zwischen 11 oder 12 und 15 Jahren ändert sich nach Jean Piaget das Denken des Menschen in qualitativer Hinsicht dadurch, daß in dieser Phase der Übergang zu der Phase der „formalen Operationen" beginne. Die Denkentwicklung eines Menschen schließe mit der Phase der formalen Operationen ab. Den geistigen Anforderungen der formalen Operationen sei der durchschnittliche Jugendliche jedoch erst im Alter von 16 - 19 Jahren gewachsen.[262]
Hierbei ist aber zu beachten, daß dieses Stadium nicht von allen Individuen erreicht wird.[263]

Jean Piaget meint, der Jugendliche erwerbe in dieser letzten Phase der Denkentwicklung die geistigen Voraussetzungen zum logischen und abstrakten Denken. Durch Fortschritte seiner Denkentwicklung werde er außerdem in die Lage versetzt, über das „Jetzt und Hier" hinauszugehen und sich gedanklich mit Möglichkeiten, also z.B. mit der Frage „was wäre wenn...?" zu beschäftigen.[264]
Nickel gibt weiterhin zu bedenken, daß das Ausmaß der Entwicklung derartiger Fähigkeiten sehr stark vom allgemeinen intellektuellen Niveau abhänge, welches wiederum mit der Art der Schulbildung und der sozialen Schichtzugehörigkeit korreliere.[265]

Nach diesen von Jean Piaget festgestellten Ergebnissen würde die h.M. zu Unrecht davon ausgehen, daß Jugendliche grundsätzlich noch über kein vollkommen entwickeltes Abstraktionsvermögen verfügen und schneller als Erwachsene vergessen. Gegen die Erkenntnisse Piagets spricht jedoch, daß keine konkrete Altersangabe für den Zeitpunkt des Übertritts aus der Phase der Adoleszenz in die des Erwachsenenalters besteht, und Entwicklungspsychologen diesen Übertritt von der einen in die nächste Phase willkürlich zwischen dem 19. und 21. Lebensjahr festgelegt haben.[266]
Aus diesem Grunde kann nicht mit Sicherheit festgestellt werden, zu welchem Zeitpunkt die Entwicklung der formalen Operation als abgeschlossen angesehen werden kann.

---

[261] Brockhaus Enzyklopädie Bd.12, S.141.
[262] vgl. Krech/Crutchfield u.a., Grundlagen der Psychologie Bd. 4, S.18.
[263] vgl. Krech/Crutchfield u.a., Grundlagen der Psychologie Bd.4, S.18.
[264] vgl. hierzu Mietzel, Wege in die Entwicklungspsychologie, S.243 f.
[265] vgl. Nickel, Entwicklungspsychologie des Kindes- und Jugendalters Bd.2, S.341.
[266] vgl. Mietzel, Wege in die Entwicklungspsychologie, S.234.

Teilweise wird zwar auch davon ausgegangen, daß der normal entwickelte Jugendliche im Alter von 16 - 19 Jahren den Erfordernissen der formalen Operationen gewachsen sei[267], aber auch dieser Zeitraum gibt keine ausreichende Sicherheit für die Feststellung, ob ein Jugendlicher i.S.d. § 1 II JGG die Fähigkeit zu formalen Operationen bereits zwischen seinem 14. und 18. Lebensjahr besitzt.
Nach dieser Altersangabe für den Zeitraum der Entwicklung hinsichtlich der Erlangung der Fähigkeit zu formalen Operationen kann zwar grundsätzlich davon ausgegangen werden, daß Jugendliche, die jünger als 16 Jahre alt sind, i.d.R. noch nicht über diese Fähigkeiten verfügen. Die nachfolgende Entwicklung bis zum Eintritt der Volljährigkeit des Jugendlichen und die Einstufung als Heranwachsender gibt jedoch keinen Anhaltspunkt für die Annahme, daß eine Person im Alter von 18 Jahren zu formalen Operationen fähig ist.
Da die Entwicklung dieser Fähigkeiten ebenfalls von der Art der Schulbildung und der sozialen Schichtzugehörigkeit abhängt[268], wird die Festlegung auf einen bestimmten Alterszeitraum zusätzlich erschwert.
Es ist weiterhin zu beachten, daß Jean Piaget die Fähigkeit zu formalen Operationen z.B. anhand eines „Pendelversuchs" erforschte, so daß die hieraus gefolgerten Ergebnisse nicht ohne Bedenken auf die Situation jugendlicher Straftäter übertragen werden können. Bei diesem von Piaget durchgeführten Experiment sollten sich die Probanden mit der Frage beschäftigen, von welchen Faktoren die Geschwindigkeit abhängt, mit der ein Pendel von der einen Seite zur anderen schwingt.[269]
Zu berücksichtigen ist weiterhin, daß auch Erwachsene nicht stets, sondern nur in den Bereichen, die für sie von einem besonderen Interesse sind und in denen sie über ein entsprechendes Wissen verfügen, formal denken.[270]

Nach der Theorie von Jean Piaget kann nicht mit Sicherheit festgestellt werden, ab welchem Alter eine Person die Fähigkeit zu abstraktem und zeitlich überschaubarem Denken besitzt. Es bestehen also begründete Zweifel, daß ein Jugendlicher bereits über entsprechende Fähigkeiten verfügt.
Eine Festlegung des persönlichen Anwendungsbereichs des JGG und damit der Rechtsmittelbeschränkung des § 55 JGG nach dem Alter zur Zeit der Tat ist zur Vermeidung von Unklarheiten dennoch erforderlich.
Aus diesem Grunde ist davon auszugehen, daß zwecks Erhalts der notwendigen erzieherischen Wirkung einer angeordneten Maßnahme ein enger zeitlicher Zusammenhang zwischen Tatbegehung und Vollstreckung der Maßnahme wünschenswert ist.

---

[267] vgl. Krech/Crutchfield u.a., Grundlagen der Psychologie Bd.4, S.18.
[268] vgl. Nickel, Entwicklungspsychologie des Kindes- und Jugendalters Bd.2, S.341.
[269] vgl. Mietzel, Wege in die Entwicklungspsychologie, S.245.
[270] Mietzel, Wege in die Entwicklungspsychologie, S.247.

(2) Die Adoleszenz als Phase psychischer Entwicklungen
Aus entwicklungspsychologischer Sicht spricht für eine Beschleunigung von Strafverfahren, daß die Phase der Adoleszenz mit einer tiefgreifenden Umstrukturierung der Psyche einhergeht. Diese Umstrukturierung erfolgt in kontinuierlich fortschreitenden Veränderungen[271], wobei sich die Durchschreitung der Phase der Adoleszenz jedoch weder in einem gleichmäßigen Tempo, noch in gerader Linie vollzieht.[272] Progression, Degression und Regression wechseln sich ab.[273]
In diesem Bereich der Entwicklung sind Pendelbewegungen, Reifeschübe ebenso wie das Verharren in einem erreichten Zustand zu beobachtende Momente.[274]
Hieraus ergibt sich die Wahrscheinlichkeit, daß sich der Jugendliche inzwischen weiterentwickelt, d.h. auch wegentwickelt hat, wenn die strafrechtliche Reaktion der Tat des Jugendlichen erst wesentlich später folgt. Die dem jugendlichen Delinquenten zurechenbare Tat ist also praktisch von einer anderen Persönlichkeit begangen worden, d.h. daß der Jugendliche aus der in einer bestimmten Phase verübten Straftat herausgewachsen ist, so daß die der Tatbegehung erst wesentlich später nachfolgende strafrechtliche Reaktion im gewissen Sinne den Falschen trifft. Das Ziel oder das Objekt der Sanktion wird aus diesem Grunde verfehlt.[275]
Somit ergibt sich die Notwendigkeit, daß auf strafbare Handlungen, welche mit einer bestimmten Entwicklungsphase zusammenhängen, in dem zeitlichen Kontext ihrer Begehung reagiert wird.

cc. Bewältigungsstrategien
Für einen möglichst kurzen Zeitraum zwischen Tatbegehung und Vollstreckung der angeordneten Maßnahme sprechen auch die Arbeiten von Sykes/Matza und Döbert/Nunner-Winkler, die sich mit der subjektiven Verarbeitung abweichenden Verhaltens durch den Täter beschäftigen.
Nach diesen Arbeiten neigen die meisten Täter dazu, sich zum Schutz gegen Selbstvorwürfe und Vorwürfe anderer, bestimmte Rechtfertigungsargumente für ihr abweichendes Verhalten zurechtzulegen. Nur so können sie langfristig die Dissonanz zwischen einem negativen Fremd- bzw. Selbstbild und dem Wunsch, sich akzeptieren zu können, aufheben.
Sykes/Matza bezeichnen diesen Vorgang als Neutralisierungstechniken.[276] Deren Forschung bezieht sich zwar vielmehr auf die Entstehung von Delinquenz. Einer Anwendung ihrer gewonnenen Ergebnisse auf das Verhalten jugendlicher Delinquenten nach der Begehung einer Straftat steht jedoch nichts entgegen.[277]

---

[271] vgl. Nickel, Entwicklungspsychologie des Kindes- und Jugendalters Bd.2, S.312 m.w.N.
[272] Blos, Adoleszenz; eine psychoanalytische Begutachtung, S.66.
[273] Blos, Adoleszenz; eine psychoanalytische Begutachtung, S.66.
[274] Hering/Sessar, Praktizierte Diversion, S.100.
[275] vgl. Sessar in Bundesministerium der Justiz 1992, Neue ambulante Maßnahmen nach dem JGG, S.116 ff. (S.126).
[276] vgl. Sykes/Matza in Sack/König, Kriminalsoziologie, S.360 ff.
[277] vgl. Sykes/Matza in Sack/König, Kriminalsoziologie, S.360 ff. (S.S.365).

Die Techniken der Neutralisierung bestehen nach Sykes/Matza in der Ablehnung der Verantwortung, der Verneinung des Unrechts, der Ablehnung des Opfers, der Verdammung der Verdammenden und der Berufung auf höhere Instanzen.[278] Diese Neutralisierungstechniken sollen kurz dargestellt werden.

(1) Die Technik der Neutralisierung in Form der Ablehnung der Verantwortlichkeit geht über die Behauptung, abweichende Akte seien ein Zufall, hinaus. Die betroffene Person behauptet vielmehr, daß die von ihr begangenen delinquenten Akte auf Kräfte außerhalb des Individuums und außer Reichweite ihrer Kontrolle wie lieblose Eltern, schlechte Freunde und Slum-Nachbarschaft zurückzuführen seien. Der Straftäter entwickelt also eine „Billardball"-Konzeption von sich, in der er sich hilflos in neue Situationen getrieben sieht.[279]

(2) Im Fall der Neutralisierungstechnik der Verneinung des Unrechts ist Gegenstand der Technik das Unrecht oder der durch die Straftat verursachte Schaden. Der Straftäter interpretiert Unrecht und Schaden auf die Weise, daß er Vandalismus z.B. als bloße Ordnungsstörung bezeichnet und davon ausgeht, daß ein betroffenes Opfer gar keinen Schaden erlitten hat, da beispielsweise die Versicherung den Schaden übernimmt.[280]

(3) Die Neutralisierungstechnik der Ablehnung des Opfers kann einmal dadurch geschehen, daß der Täter behauptet, das Opfer habe die an ihm verübte Straftat verdient. Auf diese Weise wird der Täter zu einem Rächer und das Opfer zu einem Übeltäter.
Zum anderen besteht die Möglichkeit, daß die Wahrnehmung der Existenz des Opfers, wie dies häufig bei Eigentumsdelikten der Fall ist, abgeschwächt wird.[281]

(4) Bedient sich der Täter der Neutralisierungstechnik der Verdammung der Verdammenden, so verschiebt er die Aufmerksamkeit von seinen eigenen abweichenden Akten auf die Motive und das Verhalten derjenigen, die seine Verfehlungen mißbilligen. Indem er diese Personen und Institutionen angreift, wird die Verwerflichkeit seines eigenen Verhaltens verdrängt oder aus den Augen verloren.[282]

(5) Im Fall der von Sykes und Matza an letzter Stelle angeführten Neutralisierungstechnik der Berufung auf höhere Instanzen neutralisiert der Delinquent innere und äußere soziale Kontrollen. Er opfert die Forderungen der breiteren Gesellschaft zugunsten der Forderungen der kleineren sozialen Gruppen, denen er angehört, wie dem Geschwisterpaar, der Gang oder dem Freundeskreis.

---

[278] s. hierzu vertiefend Sykes/Matza in Sack/König, Kriminalsoziologie, S.360 ff. (S.366 ff.).
[279] vgl. Sykes/Matza in Sack/König, Kriminalsoziologie, S.360 ff. (S.366).
[280] vgl. Sykes/Matza in Sack/König, Kriminalsoziologie, S.360 ff. (S.367).
[281] vgl. Sykes/Matza in Sack/König, Kriminalsoziologie, S.360 ff. (S.368).
[282] vgl. Sykes/Matza in Sack/König, Kriminalsoziologie, S.360 ff. (S.369).

Selbst wenn der Delinquent die Rechtsordnung der Gemeinschaft anerkennt und grundsätzlich geneigt ist, nicht gegen sie zu verstoßen, kann er sich selbst in einer Konfliktsituation sehen, die unglücklicherweise auf Kosten der Gesetzesübertretung gelöst werden muß. Zu diesen Konfliktsituationen gehören beispielsweise die Fälle, in denen der Delinquent der Meinung ist, daß er einem Kameraden immer helfen müsse und niemals etwas über einen Freund ausplaudern dürfe.[283]

Döbert/Nunner-Winkler meinen, die Herbeiführung der Konsistenz von Handeln und Urteil stelle sich für den Handelnden häufig fast automatisch ein.[284] Zudem orientieren in vielen Fällen Menschen ihr Handeln nicht an ihrem Urteil, sondern vielmehr ihr Urteil an ihrem Handeln.[285]
Diese Neutralisierungstechniken haben bei dem Straftäter zur Folge, daß eine der Tat in zeitlicher Hinsicht wesentlich später nachfolgende Vollstreckung der angeordneten Maßnahme vielfach nicht mehr als Konsequenz auf das eigene Handeln akzeptiert wird.[286] Zu der Frage, nach welchem Zeitraum dies der Fall ist, werden jedoch keine Angaben gemacht.
Zu beachten ist jedoch, daß sich die Erkenntnisse von Sykes/Matza und Döbert/ Nunner-Winkler nicht nur auf das Verhalten jugendlicher Straftäter, sondern grundsätzlich auf das aller Straftäter beziehen, so daß hieraus nicht das Bedürfnis an einer besonderen Beschleunigung im Jugendstrafrecht hergeleitet werden kann. Diese Arbeiten belegen vielmehr, daß grundsätzlich ein besonderes Bedürfnis dahingehend besteht, den Zeitraum zwischen der Tatbegehung und der Vollstreckung bei allen Straftätern möglichst kurz zu halten.
Lediglich unter dem Gesichtspunkt, daß ein in der Entwicklung stehender Jugendlicher noch leichter prägbar ist, erscheint eine besondere Beschleunigung erstrebenswert, um zu vermeiden, daß sich bei ihm bestimmte Neutralisierungstechniken zunehmend verfestigen, und so eine wirksame Erziehung nach dem JGG wesentlich erschwert werden könnte.

dd. Experimentell psychologischer Befund

Für die Ansicht der h.M., daß die notwendige erzieherische Wirkung einer angeordneten Maßnahme davon abhänge, daß sie möglichst schnell nach der von einem Jugendlichen begangenen Straftat vollstreckt werde, spricht ebenfalls der experimentell psychologische Befund von Solomon.
Nach diesem Befund hemmt die Bestrafung direkt bei Beginn einer Verhaltensweise vollständig deren Ausführung, nach Abschluß der Handlung verliert sie et-

---

[283] vgl. Sykes/Matza in Sack/König, Kriminalsoziologie, S.360 ff. (S.369 f.).

[284] vgl. Döbert/Nunner-Winkler in Portele, Sozialisation und Moral, S.101 ff. (S.111).

[285] Döbert/Nunner-Winkler in Portele, Sozialisation und Moral, S.101 ff. (S.112).

[286] vgl. Pfeiffer, Ch., Kriminalprävention im Jugendgerichtsverfahren, S.96, Pfeiffer bezieht diesen Umstand allerdings auf einen langen zeitlichen Abstand zwischen der Tatbegehung und dem Strafverfahren.

was an Wirkung und mit weiterem Zeitablauf büßt sie mehr und mehr an Wirksamkeit ein.[287]

Hieraus wird von Stone und Church gefolgert, daß Verbrecher selten durch Strafen von weiteren Verbrechen abgehalten werden[288], da in den meisten Fällen gerade zwischen der Tatbegehung und der nachfolgenden Vollstreckung ein zu langer Zeitraum verstreicht.

Aus dem Grunde, daß das Ziel der Erziehung nach dem JGG darin besteht, den straffällig gewordenen Jugendlichen von der Begehung weiterer Straftaten abzuhalten, kann das angeführte Forschungsergebnis von Solomon auch auf die Wirksamkeit von Maßnahmen nach dem JGG übertragen werden.

Auch hier gilt, daß es sich um keine spezielle jugendstrafrechtliche Erkenntnis handelt. Es erscheint aber auch in diesem Zusammenhang aufgrund des Entwicklungsstadiums, in dem sich der Jugendliche befindet, besonders wünschenswert, die angeordnete Maßnahme möglichst schnell nach der Straftatbegehung vollstrecken zu können.

ee. Ergebnis

Die vorangehenden Erläuterungen zeigen, daß mit der h.M. davon auszugehen ist, daß die notwendige erzieherische Wirkung einer angeordneten Maßnahme nur dann erhalten bleibt, wenn sie so schnell wie möglich nach der Straftatbegehung vollstreckt wird.

Diese Erkenntnis kann auch auf Heranwachsende übertragen werden, wenn auf sie über § 105 JGG Jugendstrafrecht und somit die Vorschrift des § 55 JGG zur Anwendung kommt, da sie in diesen Fällen einem Jugendlichen in einem gewissen Sinne gleichgestellt werden.

ff. Gegebenenfalls zu ziehende Folgerungen aus diesen Erkenntnissen

Daß es im Jugendstrafrecht einer besonderen Beschleunigung bedarf, um den Sinnzusammenhang zwischen Tatbegehung und nachfolgender strafrechtlicher Reaktion für den jugendlichen Straftäter zu erhalten, wurde durch die vorangehenden Erläuterungen belegt.

Ob eine derartige Beschleunigung durch die Rechtsmittelbeschränkung des § 55 JGG zu erreichen ist, erscheint hingegen fraglich.

(1) Erhebliche Dauer formeller Strafverfahren (mit Ausnahme des vereinfachten Jugendverfahrens nach den §§ 76 ff. JGG)

Einige Autoren stellen eine derart positive Wirkung des § 55 JGG im Hinblick auf den ohnehin bestehenden Zeitraum zwischen Tatbegehung und rechtskräftiger Verurteilung in Frage.[289] Da bereits durch diesen Zeitraum der Sinnzusammenhang

---

[287] Solomon, American Psychologist, volume 19 (1964), S.239 ff. (S.239 ff.).

[288] Stone/Church, Kindheit und Jugend Bd.1, S.253.

[289] Eisenberg, Komm.z.JGG, § 55 Rz.35.

zwischen Tat und rechtskräftiger Verurteilung auch ohne Durchführung eines Rechtsmittelverfahrens verloren gehe, sei das Bedürfnis, diesen Zusammenhang durch die Rechtsmittelbeschränkung des § 55 JGG zu wahren, zweifelhaft.[290] Es stelle geradezu ein praktisches Charakteristikum eines förmlichen Strafverfahrens dar, daß ohnehin eine längere Zeit zwischen Tatbegehung und rechtskräftiger Verurteilung verstreicht.[291] [292] Nach Nothacker ist die jugendstrafverfahrensrechtliche Rechtsmittelbeschränkung demzufolge nicht geeignet, dem Bedürfnis nach jugendspezifischer Verfahrensbeschleunigung gerecht zu werden und somit im Hinblick auf einen möglichen Verstoß gegen Art. 3 I GG aufzuheben.[293]
Für die Annahme, daß aufgrund des Verstreichens eines längeren Zeitraums der Sinnzusammenhang zwischen Straftatbegehung und Verurteilung für den Betroffenen verlorengehe, sprechen auch die Aussagen einiger von Hauser befragten jungen Straftäter.
Diese gaben an, daß sie bei Durchführung des Strafverfahrens 10 - 12 Monate nach der von ihnen verübten Tat diese bereits vergessen hätten.[294]

Hiernach setzt die beschleunigende Wirkung der Rechtsmittelbeschränkung des § 55 JGG bei Durchführung eines allgemeinen förmlichen Strafverfahrens in einem zu späten Zeitpunkt ein, wenn sich dieses bereits über einen zu langen Zeitraum erstreckt.
Es liegen zwar keine Erkenntnisse darüber vor, nach welchem Zeitraum sich der Sinnzusammenhang zwischen Tatbegehung und Vollstreckung einer angeordneten Rechtsfolge für den Jugendlichen grundsätzlich verliert. Aus diesem Grunde kann für die Vorschrift des § 55 JGG das Argument angeführt werden, daß diese selbst bei über mehrere Monate andauernden Strafverfahren als sinnvoll anzusehen ist, da durch diese Vorschrift zumindest eine weitere Verzögerung des Verfahrens durch die Einlegung mehrerer Rechtsmittel verhindert wird.
Liegen aber bereits zwischen der Begehung einer Straftat und dem Beginn eines förmlichen Strafverfahrens mehrere Monate, so liegt die Gefahr nahe, daß der Jugendliche den Zusammenhang zwischen der von ihm verübten Tat und der nachfolgenden strafrechtlichen Reaktion immer weniger überschaut.
Damit der jugendstrafverfahrensrechtlichen Rechtsmittelbeschränkung im Hinblick auf die Verkürzung des Zeitraums zwischen Straftatbegehung und Vollstreckung

---

[290] Bottke, ZStW Bd.95 (1983), S.69 ff. (S.102).
[291] Nothacker, GA 1982, S.451 ff. (S.452).
[292] s. zur Dauer von förmlichen Verfahren im Vergleich zur Dauer von Verfahrenseinstellungen nach den §§ 45, 47 JGG sowie zur Dauer des vereinfachten Jugendverfahrens nach den §§ 76 ff. JGG Heinz/Hügel (Hügel), Erzieherische Maßnahmen im deutschen Jugendstrafrecht, S.57 ff.; Hering/Sessar, Praktizierte Diversion, S.99 ff. (diese Studie umfaßt jedoch nicht die Dauer des vereinfachten Jugendverfahrens nach den §§ 76 ff. JGG);
Sessar/Hering in Kury, Kriminologische Forschung in der Diskussion, S.371 ff. (S.382 ff.).
[293] Nothacker, „Erziehungsvorrang" und Gesetzesauslegung, S.221.
[294] Hauser, Der Jugendrichter-Idee und Wirklichkeit, S.161 f.

angeordneter Maßnahmen die durch sie zu erzielende positive Wirkung in besonderem Maße zukommen kann, muß somit nach Wegen und Möglichkeiten gesucht werden, durch die ein zügigerer Abschluß formeller Strafverfahren erreicht werden kann.[295]
Wird eine Verkürzung der Dauer formeller Jugendstrafverfahren erzielt, so erscheint die Rechtsmittelbeschränkung des § 55 JGG als sinnvolle Regelung, da durch diese eine mögliche Verzögerung des Verfahrens bis zum Eintritt der Rechtskraft des Urteils durch die Einlegung von Rechtsmitteln im Vergleich zum allgemeinen Strafverfahrensrecht abgemildert wird.

Es erscheint sinnvoll, für den Bereich staatlicher Reaktionen im Jugendstrafverfahren formlose und flexible Verfahrensgestaltungen zu erweitern[296] und häufiger im vereinfachten Jugendverfahren nach den §§ 76 ff. JGG zu entscheiden. Hierfür spricht zunächst, daß durch diese Verfahrensgestaltungen eine erhebliche Beschleunigung der Verfahrensbeendigung zu erreichen ist, so daß sie allgemein jugendstrafrechtlichen Beschleunigungsbelangen entsprechen.[297]
Weiterhin ist zu bedenken, daß eine häufigere Anwendung der §§ 45, 47 und der 76 ff. JGG wegen der damit verbundenen Verkürzung der Dauer eines Verfahrens gleichzeitig der Beschleunigung allgemeiner formeller Strafverfahren zugute kommen könnte.
Grund für diese Annahme ist, daß die Gerichte bei einer geringeren Anzahl an allgemeinen förmlichen Strafverfahren die verbleibenden schneller bearbeiten könnten. Hierdurch wäre eine aus erzieherischer Sicht notwendige Beschleunigung in einem gewissen Umfang zu erreichen.

Im Rahmen einer Erweiterung formloser und flexibler Verfahrensgestaltungen wären allerdings die Grenzen, die durch die Schutzfunktion rechtsstaatlicher Verfahrensformen gezogen werden, zu berücksichtigen.[298]
Für eine vermehrte Anwendung der Möglichkeiten nach den §§ 45, 47 JGG und der Durchführung von vereinfachten Jugendverfahren (§§ 76 ff. JGG) sprechen sich auch die in einer Untersuchung von Hauser befragten Jugendrichter aus.[299]
An dieser Stelle werden nun die nach dem JGG bestehenden flexibleren und formloseren Verfahrensgestaltungen bzw. Einstellungsmöglichkeiten aufgezeigt. Hierbei

---

[295] s. hierzu die Äußerung des damaligen Bundesjustizministers Schmidt-Jortzig in einem Beitrag der SZ v. 27.09.1997 zur Entschließung des Bundesrats über Maßnahmen zur Verbesserung der inneren Sicherheit in Deutschland;
sowie die Beiträge von Bolesch, Drobinski und Prantl zum Jugendstrafrecht, SZ v. 2./3.10.1997.
[296] Nothacker, GA 1982, S.451 ff. (S.452 f.);
vgl. auch Hauser, Der Jugendrichter-Idee und Wirklichkeit, S.276 f.
[297] s.u. D I 1 c ff (2) (c) u. (3).
[298] vgl. Eckert, ZfJ 1982, S.135 ff. (S.146) m.w.N.
[299] Hauser, Der Jugendrichter-Idee und Wirklichkeit, S.125 ff.

ist zu beachten, daß die Rechtsmittelbeschränkung des § 55 JGG auch im vereinfachten Jugendverfahren nach den §§ 76 ff. JGG zur Anwendung gelangt.[300]
Gegen Entscheidungen nach § 45 JGG ist hingegen kein förmliches Rechtsmittel zulässig.[301] In diesen Fällen kann lediglich eine Dienstaufsichtsbeschwerde erhoben werden.[302]
Eine Einstellung des Verfahrens durch den Richter ergeht nach § 47 II 2 und 3 JGG wie die vorläufige Einstellung nach § 47 I 3 und 4 JGG durch unanfechtbaren Beschluß. Gegen einen solchen Beschluß kann jedoch ausnahmsweise Beschwerde nach § 304 StPO eingelegt werden, wenn nicht in § 45 III 1 JGG aufgezählte Maßnahmen verhängt wurden.[303] Der Staatsanwalt kann gegen den Beschluß Beschwerde einlegen, wenn entgegen § 47 II 1 JGG die Einstellung ohne seine Zustimmung erfolgt ist[304], eine prozessuale Einstellungsvoraussetzung nicht vorlag[305] oder im Falle der Einstellung nach § 47 I 1 Nr. 1 JGG kein Vergehen, sondern ein Verbrechen vorlag.[306] Nach § 47 III JGG kann wegen derselben Tat nur erneut Anklage erhoben werden, wenn neue Tatsachen oder Beweismittel vorliegen.

(2) Das vereinfachte Jugendverfahren, §§ 76 ff. JGG

Eine flexiblere Verfahrensgestaltung besteht zum einen bereits in Form des vereinfachten Jugendverfahrens nach den §§ 76 ff. JGG.
Die Vorschriften über das vereinfachte Jugendverfahren nach den §§ 76 ff. JGG sind in § 104 JGG nicht genannt, so daß sie nicht für Jugendliche vor den für allgemeine Strafsachen zuständigen Gerichte gelten.
Nach § 109 JGG finden die §§ 76 ff. JGG auf Heranwachsende selbst dann keine Anwendung, wenn der Richter Jugendstrafrecht anwendet.[307]
Das vereinfachte Jugendverfahren erstreckt sich folglich lediglich auf jugendliche Straftäter in Verfahren vor dem Jugendrichter.

Die besonderen Verfahrensarten nach allgemeinem Strafverfahrensrecht in Form des Strafbefehlsverfahrens (§§ 407 ff. StPO) und des beschleunigten Verfahrens (§§ 417 ff. StPO) finden nach § 79 I und II JGG keine Anwendung auf Jugendliche. Grund hierfür ist, daß diese beiden Verfahrensarten keine ausreichende

---

[300] Ostendorf, Komm.z.JGG, §§ 76-78 Rz.18.
[301] Ostendorf, Komm.z.JGG, § 45 Rz.23 m.w.N.
[302] Ostendorf, Komm.z.JGG, § 45 Rz.23.
[303] Brunner/Dölling, Komm.z.JGG, § 47 Rz.14.
[304] Ostendorf, Komm.z.JGG, § 47 Rz.16;
Eisenberg, Komm.z.JGG, § 47 Rz.26.
[305] LG Krefeld, NJW 1976, S.815 f. (S.815).
[306] vgl. OLG Celle, Nds.Rpfl. 1966, S.178 f. (S.179).
[307] in der Denkschrift der DVJJ über die kriminalrechtliche Behandlung junger Volljähriger, S.61, wird die Forderung erhoben, das vereinfachte Jugendverfahren im gleichen Maße auf Heranwachsende anzuwenden, wie dies bezüglich jugendlicher Straftäter der Fall ist.

Würdigung der Persönlichkeit des Täters gestatten.[308] Auf Heranwachsende ist das beschleunigte Verfahren nach den §§ 417 ff. StPO hingegen anwendbar, unabhängig davon, ob der Richter Jugendstrafrecht oder allgemeines Strafrecht heranzieht, da § 79 II JGG für Heranwachsende nach § 109 JGG keine Geltung beansprucht. Weiterhin ist die Durchführung des Strafbefehlsverfahrens gegen einen Heranwachsenden nur dann unzulässig, wenn der Richter Jugendstrafrecht anwendet, § 109 II JGG.

(a) Unterschiede zwischen dem vereinfachten Jugendverfahren und den Einstellungsmöglichkeiten nach den §§ 45, 47 JGG

Das Verfahren nach den §§ 76 ff. JGG steht zwischen dem allgemeinen förmlichen Jugendgerichtsverfahren und dem formlosen Erziehungsverfahren nach den §§ 45, 47 JGG.

Es unterscheidet sich von dem formlosen Erziehungsverfahren dadurch, daß im vereinfachten Jugendverfahren nur nach mündlicher Verhandlung durch Urteil entschieden werden kann, so daß es in der Befreiung von prozessualen Vorschriften nicht so weit wie die §§ 45, 47 JGG reicht.

Andererseits ist die Auswahl zulässiger Rechtsfolgen im vereinfachten Jugendverfahren größer als im Verfahren nach den §§ 45, 47 JGG.

Es besteht zudem ein Unterschied gegenüber dem formlosen Erziehungsverfahren nach den §§ 45, 47 JGG darin, daß das vereinfachte Jugendverfahren nach § 76 Satz 1 JGG nur im Falle der Zuständigkeit des Jugendrichters zulässig ist. Die §§ 45, 47 JGG finden hingegen über § 104 I Nr. 4 JGG auch in Verfahren gegen Jugendliche vor den für allgemeine Strafsachen zuständigen Gerichten Anwendung. Des weiteren gelten die §§ 45, 47 JGG im Gegensatz zu den §§ 76 ff. JGG auch in Verfahren gegen Heranwachsende, wenn der Richter Jugendstrafrecht anwendet, §§ 109 II 1, 112 Satz 1 und 2 JGG.

(b) Mögliche Rechtsfolgen im vereinfachten Jugendverfahren

Nach § 76 Satz 1 JGG kann der Staatsanwalt eine Entscheidung im vereinfachten Jugendverfahren beantragen. Dies ist jedoch nur möglich, wenn zu erwarten ist, daß der Jugendrichter ausschließlich Weisungen erteilen, Hilfe zur Erziehung gem. § 12 Nr. 1 JGG anordnen, Zuchtmittel verhängen, auf ein Fahrverbot erkennen, die Fahrerlaubnis entziehen und eine Sperre von nicht mehr als zwei Jahren festsetzen oder den Verfall oder die Einziehung aussprechen wird.

Im Gegensatz zu der Beschränkung auf bestimmte Rechtsfolgen bezüglich des Antrags des Staatsanwalts kann im Urteil auf sämtliche Rechtsfolgen erkannt werden.[309] Eine Ausnahme hiervon bilden nur die in § 78 I 2 JGG genannten Rechtsfolgen der Hilfe zur Erziehung nach § 12 Nr. 2 JGG, der Jugendstrafe sowie der Unterbringung in einer Entziehungsanstalt.

---

308 Schaffstein/Beulke, Jugendstrafrecht, S.212.

309 vgl. Eisenberg, Komm.z.JGG, §§ 76-78 Rz.30.

(c) Beschleunigungseffekt des vereinfachten Jugendverfahrens

Das Bedürfnis am Bestehen des vereinfachten Jugendverfahrens wird neben der Möglichkeit einer jugendgemäßen Verfahrensgestaltung mit erzieherischen Belangen der Beschleunigung begründet.[310]

Diese besondere Verfahrensart ermöglicht eine dem allgemeinen förmlichen Strafverfahren gegenüber erhebliche Beschleunigung.[311] Grund hierfür ist, daß nach § 78 III 1 JGG neben der Vereinfachung und jugendgemäßen Gestaltung des Verfahrens auch aus Gründen der Beschleunigung von Verfahrensvorschriften abgewichen werden darf. Ein Absehen von Verfahrensvorschriften ist nach § 78 III 1 JGG jedoch nur möglich, soweit hierdurch die Erforschung der Wahrheit nicht beeinträchtigt wird.

(d) Verhältnis des Verfahrens gem. §§ 76 ff. JGG zu den Einstellungsmöglichkeiten nach den §§ 45, 47 JGG

Vor der Durchführung des vereinfachten Jugendverfahrens ist grundsätzlich die Möglichkeit einer Verfahrenseinstellung nach den §§ 45, 47 JGG in Erwägung zu ziehen.[312] Für § 45 JGG ist dies in Nr. 1 der RiLi zu § 76 JGG festgelegt.

Trotz dieser Bestimmung in den RiLi zu § 76 JGG ergibt sich nach der von Libuda-Köster durchgeführten Befragung nordrhein-westfälischer Jugendstaatsanwältinnen und Jugendstaatsanwälte, daß zwei Drittel der Befragten dem formellen vereinfachten Jugendverfahren nach den §§ 76 ff. JGG gegenüber der Einstellungsmöglichkeit nach § 45 I JGG a.F. (=§ 45 III JGG n.F.) den Vorrang einräumten, wenn sie die Wahl zwischen diesen beiden Möglichkeiten hatten.[313]

Eine derartige Praxis der Staatsanwaltschaft ist als bedenklich anzusehen. Sie ist eventuell darauf zurückzuführen, daß der Jugendrichter bei einem Vorgehen nach § 45 III JGG ohnehin über die Anordnung von Maßnahmen zu entscheiden hat.

Zu diesem Zweck wird zwar lediglich ein formloses richterliches Erziehungsverfahren durchgeführt, dennoch wird unter diesem Gesichtspunkt der Unterschied zum vereinfachten Jugendverfahren nach den §§ 76 ff. JGG verringert.

Insgesamt scheint aber das vereinfachte Jugendverfahren inzwischen bei vielen Staatsanwaltschaften zugunsten des formlosen Erziehungsverfahrens nach den §§ 45, 47 JGG an Bedeutung verloren zu haben.[314]

---

[310] vgl. Eisenberg, Komm.z.JGG, §§ 76-78 Rz.3.

[311] s. hierzu die Erhebungen von Heinz/Hügel (Hügel), Erzieherische Maßnahmen im deutschen Jugendstrafrecht, S.57 ff.;
der Beschleunigungseffekt des vereinfachten Jugendverfahrens wird durch die Praxis teilweise angezweifelt, s. hierzu Schaffstein, MschrKrim Bd.61 (1978), S.313 ff. (S.321);
Heinen, UJ 1957, S.204 ff. (S.206) betont, daß er sich gerade im Rahmen der vereinfachten Jugendverfahren, sofern es sich nicht um Lappalien handele, die eigentlich nicht vom Jugendrichter behandelt werden sollten, viel Zeit für den Jugendlichen nehme.

[312] vgl. Ostendorf, Komm.z.JGG, §§ 76-78 Rz.7 u. 10.

[313] Libuda-Köster in Albrecht, P.-A., Informalisierung des Rechts, S.229 ff. (S.256).

[314] Schaffstein/Beulke, Jugendstrafrecht, S.214;

(e) Zwischenergebnis

Aus diesem Grund soll in dieser Arbeit nicht weiter auf das vereinfachte Jugendverfahren nach den §§ 76 ff. JGG, sondern verstärkt auf die Einstellungsmöglichkeiten nach den §§ 45, 47 JGG eingegangen werden.

Als Ergebnis ist jedoch festzuhalten, daß durch das vereinfachte Jugendverfahren nach den §§ 76 ff. JGG eine erhebliche Beschleunigung des Verfahrens zu erreichen ist, so daß die Möglichkeit eröffnet wird, den Sinnzusammenhang zwischen Tat und strafrechtlicher Reaktion für den Jugendlichen aufrechtzuerhalten.

Dementsprechend erscheint die Rechtsmittelbeschränkung des § 55 JGG, die auch im vereinfachten Jugendstrafverfahren Anwendung findet[315], innerhalb dieser Verfahrensart geeigneter als im förmlichen Strafverfahren, durch die Verkürzung des Rechtsmittelzugs zur Aufrechterhaltung des Zusammenhangs zwischen Tat und strafrechtlicher Reaktion beizutragen.

(3) Das Absehen von der Verfolgung (§ 45 JGG) und die Einstellung des Verfahrens durch den Richter (§ 47 JGG)

Eine dem formellen Strafverfahren gegenüber flexiblere Verfahrensgestaltung bieten weiterhin die §§ 45 und 47 JGG.

Die Vorschrift des § 47 JGG gilt auch im vereinfachten Jugendverfahren nach den §§ 76 ff. JGG, da nach § 76 Satz 2 JGG der Antrag des Staatsanwalts, im vereinfachten Jugendverfahren zu entscheiden, der Anklage gleichsteht. Daneben ist eine Einstellung des Verfahrens selbst in der Rechtsmittelinstanz zulässig.[316]

Die §§ 45 und 47 JGG erlauben eine erhebliche Beschleunigung der Verfahrensbeendigung[317] und entsprechen damit allgemein den jugendstrafrechtlichen Beschleunigungsbelangen.[318] Durch die §§ 45, 47 JGG wird die Möglichkeit eröffnet, tatnah und rasch auf die Verfehlung des Jugendlichen zu reagieren. Auf diese Weise wird die Zeitspanne zwischen Normverletzung und darauffolgender Reaktion verkürzt.[319] Der Bezug zwischen Tat und Reaktion bleibt daher erhalten.[320]

Ostendorf, Komm.z.JGG, Grdl. zu §§ 76-78 Rz.4;
s. hierzu die Erhebungen von Pfeiffer, Ch. in Bundesministerium der Justiz 1992, Jugendstrafrechtsreform durch die Praxis, S. 74 ff. (S.77 ff.).

[315] Ostendorf, Komm.z.JGG, §§ 76-78 Rz.18.

[316] vgl. Brunner/Dölling, Komm.z.JGG, § 47 Rz.1 u. 5.

[317] vgl. Messmer, ZfJ 1990, S.438 ff. (S.439);
Heinz, ZStW Bd.104 (1992), S.591 ff. (S.592);
s. bezüglich der Dauer formeller Strafverfahren im Vergleich zur Dauer von Verfahrenseinstellungen nach den §§ 45, 47 JGG die Erhebungen v. Heinz/Hügel (Hügel), Erzieherische Maßnahmen im deutschen Jugendstrafrecht, S.57 ff.;
Hering/Sessar, Praktizierte Diversion, S.99 ff. und Sessar/Hering in Kury, Kriminologische Forschung in der Diskussion, S.371 ff. (S.382 ff.).

[318] vgl. Bundesministerium der Justiz 1989, >>Diversion<< im deutschen Jugendstrafrecht, S.13;
Eisenberg, Komm.z.JGG, § 45 Rz.17;
Heinz, RdJ 1984, S.291 ff. (S.294).

[319] Heinz, RdJ 1984, S.291 ff. (S.294).

Die Verfahrenseinstellungen nach den §§ 45, 47 JGG kommen insgesamt häufig zur Anwendung.[321] Aus den Statistiken ergibt sich, daß heute bereits mehr als die Hälfte aller Beschuldigten das Verfahrensende vor der formellen Anklage erleben, wobei das Absehen von der Verfolgung nach § 45 II JGG a.F. (= § 45 I und II JGG n.F.) seit mehreren Jahren gegenüber den weiteren Einstellungsmöglichkeiten nach den §§ 45, 47 JGG überwiegt.[322]

Der Deliktscharakter ist für die Anwendung der §§ 45, 47 JGG nicht maßgeblich. Abgesehen von § 45 I JGG und § 47 I 1 Nr. 1 JGG kann selbst bei Verbrechen von der Erhebung der Anklage abgesehen bzw. das Verfahren eingestellt werden, wenn die Maßnahmen für genügend erachtet werden.[323]

Neben den speziellen jugendstrafrechtlichen Vorschriften der §§ 45, 47 JGG kommen teilweise auch die § 153 ff. StPO über § 2 JGG zur Anwendung, worauf hier aber nicht weiter eingegangen werden soll.[324]

(a) Der Begriff der Diversion

Die nach den §§ 45, 47 JGG und §§ 153 ff. StPO bestehenden Einstellungsmöglichkeiten werden heute als Diversion, d.h. als Ablenkung von der formellen Strafkontrolle, bezeichnet.[325]

Der Begriff der Diversion stellt eine Sammelbezeichnung für eine Reihe recht verschiedener kriminalpolitischer Tendenzen dar. Gegenüber den Straftätern besteht das Ziel der Diversion in der Verminderung der Stigmatisierung und in der Verstärkung von Problemlösungshilfen und hinsichtlich der Justiz in einem Abbau unnötiger Sozialkontrolle sowie in der Entlastung von Bagatellfällen.[326]

Nach der in Deutschland bestehenden Rechtslage existiert zum einen die Diversion im weiteren Sinne und zum anderen die Diversion im engeren Sinne.

Unter der Diversion im weiteren Sinne sind diejenigen Ansätze zu verstehen, die auf eine möglichst geringe strafrechtliche Reaktion, z. B. die Ersetzung stationärer durch ambulante Sanktionen, hinauslaufen. Mit der Diversion im engeren Sinne ist

---

[320] Heinz, ZStW Bd.104 (1992), S.591 ff. (S.592).

[321] s. hierzu sowie zu der unterschiedlichen Anwendunghäufigkeit der einzelnen Möglichkeiten nach den §§ 45, 47 JGG Heinz, ZStW Bd.104 (1992), S.591 ff. (S.598);
Ostendorf, Komm.z.JGG, Grdl. zu §§ 45 u. 47 Rz.7.

[322] vgl. Heinz, ZStW Bd.104 (1992), S.591 ff. (S.598);
vgl. hinsichtlich der Zunahme der Einstellungsmöglichkeiten nach § 45 II JGG a.F. auch Pfeiffer, Ch. in Bundesministerium der Justiz 1992, Jugendstrafrechtsreform durch die Praxis, S.74 ff. (S.77 ff.).

[323] s. hierzu m.w.N. Eisenberg, Komm.z.JGG, § 45 Rz.17.

[324] s. hierzu Eisenberg, Komm.z.JGG, § 45 Rz.9 ff., § 47 Rz.9;
Brunner/Dölling, Komm.z.JGG, § 45 Rz.3, § 47 Rz.4.

[325] Heinz, ZRP 1990, S.7 ff. (S.7);
Schaffstein/Beulke, Jugendstrafrecht, S.187, für die §§ 45, 47 JGG;
vgl. Ostendorf, ZRP 1983, S.302 ff. (S.305), für die §§ 153 ff. StPO.

[326] vgl. Heinz, ZRP 1990, S.7 ff. (S.7).

der Ersatz von förmlichen Strafverfahren durch Alternativen gemeint, d.h., daß Sanktionen im Wege der Verfahrenseinstellung verhängt werden können.[327]

Die Diversion im engeren Sinne ist im Zusammenhang mit dieser Arbeit gegenüber der Diversion im weiteren Sinne von vorrangiger Bedeutung, da es, wie oben bereits hervorgehoben, ein typisches Charakteristikum förmlicher Strafverfahren darstellt, daß zwischen Tatbegehung und rechtskräftiger Verurteilung ohnehin ein längerer Zeitraum verstreicht.[328]
Das Problem, daß sich aufgrund dieses Umstands die Gefahr erhöht, daß für den Jugendlichen der Sinnzusammenhang zwischen Tat und strafrechtlicher Reaktion verloren geht, kann durch die Anwendung der §§ 45, 47 JGG abgemildert werden.
Zudem bedeutet Diversion in Deutschland, entgegen den Diversionsprogrammen in den USA, nicht primär die Privatisierung und Herausnahme der Reaktion auf Straftaten aus dem Zuständigkeitsbereich der Justiz, sondern hauptsächlich die Ausschöpfung der dem Opportunitätsprinzip eingeräumten Spielräume für informelle Verfahrensformen, die eine schnellere und weniger stigmatisierende Reaktion auf Straftaten gestatten als die förmlichen Strafverfahren.[329]

(b) Die in Betracht kommenden Maßnahmen nach den §§ 45, 47 JGG
Nach den §§ 45, 47 JGG kommen als Reaktionen auf die Verfehlung des Jugendlichen erzieherische Maßnahmen in Betracht. Der Begriff der erzieherischen Maßnahmen umfaßt im allgemeinen Sinne sämtliche Einwirkungen, die von privater oder öffentlicher Seite im Rahmen bestehender Erziehungsaufgaben vorgenommen werden.[330]
In Nr. 3 der RiLi zu § 45 JGG wird der Zweck dieser Maßnahmen dahingehend beschrieben, daß sie geeignet sein sollen, die Einsicht des Jugendlichen in das Unrecht der Tat und deren Folgen zu fördern. In dieser RiLi werden zudem unterschiedliche Initiatoren einer derartigen Maßnahme genannt.
Weiterhin kommt die Anregung durch den Jugendstaatsanwalt bzw. die Erteilung einer Ermahnung oder von Weisungen nach § 10 I Satz 3 Nr. 4 (Erbringen von Arbeitsleistungen), Nr. 7 (Täter-Opfer-Ausgleich) und Nr. 9 (Teilnahme an einem Verkehrsunterricht) sowie von Auflagen nach § 15 JGG durch den Richter in Betracht.

---

[327] Heinz, ZRP 1990, S.7 ff. (S.7);
Albrecht, P.-A., Jugendstrafrecht, § 14 C I u. II.
[328] s.o. D I 1 c ff (1).
[329] vgl. KKW (Kaiser), S.88 ff. (S.90 f.) -Stichwort Diversion;
vgl. Heinz, RdJ 1984, S.291 ff. (S.291 u. 294 f.);
vgl. Heinz, ZRP 1990, S.7 ff. (S.7);
s. auch Heinz, ZStW Bd.104 (1992), S.591 ff. (S.593 Fn.8).
[330] Eisenberg, Komm.z.JGG, § 9 Rz.6;
Bietz, ZfJ 1983, S.321 ff. (S.324).

Es bestehen somit eine Reihe von Maßnahmen, die im Verfahren nach den §§ 45, 47 JGG durch den Jugendstaatsanwalt angeregt bzw. durch den Richter angeordnet werden können.

(c) Akzeptanz der Diversion durch die Betroffenen

Für eine häufige Anwendung der §§ 45, 47 JGG spricht im Hinblick auf den durch diese zu erzielenden Beschleunigungseffekt weiterhin, daß eine lange Verfahrensdauer von Jugendlichen als eine erhebliche Belastung empfunden wird. Demzufolge wird die Einstellung des Verfahrens von den betroffenen Jugendlichen häufig als eine große Erleichterung angesehen.[331]

In Gesprächen zwischen Sozialarbeitern und straffällig gewordenen Jugendlichen ließ sich durchgängig feststellen, daß die beschuldigten Jugendlichen einem außergerichtlichen Verfahren gegenüber einer gerichtlichen Hauptverhandlung immer den Vorzug gaben. Dies war selbst dann der Fall, wenn die Jugendlichen darauf hingewiesen wurden, daß sie bei Durchführung eines informellen Verfahrens im Hinblick auf die von ihnen zu erbringenden Leistungen für einen Tatausgleich keineswegs besser „davonkommen" würden als vor Gericht.[332]

Die Bevorzugung der informellen Verfahrenserledigung durch die Jugendlichen hängt damit zusammen, daß die Aussicht besteht, das Verfahren möglichst schnell zu einem Abschluß zu bringen und eigenständig, in sinnvoller Weise zur Ausgestaltung einer Tatausgleichsleistung beitragen zu können. Es stellt zudem einen besonderen Anreiz für die betroffenen Jugendlichen dar, bereits im Vorfeld des Verfahrensergebnisses mitwirken zu können.[333]

(d) Erweiterung der Anwendungshäufigkeit der §§ 45, 47 JGG

Die durch die §§ 45, 47 JGG zu erzielenden Vorteile hinsichtlich einer jugendgemäßen Verfahrensbeschleunigung sowie deren Akzeptanz durch die betroffenen Jugendlichen wurden dargelegt.

In diesem Zusammenhang stellt sich die Frage, ob es sinnvoll wäre, Änderungen bezüglich der Anwendungspraxis dieser Vorschriften oder eine inhaltliche Erweiterung der Reaktionsmöglichkeiten nach den §§ 45, 47 JGG mit dem Ziel, daß in Verfahren gegen Jugendliche noch häufiger von diesen Einstellungsmöglichkeiten Gebrauch gemacht wird, vorzunehmen.

Hierdurch könnte in mehreren Fällen eine jugendspezifische Verfahrensbeschleunigung erreicht werden.

---

[331] Messmer, ZfJ 1990, S.438 ff. (S.439).

[332] Messmer, ZfJ 1990, S.438 ff. (S.439).

[333] Messmer, ZfJ 1990, S.438 ff. (S.439).

(aa) Möglichkeiten bezüglich einer häufigeren Anwendung der §§ 45, 47 JGG

Es ist zunächst zu überlegen, inwieweit eine häufigere Anwendung der §§ 45, 47 JGG durch eine Änderung der Anwendungspraxis dieser Vorschriften erreicht werden könnte.

Die Tatbestände des StGB finden auf jugendliche und erwachsene Straftäter gleichermaßen Anwendung. Daher kann eine differenzierte Behandlung dieser unterschiedlichen Tätergruppen lediglich über die Art und Weise der strafrechtlichen Reaktion erfolgen.

Dies geschieht dadurch, daß das Jugendstrafrecht bestimmte Rechtsfolgen für jugendliche Straftäter vorsieht. Zudem ist es im Bereich des Jugendstrafrechts besonders wichtig, daß die jugendspezifischen Reaktionen der vom Jugendlichen begangenen Straftat auf dem Fuße folgen. Dieses Ziel wird durch die Diversion angestrebt.

Das Problem besteht jedoch darin, daß die Diversion in ihrer üblichen Beschränkung auf Bagatelltaten und auf Ersttäter den aus dem Erwachsenenstrafrecht bekannten Strafzumessungsmustern folgt, so daß sie nicht für Jugendliche, sondern lediglich für deren kleine Vergehen gedacht ist.[334] Hieraus folgt ebenfalls, daß die Vorschrift des § 45 JGG seltener auf vorbelastete Täter als auf Ersttäter angewendet wird.[335] Des weiteren zeichnet sich die Tendenz ab, daß die Entscheidung über ein Absehen von der Verfolgung nach § 45 JGG häufig von der Höhe des entstandenen Schadens abhängig gemacht wird.[336]

Hinsichtlich der Einstellungspraxis nach § 47 JGG durch den Richter liegen bei Hering/Sessar leider keine Erhebungen vor.[337]

Aus Gründen jugendgemäßer Beschleunigung sowie der Erkenntnis, daß Jugendkriminalität als ubiquitär gilt, d.h., daß Jugendkriminalität allgemein verbreitet ist und auch die Begehung mehrerer Straftaten einschließen kann[338], ist deshalb in Erwägung zu ziehen, die nach dem JGG bestehenden Erledigungsmöglichkeiten des Verfahrens gem. §§ 45, 47 JGG vermehrt auch auf jugendliche Mehrfachtäter und schwerere Delikte anzuwenden.[339] Zudem sollte die Höhe des entstandenen Schadens, bis zu der i.d.R. eine Einstellung erfolgt, angehoben werden.[340]

---

[334] Hering/Sessar, Praktizierte Diversion, S.113;
s. zu diesbezüglichen Erhebungen Hering/Sessar, Praktizierte Diversion, S.65 ff. und S.71 ff.; Libuda-Köster in Albrecht, P.-A., Informalisierung des Rechts, S.229 ff. (S.243 ff.) hinsichtlich der Einstellungspraxis der Staatsanwälte nach § 45 JGG.

[335] vgl. die Erhebungen von Hering/Sessar, Praktizierte Diversion, S.72 ff.;
s. bezüglich der Einstellungspraxis durch die Staatsanwälte nach § 45 JGG Libuda-Köster in Albrecht, P.-A., Informalisierung des Rechts, S.229 ff. (S.243 ff.).

[336] Hering/Sessar, Praktizierte Diversion, S.72 ff.

[337] vgl. Hering/Sessar, Praktizierte Diversion, S.63.

[338] Sessar in Walter/Koop, Die Einstellung des Strafverfahrens im Jugendstrafrecht, S.26 ff. (S.31).

[339] vgl. hierzu Hering/Sessar, Praktizierte Diversion, S.113.

[340] vgl. Hering/Sessar, Praktizierte Diversion, S.114.

Hierfür spricht auch die von Heinz und Hügel in ihren Untersuchungen zum unterschiedlichen Grad der Ausschöpfung der informellen Erledigungsmöglichkeiten in den einzelnen Regionen[341] erzielte Schlußfolgerung, daß die weitere Ausschöpfung dieser Erledigungsmöglichkeiten möglich, sinnvoll und praktikabel erscheint und selbst unter dem Gesichtspunkt der Gefahr weiterer Straftatbegehung verantwortbar ist.[342]

Fraglich ist jedoch, ob eine häufigere Anwendung der §§ 45, 47 JGG dem Bedürfnis nach der Durchführung formeller Strafverfahren entgegenstehen würde.
Aus kriminalpolitischer Sicht wird dem Strafverfahren als solchem, also selbst bereits dem polizeilichen Zugriff, Normverdeutlichungscharakter zugeschrieben.[343]
Das Ziel der Erziehung nach dem JGG besteht darin, den Täter von der Begehung weiterer Straftaten, vor allem der gleichen oder ähnlichen Art, abzuhalten.[344]
Hierzu sollen dem Täter die geltenden Normen verdeutlicht werden.[345]
Da für die Erreichung dieses Ziels bereits der polizeiliche Zugriff geeignet ist, stehen unter dem Gesichtspunkt, daß die Durchführung förmlicher Strafverfahren zur Normverdeutlichung erforderlich ist, der vorgeschlagenen Ausweitung des Diversionskonzepts keine Einwände entgegen.[346]
Heinz und Hügel haben zudem in ihren Untersuchungen festgestellt, daß die Legalbewährung jugendlicher Straftäter beim Einsatz der informellen Erledigungsmöglichkeiten nach §§ 45, 47 JGG besser als nach einer Verurteilung ist. Dies gilt neben Ersttätern auch für vorbelastete Jugendliche.[347]
Somit kann das Erziehungsziel des Jugendstrafrechts, welches darin besteht, die jugendlichen bzw. heranwachsenden Straftäter zum Legalverhalten zu erziehen, durch das Vorgehen nach den §§ 45, 47 JGG grundsätzlich besser als bei der Durchführung eines förmlichen Strafverfahrens erreicht werden.

---

[341] Heinz/Hügel (Hügel), Erzieherische Maßnahmen im deutschen Jugendstrafrecht, S.74 ff.
[342] vgl. Heinz/Hügel (Heinz/Hügel), Erzieherische Maßnahmen im deutschen Jugendstrafrecht, S.96.
[343] vgl. Hering/Sessar, Praktizierte Diversion, S.114.
[344] BVerfGE 74, S.102 ff. (S.122)=BVerfG, NStZ 1997, S.275 f. (S.275);
DSS (Diemer), Komm.z.JGG, § 5 Rz.4, s. auch § 9 Rz.5;
Nothacker, „Erziehungsvorrang" und Gesetzesauslegung, S.377;
Ostendorf, Komm.z.JGG, Grdl. zu §§ 1-2 Rz.4;
Albrecht, P.-A., Jugendstrafrecht, § 9 II 2;
Schaffstein/Beulke, Jugendstrafrecht, S.3;
Balbier, DRiZ 1989, S.404 ff. (S.406);
Eisenberg, Komm.z.JGG, § 5 Rz.3, 4.
[345] vgl. Müller-Dietz, Grundfragen des strafrechtlichen Sanktionensystems, S.46;
vgl. Bottke, Generalprävention und Jugendstrafrecht aus kriminologischer u. dogmatischer Sicht, S.15.
[346] ebenso Hering/Sessar, Praktizierte Diversion, S.113 f.
[347] Heinz/Hügel (Hügel), Erzieherische Maßnahmen im deutschen Jugendstrafrecht, S.61 ff.

Demnach erscheint eine Erweiterung der Erledigungsmöglichkeiten nach den §§ 45, 47 JGG durch die häufigere Anwendung derselben auf schwerere Delikte, auf vorbelastete Täter sowie durch eine Anhebung der Summe des entstandenen Schadens sinnvoll, wobei allerdings bestimmte Grenzen festzulegen wären. Die Durchführung entsprechender empirischer Untersuchungen sollte zumindest in Erwägung gezogen werden..

(bb) Erweiterung der Reaktionsmöglichkeiten der §§ 45, 47 JGG

In Betracht kommt außerdem eine Erweiterung des Reaktionskatalogs der §§ 45, 47 JGG, um die Anwendungshäufigkeit dieser Einstellungsmöglichkeiten auf weitere Fälle zu vereinfachen.

Hierfür spricht die Überlegung, daß ein größeres Angebot an zu verhängenden Maßnahmen die Möglichkeit eröffnen könnte, noch häufiger von den nach dem JGG bestehenden Einstellungsmöglichkeiten Gebrauch zu machen, weil aufgrund weiterer zur Verfügung stehender Reaktionsmöglichkeiten leichter eine geeignete Maßnahme für den betroffenen Jugendlichen gefunden werden könnte.

Die Vorschrift des § 55 I JGG beschränkt die Anfechtungsmöglichkeiten bei weniger einschneidenden Entscheidungen in einem stärkeren Umfang als dies durch § 55 II JGG der Fall ist.

Aus diesem Grunde ist zu überlegen, inwieweit die von § 55 I JGG erfaßten Maßnahmen in den Katalog des § 45 III JGG aufgenommen werden sollten. Hierzu zählen sämtliche Erziehungsmaßregeln nach § 9 JGG mit Ausnahme der Hilfe zur Erziehung nach § 12 Nr. 2 JGG sowie die nach § 13 JGG bestehenden Zuchtmittel.

Für die Aufnahme dieser Maßnahmen in den Katalog des § 45 III JGG spricht, daß das Bestehen der Rechtsmittelbeschränkung des § 55 I JGG wie das der §§ 45, 47 JGG damit begründet wird, daß die in Betracht kommenden Maßnahmen ihre notwendige erzieherische Wirkung nur dann entfalten können, wenn sie der Tat so rasch wie möglich nachfolgen. Demzufolge wäre es konsequent, den Katalog des § 45 III JGG um die genannten Rechtsfolgen zu erweitern.

Zu prüfen ist, inwieweit eine derartige Änderung des § 45 III JGG im Hinblick auf die Zielsetzung der Diversionsbestrebungen umsetzbar und sinnvoll wäre.

Diversion wird in Deutschland hauptsächlich als Ausschöpfung der durch das Opportunitätsprinzip eingeräumten Spielräume verstanden, so daß eine Erweiterung des Reaktionskatalogs des § 45 III JGG möglich sein könnte.

Daneben verfolgen die Diversionsbestrebungen jedoch auch das Ziel, daß möglichst milde Rechtsfolgen verhängt werden, z.B. daß ambulanten Maßnahmen gegenüber stationären Maßnahmen der Vorrang eingeräumt wird. Hierfür spricht, daß in den vergleichenden Rückfalluntersuchungen des Instituts für Rechtstatsachenforschung der Universität Konstanz wiederkehrend ermittelt wurde, daß mit

wachsender Eingriffsstärke der Sanktion die Wahrscheinlichkeit erneuter Straffälligkeit ansteigt.[348]
Aus diesem Befund wird die Schlußfolgerung gezogen, daß im Zweifel weniger und nicht mehr zu tun sei.[349]
Diese Tendenz findet in den §§ 45, 47 JGG ihren Ausdruck, da nach diesen nur ambulante Maßnahmen zulässig sind.
Aus diesem Grunde sind in die Überlegungen hinsichtlich einer Erweiterung des Katalogs des § 45 III JGG die stationären Maßnahmen wie der Jugendarrest, die Erziehungshilfe nach § 12 Nr. 2 JGG sowie die Jugendstrafe nicht weiter einzubeziehen, da deren Aufnahme in den Katalog des § 45 III JGG diesem Ziel der Diversion sowie dem im Jugendstrafrecht geltenden Subsidiaritätsgrundsatz, nach dem die jeweils weniger einschneidende Sanktion der strengeren vorzuziehen ist[350], zuwiderliefe.
Eine Erweiterung des § 45 III JGG um weitere Erziehungsmaßregeln und Zuchtmittel wäre zudem dann nicht erstrebenswert, wenn diese eingriffsintensiver als diejenigen Maßnahmen wären, die bereits von dem Katalog des § 45 III JGG erfaßt sind.

Es ist ferner darauf hinzuweisen, daß im Rahmen der Diversionsbestrebungen zunehmend die Forderung erhoben wird, die Verfahrenseinstellung ohne Folgemaßnahmen in den Vordergrund der Diversionsstrategien zu rücken.[351]
Hierfür spricht der empirische Befund, daß zwischen bestimmten Formen der Jugendkriminalität und der Erziehungsbedürftigkeit jugendlicher Delinquenten kein Zusammenhang besteht und bestimmte Formen der Jugendkriminalität nicht als Einstiegskriminalität einzustufen sind.[352] Es liegen zudem Anhaltspunkte für die Annahme vor, daß bei vielen von Jugendlichen verübten strafbaren Handlungen die in der Tatentdeckung und Schuldzuschreibung liegende Tadelswirkung ausreicht, um Schuldbewußtsein und latent vorhandene Einsicht in Normen zu aktivieren, ohne daß eine zusätzliche Verdeutlichung der Norm durch eine Sanktion erforderlich ist.[353]
Hiernach erscheint es widersprüchlich, den Reaktionskatalog des § 45 III JGG zu erweitern, da eher nach Möglichkeiten gesucht werden sollte, die eine häufigere Anwendung folgenloser Verfahrenseinstellungen gewährleisten könnten.
Hierauf soll in diesem Zusammenhang jedoch nicht weiter eingegangen werden.

---

[348] vgl. Heinz/Storz, Diversion im Jugendstrafverfahren der BRD, S.1 ff. (S.56 ff. m.w.N.).
[349] Heinz/Storz, Diversion im Jugendstrafverfahren der BRD, S.1 ff. (S.61).
[350] Herz, Jugendstrafrecht, S.54.
[351] vgl. Albrecht, P.-A., Jugendstrafrecht, § 5 II 2;
vgl. hierzu auch Kerner in DVJJ-Schriftenreihe, Jugendgerichtsverfahren und Kriminalprävention, S.14 ff. (S.29 f.).
[352] Hering/Sessar, Praktizierte Diversion. S.113 f.
[353] vgl. Albrecht, P.-A., Jugendstrafrecht, § 5 II 3 b (aa).

Trotz dieser Forderung ist daher zu überlegen, ob eine Erweiterung des Reaktionskatalogs des § 45 III JGG unter Diversionsgesichtspunkten zweckmäßig wäre.

(aaa) Aufnahme weiterer Erziehungsmaßregeln

Bietz hatte in den 80 - er Jahren angeregt, die Weisung, sich der Aufsicht und Leitung einer bestimmten Person zu unterstellen (sog. Betreuungsweisung) oder die Weisung, an einer erzieherischen Gruppenarbeit (sog. Erziehungskurs) teilzunehmen, in § 10 JGG[354] und ebenfalls in den geschlossenen Katalog des § 45 I JGG a.F. (= § 45 III n.F.) aufzunehmen.[355]

Die Weisung, sich der Betreuung und Aufsicht einer bestimmten Person zu unterstellen (§ 10 I 3 Nr. 5 JGG), wurde 1990 durch das 1. JGGÄndG in den Katalog des § 10 I JGG aufgenommen[356], nachdem sie zuvor in der jugendrichterlichen Praxis längst Anerkennung und eine häufige Anwendung erfahren hatte.[357] Die Bezeichnung dieser Weisung wurde entgegen dem Vorschlag von Bietz abgeändert. Dies führte aber zu keinen inhaltlichen Änderungen.

Die Weisung in Form der Teilnahme an einer erzieherischen Gruppenarbeit wurde durch das 1. JGGÄndG von 1990[358] ebenfalls nicht in den Katalog des § 10 I JGG aufgenommen, dafür aber die Teilnahme an einem sozialen Trainungskurs (§ 10 I 3 Nr. 6). Doch auch diese beiden Begriffe meinen dem Inhalt nach dasselbe.

Demnach kann davon ausgegangen werden, daß Bietz die Aufnahme der Weisungen nach § 10 I 3 Nr. 5 und 6 JGG befürwortet hätte, wobei er allerdings hinsichtlich der Aufnahme der Weisung i.S.d. § 10 I 3 Nr. 6 JGG in den Katalog des § 45 I JGG a.F. (= § 45 III n.F.) anriet, weitere Erfahrungen dieser Weisung in der Praxis abzuwarten.[359]

In dem Gesetzesentwurf der Bundesregierung zur Änderung des JGG (1. JGG-ÄndG) unterblieb die Aufnahme dieser beiden Weisungsmöglichkeiten in die Vorschrift des § 45 III JGG.

Zur Begründung wurde darauf hingewiesen, daß die mit diesen Maßnahmen verbundene Eingriffsintensität und Dauer von mehreren Monaten (vgl. § 11 I JGG) nur schwer mit den Zwecken der informellen Erledigung (schnell und so wenig belastend wie möglich) vereinbar sei.[360]

Hiernach würde die Erweiterung des Katalogs des § 45 III JGG um diese Weisungen ausscheiden.

---

[354] Bietz, ZRP 1981, S.212 ff. (S.216).
[355] Bietz, ZfJ 1983, S.321 ff. (S.324 f.).
[356] BGBl. I, S.1853 ff. (S.1853).
[357] vgl. Schaffstein/Beulke, Jugendstrafrecht, S.88.
[358] BGBl. I, S.1853 ff. (S.1853).
[359] Bietz, ZfJ 1983, S.321 ff. (S.327).
[360] BT-Dr. 11/5829, S.25.

Es stellt sich aber die Frage, inwieweit diese Weisungen entgegen der Begründung des Gesetzesentwurfs der Bundesregierung und die noch verbleibenden Weisungen nach § 10 I 3 Nr. 1 (Weisungen, die sich auf den Aufenthaltsort beziehen), Nr. 2 (Wohnen bei einer Familie oder in einem Heim), Nr. 3 JGG (Annahme einer Ausbildungs- oder Arbeitsstelle) und nach § 10 II JGG (Durchführung einer heilerzieherischen Behandlung durch einen Sachverständigen oder einer Entziehungskur) dennoch in den Katalog des § 45 III JGG aufgenommen werden könnten.
Das gleiche Problem stellt sich für die Erziehungsmaßregel nach § 12 Nr. 1 JGG, nicht jedoch hinsichtlich der Anordnung von Hilfe zur Erziehung nach § 12 Nr. 2 JGG.

Bei einer Weisung nach § 10 I 3 Nr. 2 handelt es sich jedoch der Art nach um eine stationäre Maßnahme, so daß eine Einbeziehung dieser Weisung in den Katalog des § 45 III JGG unter dem Aspekt der Diversionsbestrebungen, stationäre zugunsten ambulanter Maßnahmen zurückzudrängen, ausscheiden sollte.
Die Weisungen, sich einer heilerzieherischen Behandlung durch einen Sachverständigen oder einer Entziehungskur zu unterziehen (§ 10 II 1 JGG), können ambulant oder stationär durchgeführt werden. Bei einer stationären Durchführung dieser Weisungen scheidet deren Einbeziehung ebenfalls unter dem zuvor gerade genannten Gesichtspunkt aus. Werden die Weisungen nach § 10 II 1 JGG hingegen ambulant durchgeführt, so ist deren Aufnahme in den Katalog des § 45 III JGG ebenfalls abzulehnen, da es sich bei diesen Weisungen um sehr eingriffsintensive Maßnahmen für den Betroffenen handelt.
Die Weisungen nach § 10 I Satz 3 Nr. 1, 3, 5 und 6 JGG bedürfen - wie die Betreuungsweisung und die Teilnahme an einem sozialen Trainingskurs - für ihre Wirksamkeit grundsätzlich eines längeren Zeitraums, so daß sie dem Ziel der Diversionsidee, eine schnelle Reaktion auf die Verfehlung des Jugendlichen zu erreichen, zuwiderliefen.
Dies trifft ebenfalls für die Erziehungsbeistandschaft nach § 12 Nr. 1 JGG zu.
In diesem Zusammenhang ist jedoch im Hinblick auf die Dauer einzelner Weisungen anzumerken, daß beispielsweise auch die im Katalog des § 45 III JGG aufgenommene Weisung des Täter-Opfer-Ausgleichs häufig mehrere Monate in Anspruch nehmen kann.[361]

Ob diese Erziehungsmaßregeln nun eingriffsintensiver und zeitaufwendiger als die im Katalog des § 45 III JGG aufgezählten Weisungen nach § 10 I 3 Nr. 4 (Erbringen von Arbeitsleistungen), Nr. 7 (Täter-Opfer-Ausgleich) und Nr. 9 JGG (Teilnahme an einem Verkehrsunterricht) sind, ist fraglich.
Zur Klärung dieser Frage ist das Institut der reformatio in peius, welches auch im Jugendstrafverfahren Anwendung findet[362], sinngemäß heranzuziehen.

---

[361] vgl. Bundesministerium der Justiz 1989, >>Diversion<< im deutschen Jugendstrafrecht, S.20.
[362] Eisenberg, Komm.z.JGG, § 55 Rz.24 m.w.N.

Der Grundgedanke dieses Instituts besteht darin, den Anfechtungsberechtigten nicht durch die Besorgnis, der Angeklagte müsse bei Erfolglosigkeit des Rechtsmittels eine ihn erhöht beeinträchtigende Rechtsfolge befürchten, von der Einlegung eines Rechtsmittels abzuhalten.[363]
Ob eine im Rechtsmittelverfahren zu verhängende Maßnahme als Verschlechterung gegenüber der ursprünglich angeordneten Rechtsfolge anzusehen ist, beurteilt die Rspr. aufgrund einer Gesamtschau.[364]
Im Rahmen dieser Gesamtschau werden die Rechtsfolgen nach einem generell - objektiven Maßstab der gesetzlichen Wertungen beurteilt und zudem in ihrer konkreten Ausgestaltung verglichen.[365] Entscheidend für das Ergebnis ist hierbei, welcher Rechtsfolgenausspruch in seinen rechtlichen und tatsächlichen Wirkungen den Angeklagten im konkreten Fall stärker belastet.[366]
Nach den allgemeinen Grundsätzen, die zu der Beurteilung einer möglichen Verschlechterung erarbeitet wurden, sind die nach dem nicht abschließenden Katalog des § 10 JGG zulässigen Weisungen als untereinander gleichwertig anzusehen, da sie nach § 11 II JGG gleichermaßen abänderbar, jederzeit durch eine andere ersetzbar und gegenseitig austauschbar sind. Hinzu kommt, daß sämtliche Weisungen ganz oder teilweise aufgehoben werden können.[367]
Als hiermit vergleichbar wird ebenfalls die Erziehungsbeistandschaft nach § 12 Nr. 1 JGG i.V.m. § 30 SGB VIII eingestuft.[368]
Unter dem Gesichtspunkt der Eingriffsintensität bzw. des Zeitaufwands einer Maßnahme bestehen gegenüber einer Erweiterung des Katalogs des § 45 III JGG um die Erziehungsmaßregeln nach den §§ 10 I 3 Nr. 1, 3, 5, 6 und § 12 Nr. 1 JGG daher keine Einwände. Zu beachten ist aber, daß rechtliche und tatsächliche Belastungen im Einzelfall berücksichtigt werden müssen.
Inwieweit nun eine Erweiterung des § 45 III JGG nach den vorangehenden Erläuterungen um diese Rechtsfolgen als sinnvoll zu erachten ist, sollte durch spezielle Untersuchungen erprobt werden.

---

[363] BGHSt 7, S.86 ff. (S.87);
Dallinger/Lackner, Komm.z.JGG (2. Auflage), vor § 55 Rz.22.
[364] BGHSt 24, S.11 ff. (S.14).
[365] vgl. Eisenberg, Komm.z.JGG, § 55 Rz.74.
[366] BGHSt 24, S.11 ff. (S.14);
vgl. OLG Hamm NJW 1971, S.1666 f. (S.1666).
[367] Eisenberg, Komm.z.JGG, § 55 Rz.75 m.w.N.;
Brunner/Dölling, Komm.z.JGG, § 55 Rz.23;
a.A. Ostendorf, Komm.z.JGG, § 55 Rz.15, nach diesem sind Weisungen zwar formal austauschbar, ihre materiellen Unterschiede hinsichtlich ihrer Eingriffsintensität im konkreten Fall jedoch zu berücksichtigen.
[368] vgl. DSS (Schoreit), Komm.z.JGG, § 55 Rz.21.

(bbb) Aufnahme weiterer Zuchtmittel

Des weiteren käme die Aufnahme der Verwarnung nach § 14 JGG in die Vorschrift des § 45 III JGG in Betracht, denn dieses Zuchtmittel gilt als leichteste ambulante Maßnahme unter den Rechtsfolgen des JGG.[369]

Es ist jedoch zu beachten, daß nach § 45 III 1 JGG bereits die Möglichkeit der Erteilung einer Ermahnung besteht. Der Unterschied zwischen der Verwarnung und der Ermahnung liegt darin, daß letztere formlos ausgesprochen wird und zur Einstellung des Verfahrens führt, wohingegen bei der Verwarnung die Anordnung und die Vollziehung zu trennen sind.[370]

Inhaltlich bestehen zwischen der Ermahnung und der Verwarnung keine wesentlichen Unterschiede. Beide Reaktionen enthalten eine negative Reaktion auf die Verfehlung eines Jugendlichen, wobei die Ermahnung, die nicht den repressiven Charakter eines Zuchtmittels besitzt, in ihrer Tendenz aber zukunftsorientierter als die Verwarnung ist.[371]

Aufgrund der Vergleichbarkeit dieser beiden Maßnahmen erscheint die Aufnahme der Verwarnung i.S.d. § 14 JGG in den Katalog des § 45 III JGG überflüssig.

Die Einbeziehung des Jugendarrests als stationäre Maßnahme des JGG scheidet nach den obigen Ausführungen von vornherein aus.

(cc) Zwischenergebnis

Nach den vorangehenden Überlegungen können keine Vorschläge für die Erweiterung des Katalogs des § 45 III JGG durch die Aufnahme weiterer Erziehungsmaßregeln oder Zuchtmittel gemacht werden. Ob eine derartige Erweiterung mit den Diversionszielen im Einklang stünde, sollte durch empirische Arbeiten untersucht werden.

Demzufolge kann dieses Problem im Rahmen dieser Arbeit nicht abschließend geklärt werden.

Eine häufigere Anwendung der §§ 45, 47 JGG auf vorbelastete Täter und schwerere Delikte erscheint nach den vorherigen Erläuterungen aber sinnvoll.

Dasselbe gilt für eine Anhebung der durch die Straftat entstandenen Schadenssumme, bis zu der i.d.R. eine Einstellung nach den §§ 45, 47 JGG in der Praxis erfolgt. Die Durchführung entsprechender empirischer Untersuchungen sollte ebenfalls in Erwägung gezogen werden.

Abschließend bleibt zu sagen, daß es zu begrüßen ist, wenn in der Praxis bereits häufig Gebrauch von den Einstellungsmöglichkeiten nach den §§ 45, 47 JGG gemacht wird und wünschenswert, daß weiterhin intensiv nach einer noch stärkeren Nutzung dieser Vorschriften gesucht wird, da durch diese eine erhebliche Beschleunigung des Verfahrens erreicht werden kann.

---

[369] vgl. Schaffstein/Beulke, Jugendstrafrecht, S.63.

[370] Eisenberg, Komm.z.JGG, § 14 Rz.4.

[371] Eisenberg, Komm.z.JGG, § 14 Rz.4.

(4) Zusammenfassung

Die Erläuterungen zum vereinfachten Jugendverfahren gem. §§ 76 ff. JGG und den Einstellungsmöglichkeiten nach den §§ 45, 47 JGG machen deutlich, daß von diesen durch das JGG eröffneten Möglichkeiten möglichst häufig Gebrauch gemacht werden sollte. Gerade diese Vorgehensweisen erscheinen aufgrund der durch sie zu erzielenden Beschleunigung geeignet, den Sinnzusammenhang zwischen Tatbegehung und nachfolgender Reaktion für den Betroffenen zu wahren.

Aufgrund der meist kürzeren Dauer des vereinfachten Jugendverfahrens erscheint die Vorschrift des § 55 JGG in dieser Verfahrensart in sinnvoller Weise zum Erhalt des Zusammenhangs zwischen Tat und strafrechtlicher Reaktion beitragen zu können.

Es sollte aber nicht übersehen werden, daß in bestimmten Fällen die Durchführung eines allgemeinen förmlichen Strafverfahrens nach wie vor sinnvoll und unerläßlich sein wird.

Damit die Rechtsmittelbeschränkung des § 55 JGG in geeigneter Weise zur Beschleunigung des Verfahrens zwecks Erhalts der notwendigen erzieherischen Wirksamkeit der angeordneten Maßnahmen beitragen kann, ist hier nochmals darauf hinzuweisen, daß Jugendstrafverfahren in angemessener Weise zu beschleunigen sind. Es wurde in diesem Zusammenhang darauf hingewiesen, daß eine häufigere Vorgehensweise nach den §§ 45, 47 und 76 ff. JGG ebenfalls der Beschleunigung allgemeiner formeller Strafverfahren zugute kommen kann

d. Ergebnis

Das Argument, daß einer angeordneten Maßnahme nur dann die notwendige erzieherische Wirkung zukommt, wenn sie der Tat so bald wie möglich nachfolgt, welches als Begründung für das Bestehen der Rechtsmittelbeschränkung des § 55 JGG angeführt wird, ist als vertretbar anzuerkennen.

Es ist aber nach Möglichkeiten zu suchen, die zu einer Verkürzung der Dauer allgemeiner förmlicher Strafverfahren führen, da sich die durch die Vorschrift des § 55 JGG zu erzielenden positiven Wirkungen im Hinblick auf die Aufrechterhaltung des Sinnzusammenhangs zwischen Tatbegehung und nachfolgender strafrechtlicher Reaktion erst dann vollkommen entfalten können.

Eine vermehrte Anwendung der Einstellungsmöglichkeiten nach den §§ 45, 47 JGG sowie des vereinfachten Jugendverfahrens erscheint zudem sinnvoll.

Ein Verstoß der in § 55 JGG niedergelegten jugendstrafverfahrensrechtlichen Rechtsmittelbeschränkung gegen Art. 3 I GG unter dem Gesichtspunkt, daß durch diese Vorschrift auch andere als erzieherische Ziele verfolgt werden, ist nicht festzustellen.

2. Erzieherisch abträgliche Minderung der gerichtlichen/richterlichen Autorität und Einengung der pädagogischen Verantwortungsfreudigkeit des erstinstanzlichen Richters durch voneinander abweichende (Rechtsmittel-) Entscheidungen

Als weiterer Grund wird für das Bestehen der jugendstrafverfahrensrechtlichen Rechtsmittelbeschränkung angeführt, daß voneinander abweichende (Rechtsmittel-) Entscheidungen zu einer erzieherisch abträglichen Minderung der gerichtlichen Autorität führen können.[372] Teilweise wird nicht auf die gerichtliche Autorität im allgemeinen, sondern nur auf die Autorität des erstinstanzlichen Richters abgestellt.[373]

Es wird außerdem angenommen, daß die pädagogische Verantwortungsfreudigkeit des erstinstanzlichen Richters durch voneinander abweichende Entscheidungen leide, da der Jugendliche das Urteil als zunächst nur unverbindliche Vorentscheidung anzusehen brauche.[374]

a. Erzieherisch abträgliche Minderung der gerichtlichen/richterlichen Autorität durch voneinander abweichende (Rechtsmittel-) Entscheidungen

aa. Die gerichtliche/richterliche Autorität

Unter dem Begriff der Autorität, welcher von dem lateinischen Wort „auctoritas" (Ansehen, Vollmacht, Würde, Urheberschaft) abstammt, ist allgemein ein soziales Verhältnis zu verstehen, in dem die Macht, der Vorrang oder die Überlegenheit von Personen, Institutionen, Normen oder Kompetenzen als legitim anerkannt wird.

Diese Anerkennung beruht auf freiem Entschluß oder Einsicht in diese Legitimität. Aus diesem sozialen Verhältnis ergeben sich Loyalität, Vertrauen, sogar Unterordnung und Gehorsam gegenüber dem Träger oder den Trägern von Autorität.[375]

Nicht zu verwechseln mit dem Begriff der Autorität ist die Bezeichnung autoritär. Hierunter wird abwertend die Forderung nach unbedingtem Gehorsam sowie eine diktatorische Vorgehensweise verstanden.[376]

---

[372] so bereits im Rahmen des § 40 RJGG Peters, Werdendes Jugendstrafrecht, S.50;
vgl. BGH, NJW 1952, S.436 f. (S.436 f.);
Kaufmann, JZ 1958, S.9 ff. (S.11);
in dem E eines Gesetzes zur Änderung des RJGG, BT-Dr. 1/3264, wird dieses Argument für das Bestehen der Rechtsmittelbeschränkung hingegen nicht angeführt.

[373] Schaffstein/Beulke, Jugendstrafrecht, S.203;
vgl. Herz, Jugendstrafrecht, S.123, Herz ist zudem der Ansicht, daß die erzieherische Kraft des Urteils eingebüßt werde, wenn es stets vorläufigen Charakter habe;
Dallinger/Lackner, Komm.z.JGG (2. Aufl.), § 55 Rz.6, hier wird jedoch nur Bezug auf die Vorschrift des § 55 I JGG genommen;
so bereits auch OLG München MDR 1948, S.429 (S.429) für § 40 RJGG.

[374] Schaffstein/Beulke, Jugendstrafrecht, S.203.

[375] Brockhaus Enzyklopädie Bd.2, S.416.

[376] Brockhaus Enzyklopädie Bd.2, S.415.

Die im Jugendstrafverfahren zuständigen Richter und Gerichte sind Institutionen, die als Teil der staatlichen und öffentlichen Gewalt[377] eine durch Rechtsvorschriften umgrenzte Macht besitzen. Es ist des weiteren davon auszugehen, daß Richter und Gerichte grundsätzlich von Jugendlichen als legitim anerkannt werden.
Ob die Betroffenen den Richtern und Gerichten gegenüber Loyalität und Vertrauen entwickeln, erscheint hingegen fraglich.
Anders verhält es sich im Hinblick auf die Unterordnung und den Gehorsam gegenüber den Anordnungen der Richter und der Gerichte, denn die verurteilten jungen Täter werden diesen i.d.R. zunächst Folge leisten, selbst wenn sie danach erneut straffällig werden.
Dies mag darauf beruhen, daß sie die getroffenen Anordnungen akzeptieren und daher bereit sind, sich diesen unterzuordnen. In diesen Fällen liegt die Annahme nahe, daß die Betroffenen den Gerichten hinsichtlich der „richtigen" Auswahl einer Maßnahme ein gewisses Maß an Vertrauen entgegenbringen.
Die Befolgung der getroffenen Anordnungen wird aber häufig allein auf den Umstand zurückzuführen sein, daß die jungen Täter im Falle des Ungehorsams deren zwangsweise Durchsetzung befürchten.
Hiernach besäßen die im Jugendstrafverfahren zuständigen Richter und Gerichte Autorität.

Diese Autorität kann man auch als Amtsautorität bezeichnen[378], da sie aufgrund einer bestimmten Stellung verliehen wird.
Es ist aber zu beachten, daß für die tatsächliche Anerkennung der Amtsautorität erforderlich ist, daß die Inhaber des Amts nicht nur über die notwendigen Kenntnisse, sondern auch über die charakterlichen und intellektuellen Eigenschaften, die für die Ausübung des Amts erforderlich sind, verfügen.[379]
Grund hierfür ist, daß von der Amtsautorität die persönliche Autorität zu unterscheiden ist. Durch die persönliche Autorität erhält die Amtsautorität ihre eigentliche Legitimation, was in ganz besonderem Maße für die erzieherische Autorität angenommen wird.[380]
Etwas anderes könnte lediglich dann gelten, wenn dem Jugendrichter nur die Aufgabe zufiele, die staatliche Autorität als Wahrer der Rechtsordnung darzustellen und in Form der Strafe zu verifizieren, während die pädagogische Aufgabe allein den verschiedenen Vollzugsorganen zugeordnet würde.
Es ist jedoch davon auszugehen, daß bereits dem Jugendrichter die erste pädagogische Aufgabe zufällt.[381] Für diese Annahme spricht, daß der Erziehungsgedanke auch im Rahmen des Verfahrens Berücksichtigung findet.

---

377 vgl. Pieroth/Schlink, Grundrechte, Rz.179.
378 s. zu diesem Begriff Hammel, Autorität!?, S.89 ff.
379 Strohal in Lehner, Autorität-was ist das heute?, S.5 ff. (S.11).
380 vgl. Lückert in Geißler, Autorität und Freiheit, S.74 ff. (S.75).
381 vgl. hierzu Sach, RdJ 1969, S.298 ff. (S.298 f.).

Demnach ist die Amtsautorität neben den für das Amt erforderlichen Kenntnissen an die Vorbedingung der persönlichen Eignung und Neigung des Amtsträgers gebunden.[382]

(a) Voraussetzung für die Wirksamkeit der den Richtern und Gerichten zukommenden Autorität wäre somit zunächst, daß die zuständigen Personen neben der Beherrschung des anzuwendenden Rechts über weitere Kenntnisse verfügen, die für die Ausübung ihrer Tätigkeit von Bedeutung sind.
Nach § 37 JGG sollen die Richter der Jugendgerichte und die Jugendstaatsanwälte erzieherisch befähigt und in der Jugenderziehung erfahren sein.
In Nr. 3 der RiLi zu § 37 JGG findet sich im Hinblick auf die erzieherische Befähigung der Hinweis, daß für die Tätigkeit der Richter bei den Jugendgerichten und der Jugendstaatsanwälte Kenntnisse auf den Gebieten der Pädagogik, der Jugendpsychologie, der Jugendpsychiatrie, der Kriminologie und der Soziologie von besonderem Nutzen seien.
Die betreffenden Personen sollten daher für die Ausübung ihrer Tätigkeit über diese Kenntnisse verfügen.

§ 5 I DRiG hingegen enthält die Bestimmung, daß derjenige die Befähigung zum Richteramt erwirbt, der ein rechtswissenschaftliches Studium an einer Universität mit der ersten Staatsprüfung und einem anschließenden Vorbereitungsdienst mit der zweiten Staatsprüfung abgeschlossen hat.
Die Materie des Jugendstrafrechts gehört dabei nach den §§ 5 a und b DRiG weder zu den Pflichtfächern des Studiums an einer Universität, noch zu den Pflichtstationen im Rahmen des juristischen Vorbereitungsdiensts.
Es ist weiterhin zu beachten, daß § 37 JGG als bloße Ordnungsvorschrift eingestuft wird[383] und nach einem Urteil des Bundesgerichtshofs eine Verletzung des § 37 JGG nicht die Revision, sondern lediglich die Rüge, daß das Gericht mangels ausreichender eigener Erfahrung einen Sachverständigen auf dem Gebiet der Jugenderziehung hätte hinzuziehen müssen, zu begründen vermag.[384]
Hinsichtlich der RiLi zum JGG gilt, daß diese grundsätzlich nur den ohnehin weisungsgebundenen Staatsanwalt binden, soweit es sich um Verwaltungsanweisungen handelt[385], so daß hiernach die Beachtung der Nr. 3 der RiLi zu § 37 JGG durch die Praxis nicht zwingend ist.

Empirische Untersuchungen haben ergeben, daß der Großteil der Jugendrichter weder erzieherisch befähigt noch in der Jugenderziehung erfahren ist. Im Hinblick auf die erzieherische Befähigung ergibt sich diese Feststellung daraus, daß nur ein

---

[382] vgl. Hammel, Autorität!?, S.90 f.
[383] Brunner/Dölling, Komm.z.JGG, § 37 Rz.5 u. 11.
[384] BGH, MDR 1958, S.356 (S.356).
[385] Schaffstein/Beulke, Jugendstrafrecht, S.37 f.

geringer Anteil der Richter über Kenntnisse in den Bereichen der Pädagogik, der Jugendpsychologie, der Jugendpsychiatrie, der Kriminologie und der Soziologie verfügt.[386]
Hinsichtlich der Erfahrung in der Jugenderziehung gaben in der Untersuchung von Hauser nur 30 % der Jugendrichter an, daß sie über ausreichende praktische Erfahrungen in der Jugenderziehung verfügen. Die Mehrheit der befragten Jugendrichter geht keiner Betätigung in einem Verein nach, der Bezug zur Jugend hat.[387]
Aufgrund der mangelnden Umsetzung des § 37 JGG in die Praxis wird die Forderung erhoben, die Regelung des § 37 JGG als zwingende Vorschrift auszugestalten[388] und eine spezielle Ausbildung für die an den Jugendgerichten tätigen Richter einzurichten[389], da Jugendrichterwochen und Fortbildungskurse eine gründliche Ausbildung nicht ersetzen können.[390]
Unter Hinweis auf das DRiG, das von der gleichen Befähigung jedes Richters für alle Gerichtszweige ausgeht, wird von der h.M. eine weitergehende Spezialisierung, insbesondere der Jugendrichterausbildung mit der Konsequenz einer besonderen Jugendrichterprüfung, jedoch abgelehnt.[391] Dieser Auffassung scheint nach einer Untersuchung von Pommerening der überwiegende Teil der Jugendrichter zuzustimmen.[392]
Für die Forderung nach einer Umgestaltung des § 37 JGG in eine zwingende Vorschrift und der Einrichtung einer speziellen Ausbildung für die an den Jugendgerichten tätigen Richter spricht der Gedanke, daß die erforderlichen Kenntnisse und Erfahrungen bereits bei Amtsantritt vorhanden sein und nicht erst im Laufe der Berufsausübung erlangt werden sollten.
Für das Bedürfnis nach einer speziellen Ausbildung der Richter an den Jugendgerichten ist ebenfalls das Argument heranzuziehen, daß es gerade die aus er-

---

[386] Hauser, MschrKrim Bd.63 (1980), S.1 ff. (S.6)=Hauser, Der Jugendrichter-Idee und Wirklichkeit, S.21 ff;
Adam/Albrecht, H.-J./Pfeiffer, Ch., Jugendrichter und Jugendstaatsanwälte in der BRD, S.53 ff. u. S.145 f., hinsichtlich der Ausbildung während des Studiums.
[387] Hauser, MschrKrim Bd.63 (1980), S.1 ff. (S.6)=Hauser, Der Jugendrichter-Idee und Wirklichkeit, S.24.
[388] vgl. Böhm, A., Einführung in das Jugendstrafrecht, S.79 f.;
vgl. Müller-Dietz, MschrKrim Bd.58 (1975), S.1 ff. (S.16);
vgl. auch Hauber, ZfJ 1977, S.372 ff. (S.382).
[389] Eisenberg, Komm.z.JGG, § 37 Rz.7;
Pommerening, MschrKrim Bd.65 (1982), S.193 ff. (S.199);
Sach, RdJ 1969, S.298 ff. (S.301);
Jung, ZRP 1981, S.36 ff. (S.42).
[390] Sach, RdJ 1969, S.298 ff. (S.301).
[391] Brunner/Dölling, Komm.z.JGG, § 37 Rz.10;
Dallinger/Lackner, Komm.z.JGG (2. Aufl.), § 37 Rz.8;
Schaffstein/Beulke, Jugendstrafrecht, S.152.
[392] Pommerening, MschrKrim Bd.65 (1982), S.193 ff. (S.196).

zieherischen Gründen eingeschränkten Rechtsmittelmöglichkeiten unerträglich erscheinen lassen, sich bei der Bewältigung der Aufgaben des Richters auf die allgemeine Menschenkenntnis mit deren bekannten Schwächen zu verlassen.[393]
Es sollte somit nach Möglichkeiten gesucht werden, die eine spezielle Ausbildung für die in Jugendstrafsachen zuständigen Richter gewährleisten.

Hiernach ist davon auszugehen, daß die erforderlichen Kenntnisse für eine Tätigkeit als Richter an einem Jugendgericht im Hinblick auf § 37 JGG bei einem Großteil der Jugendrichter nicht vorliegen.
Aus diesem Grunde bestehen schon unter diesem Gesichtspunkt Bedenken an der Anerkennung der Amtsautorität der Richter und somit auch der Gerichte durch die jungen Täter.

(b) Hinsichtlich der Anerkennung der Amtsautorität im Rahmen der Erziehung wird ferner angenommen, daß die Amtsautorität ihre Berechtigung aus der persönlichen Autorität des jeweiligen Amtsträgers herleitet.
Diese setzt besondere charakterliche und intellektuelle Fähigkeiten im Hinblick auf die Arbeit mit Jugendlichen voraus.
Es stellt sich in diesem Zusammenhang die Frage, ob diese Voraussetzungen bei den im Jugendstrafverfahren zuständigen Richtern überhaupt vorliegen können, wenn bereits die Voraussetzungen des § 37 JGG nicht hinreichend erfüllt sind.

Für die Anerkennung der persönlichen Autorität wäre eine gewisse Neigung und Eignung der Richter erforderlich.
In Nr. 1 der RiLi zu § 37 JGG ist die Regelung niedergelegt, daß bei der Besetzung der Jugendgerichte in besonderem Maße auf die Eignung und Neigung der Richter Rücksicht genommen werden sollte.
Die Untersuchung von Hauser hat hingegen ergeben, daß nach Ansicht der meisten Jugendrichter auf diese Umstände wenig Rücksicht genommen und die Auswahl der Jugendrichter i.d.R. von den Zufällen der jeweiligen Geschäftsverteilungserfordernisse der Gerichte abhängig gemacht wird.[394]
Nach einer weiteren Untersuchung von Adam, Albrecht und Pfeiffer sind nur 42, 8 % der befragten Jugendrichter aufgrund eigener Bemühungen in ihre Position gelangt, bei 16, 3 % lag eine dienstliche Aufforderung vor und 40, 9 % haben ihren Einstieg in die Jugendrichter-Tätigkeit als „eher zufällig" beschrieben.[395]

---

[393] vgl. Hauber, ZfJ 1977, S.372 ff. (S.373).
[394] vgl. Hauser, MschrKrim Bd.63 (1980), S.1 ff. (S.6)=Hauser, Der Jugendrichter-Idee und Wirklichkeit, S.25 f.
[395] Adam/ Albrecht, H.-J./ Pfeiffer, Ch., Jugendrichter und Jugendstaatsanwälte in der BRD, S.33 u. S.142 f.

Es stellt sich weiterhin die Frage, wie eine besondere Eignung und Neigung für das Jugendrichteramt erworben werden kann, d. h., ob auch hierfür eine Spezialausbildung der Jugendrichter sinnvoll wäre.
Dem Erfordernis einer Spezialausbildung wird in diesem Zusammenhang entgegengehalten, daß die Eignung und Neigung ebensowenig wie die Liebe zur Jugend, Einfühlungsvermögen und Verantwortungsbewußtsein anerziehbar seien, sondern daß diese Faktoren als charakteristische Merkmale in der Persönlichkeit des Jugendrichters vorhanden sein müssen.[396]
Dieser Annahme ist jedoch entgegenzuhalten, daß selbst bei Einordnung der Merkmale der persönlichen Eignung und Neigung unter die Charaktereigenschaften, diese durch theoretisches Wissen fundiert werden müssen, um emotionell bedingten Improvisationen vorzubeugen.[397] Da aber der Großteil der im Jugendstrafverfahren tätigen Richter über keine ausreichenden spezifischen Kenntnisse verfügt, bestehen auch am Vorliegen der persönlichen Autorität der Richter Bedenken.
Aus diesem Grunde ist nochmals die Forderung nach einer konsequenteren Umsetzung des § 37 JGG in die Praxis zu erheben.

Ist trotz der festgestellten Bedenken von einer Anerkennung der Autorität der Richter und Gerichte im Hinblick auf deren erzieherische Wirksamkeit auszugehen oder wird auf eine stärkere Umsetzung des § 37 JGG in die Praxis abgestellt, so wäre weiter nach dem grundsätzlichen Verhältnis von Autorität und Erziehung zu fragen.
In diesem Teil der Arbeit wird nur auf die bei den Jugendgerichten tätigen Richter eingegangen. Die daraus gezogenen Schlüsse sind aber durchaus auf die anderen Akteure des Jugendstrafverfahrens übertragbar.[398]

bb. Das Verhältnis von Autorität und Erziehung

Für die Erläuterung des Problems, inwieweit sich eine Minderung der gerichtlichen bzw. richterlichen Autorität im erzieherischen Sinne negativ auswirken kann, ist das grundsätzliche Verhältnis von Autorität und Erziehung festzulegen.
Es stellt sich zunächst die Frage, ob Autorität im Rahmen von Erziehung erforderlich ist und ob das zuständige Gericht bzw. der zuständige Richter Autorität be-

---

[396] vgl. Sach, RdJ 1969, S.298 ff. (S.299 f.).
[397] vgl. Sach, RdJ 1969, S.298 ff. (S.300).
[398] vgl. Albrecht, P.-A., Jugendstrafrecht, § 39 C III 2;
s. hierzu vertiefend Albrecht, P.-A., Jugendstrafrecht, §§ 40 ff.;
sowie die Untersuchungen von Hauser, Der Jugendrichter-Idee und Wirklichkeit, S.21 ff.=Hauser, MschrKrim Bd.63 (1980), S.1 ff.;
Adam/Albrecht, H.-J./Pfeiffer, Ch., Jugendrichter und Jugendstaatsanwälte in der BRD, S.32 ff.

sitzen muß, damit die von ihm angeordneten Maßnahmen erzieherisch wirken können.[399]

(a) Im Bereich der Erziehungswissenschaften wird überwiegend die Annahme vertreten[400], daß wirksame Autorität entscheidend für jede Erziehung sei.[401]
Zu beachten ist in diesem Zusammenhang aber, daß das Erziehungsziel des Jugendstrafrechts von dem der Erziehungswissenschaften abweicht.
Die Erziehung nach dem JGG zielt darauf ab, den Täter von der Begehung weiterer Straftaten, vor allem der gleichen oder ähnlichen Art, abzuhalten.[402]
Nach den Erziehungswissenschaften besteht das Ziel der Erziehung hingegen in einem allgemeineren Sinne in der Hinleitung des Menschen zur Mündigkeit; er soll fähig werden, alle seine Kräfte und Möglichkeiten zu aktuieren und in seine Menschlichkeit hineinzufinden. Außerdem soll durch die Erziehung die Sozialisation , d.h. die Eingliederung der in Frage stehenden Person in die Gesellschaft, erreicht werden.[403]
Entsprechend dieser unterschiedlichen Zielsetzungen weichen die Erziehungsmethoden ebenfalls voneinander ab.
Trotz der bestehenden Abweichungen zwischen den Erziehungswissenschaften und dem Jugendstrafrecht ist dennoch davon auszugehen, daß auch zur Erziehung im Rahmen des Jugendkriminalrechts Autorität erforderlich ist. Die Erkenntnisse der Erziehungswissenschaften können auf den Bereich der Jugendstrafrechtspflege sinngemäß übertragen werden. Hierfür spricht, daß in beiden Bereichen Erziehung angestrebt wird und das allgemeinere Erziehungsziel der Erziehungswissenschaften letztlich auch die Hinleitung des jungen Menschen zur Achtung der Rechtsordnung umfaßt.

---

[399] zur allgemeinen Erforderlichkeit von Autorität der Richter und dessen Entstehung s. Pawlowski, Methodenlehre für Juristen, Rz.933 ff.
[400] vgl. Lummer in Bossle/Goldberg, Freiheit und Autorität als Grundlage der modernen Gesellschaft, S.45 ff. (S.49).
[401] Lichtenstein, Erziehung Autorität Verantwortung, S.15;
vgl. Hammel, Autorität!?, S.134;
vgl. auch Schmidt, G. R., in Türk, Autorität, S.175 ff. (S.186).
[402] BVerfGE 74, S.102 ff. (S.122)=BVerfG, NStZ 1987, S.275 f. (S.275);
DSS (Diemer), Komm.z.JGG, § 5 Rz.4, s. auch § 9 Rz.5;
Nothacker, „Erziehungsvorrang" und Gesetzesauslegung, S.377;
Ostendorf, Komm.z.JGG, Grdl. zu §§ 1-2 Rz.4;
Albrecht, P.-A., Jugendstrafrecht, § 9 II 2;
Schaffstein/Beulke, Jugendstrafrecht, S.3;
Balbier, DRiZ 1989, S.404 ff. (S.406);
Eisenberg, Komm.z.JGG, § 5 Rz.3, 4.
[403] vgl. Böhm, W., Wörterbuch der Pädagogik, S.157 f.;
vgl. auch Nothacker, „Erziehungsvorrang" und Gesetzesauslegung, S.65 ff;
es ist jedoch zu beachten, daß im Bereich der Erziehungswissenschaften die Bestimmung des Erziehungsbegriffs und des Erziehungsziels wie im Jugendstrafrecht umstritten ist, s. hierzu Beulke in Rössner, Toleranz-Erziehung-Strafe, S.65 ff. (S.65 f.).

Für die Annahme, daß im Rahmen der Erziehung nach dem JGG Autorität erforderlich ist, spricht auch der Gesichtspunkt, daß den Gerichten die Aufgabe zukommt, jugendlichen Straftätern zu verdeutlichen, daß die Gemeinschaft die von ihnen begangenen Rechtsbrüche nicht duldet.
Hierzu müssen sie den jungen Delinquenten den Sinn und Zweck der geltenden Normen verdeutlichen. Autoritätslosigkeit würde in diesem Zusammenhang bedeuten, mit dem Gefühl heranzuwachsen, daß es auf nichts wirklich ankomme.[404] Gerade im Hinblick auf jugendliche und heranwachsende Straftäter ist anzunehmen, daß diese einen Orientierungspunkt benötigen, da ihnen verständlich gemacht werden muß, daß die Begehung von Straftaten von der Gesellschaft nicht geduldet wird.
Es wird des weiteren davon ausgegangen, daß es sich für die Erziehung des jungen Menschen nachteilig auswirke, wenn dieser nicht die Sicherheit und Überlegenheit, d.h. die Autorität des Strafenden, hinter der Strafe spüre.[405] Durch bestehende Autorität wird zudem gesichert, daß die angeordneten Maßnahmen, die erzieherisch wirken sollen, befolgt werden.
Hiernach ist davon auszugehen, daß auch im Bereich der Erziehung nach dem JGG Autorität erforderlich ist.

(b) Es wird jedoch der Vorwurf erhoben, daß schon die autoritär ausgerichtete Kommunikationsstruktur der Hauptverhandlung die Anerkennung der persönlichen Autorität des Richters, die entscheidend im Rahmen der Erziehung sei, verhindere.[406]
Hierzu liegen jedoch keine verläßlichen Erhebungen vor. Lediglich in der Untersuchung von Hauser wurde festgestellt, daß die jungen Delinquenten die Vorgehensweise des Jugendrichters überwiegend nicht für partnerschaftlich, sondern für autoritär hielten. Dies galt vor allem für Mehrfachtäter.[407]
Aus dieser Feststellung kann aber nicht mit Sicherheit der Schluß gezogen werden, daß Jugendrichter die Hauptverhandlung grundsätzlich in einer autoritären Weise führen, und selbst, wenn dieses im Einzelfall zutreffend ist, daß die jungen Delinquenten die persönliche Autorität des Richters aus diesem Grunde nicht anerkennen können.
Der Grund für die Nichtanerkennung wäre in einem allgemeineren Sinne vielmehr darin zu suchen, daß viele in Jugendstrafsachen zuständige Richter nicht genügend erzieherisch befähigt sind und aus diesem Grunde nicht ausreichend auf den Jugendlichen und dessen Beweggründe für die Tat eingehen können.

---

[404] vgl. Schmidt, G. R., in Türk, Autorität, S.175 ff. (S.186).
[405] Kaufmann, JZ 1958, S.9 ff. (S.11).
[406] Eisenberg, JR 1987, S.485 ff. (S.488 f.).
[407] Hauser, Der Jugendrichter-Idee und Wirklichkeit, S.48 f.

Ein autoritäres Vorgehen der im Jugendstrafverfahren zuständigen Richter könnte lediglich im Hinblick auf die Entscheidungsfindung vorliegen, da der Richter eine Entscheidung fällt, auf die der Jugendliche hinsichtlich der angeordneten Rechtsfolge kaum Einfluß hat.
Diese Entscheidungsfindung zählt jedoch gerade zu den Aufgaben des Richters. Verfügt dieser über eine ausreichende erzieherische Befähigung, so ist es nicht ausgeschlossen, daß er eine passende Maßnahme für den Betroffenen anordnet.

(c) Schönfelder gibt weiterhin zu bedenken, daß emanzipatorisch wirksame Erziehungsvorgänge Handlungsfreiräume, kooperative Mitbeteiligung auch des schwächsten Glieds, gegenseitige Korrekturen und Lösungsmöglichkeiten voraussetzen, die nicht von vornherein festgelegt seien. Sie meint, daß aber all diese Voraussetzungen durch den prozessual vorgegebenen formalen Verfahrensablauf mit seinem starren Rollen- und Interaktionsschema entfallen. Unter dem Eindruck eines unüberwindbaren Autoritätsgefälles komme eine Kommunikation nicht zustande, mit deren Hilfe es allein gelingen könne, aus dem von Informationsbedürfnis einerseits, von Unsicherheit und Opportunitätserwägungen andererseits bestimmten Rede- und Antwortspiel ein problemorientiertes Gespräch werden zu lassen.
Weiter meint Schönfelder, dies gelte selbst für einen pädagogisch geschickten und einfühlsamen Richter, dem es gelinge, Ansätze zu einer wirklich kooperativen Auseinandersetzung in die Verhandlung einzubringen. Gerade die Zielorientierung der Verhandlung, die Fällung eines Urteils, setze einem erzieherischen Prozess im Sinne von Einsichtübernahme enge Grenzen[408], so daß die Hauptverhandlung ein erzieherisches Element nur in einem sehr begrenzten Rahmen zulasse.[409]

Hinsichtlich der vorerwähnten Annahme Schönfelders, daß unter dem Eindruck eines unüberwindbaren Autoritätsgefälles ein problemorientiertes Gespräch in der Verhandlung nicht zustandekommen könne, ist anzumerken, daß im Bereich der Erziehungswissenschaften nun gerade von dem Bedürfnis nach Autorität in der Erziehung ausgegangen wird.[410] Wichtig ist jedoch, daß die handelnde Person erzieherisch befähigt und in der Jugenderziehung erfahren ist, um die ihr zukommende Autorität sinnvoll nutzen zu können.
Es ist Schönfelder aber in dem Punkt zuzustimmen, daß selbst dem pädagogisch geschickten und einfühlsamen Richter in erzieherischer Hinsicht durch die diesem zukommende Entscheidungsaufgabe enge Grenzen gesetzt sind. Dem Richter steht nämlich i.d.R. nur relativ wenig Zeit zur Verfügung, in der er die Möglichkeit hat, den Jugendlichen erzieherisch zu beeinflussen. Hinzukommt, daß er dem jugend-

---

[408] Schönfelder, Z.Kinder-Jugendpsychiat. 1974 (Bd.2), S.128 ff. (S.130).
[409] Schönfelder, Z.Kinder-Jugendpsychiat. 1974 (Bd.2), S.128 ff. (S.131).
[410] Lichtenstein, Erziehung Autorität Verantwortung, S.15;
vgl. Hammel, Autorität!?, S.134;
vgl. auch Schmidt, G. R., in Türk, Autorität, S.175 ff. (S.186).

lichen Delinquenten in der Verhandlung häufig zum ersten Mal gegenübertritt, was seine Aufgabe noch erschwert.
In diesem Zusammenhang ist mit Beulke noch anzumerken, daß der Hauptteil der intendierten erzieherischen Einwirkung ohnehin nicht im Rahmen der Sanktionsverhängung, also im Rahmen der Verhandlung, sondern während der Vollstreckung der angeordneten Maßnahmen erfolgt.[411]

Selbst wenn hiernach nur ein geringer erzieherischer Einfluß auf den Jugendlichen in der Hauptverhandlung ausgeübt werden kann, was entsprechend für andere richterliche Entscheidungen gilt, so sollte dieser wenn auch geringe erzieherische Einfluß nicht vernachlässigt und versucht werden, diesen zu verstärken.[412]
Das Autoritätsgefälle müßte durch eine stärkere Spezialisierung der im Jugendstrafverfahren beteiligten Richter hinsichtlich der ihnen zustehenden Erziehungsaufgaben sinnvoll umgesetzt werden.
Es ist somit davon auszugehen, daß Autorität im Rahmen von Erziehung grundsätzlich erforderlich ist.

cc. Mögliche Minderung der Autorität in erzieherischer Hinsicht durch voneinander abweichende (Rechtsmittel-) Entscheidungen

Inwieweit nun eine vom Ersturteil abweichende (Rechtsmittel-) Entscheidung geeignet ist, die Autorität des erstinstanzlichen Richters in erzieherischer Hinsicht zu beeinträchtigen, bedarf der Erörterung.
Nach den dargestellten Ansichten wird auf die Gefahr einer Minderung der Autorität des erstinstanzlich zuständigen Richters bzw. auf die der gerichtlichen Autorität im allgemeinen durch voneinander abweichende (Rechtsmittel-) Entscheidungen abgestellt. Demzufolge sind die einzelnen Möglichkeiten, die zu einer Minderung der Autorität des erstinstanzlich zuständigen Richters bzw. des Gerichts im allgemeinen führen können im Hinblick auf § 55 I und II JGG zu erläutern.

Nach § 55 I JGG ist eine Entscheidung, in der lediglich Erziehungsmaßregeln, mit Ausnahme der Hilfe zur Erziehung nach § 12 Nr. 2 JGG, oder Zuchtmittel angeordnet oder die Auswahl und Anordnung von Erziehungsmaßregeln dem Vormundschaftsrichter überlassen sind, nicht wegen des Umfangs der Maßnahmen und nicht deshalb anfechtbar, weil andere oder weitere Erziehungsmaßregeln oder Zuchtmittel hätten angeordnet werden sollen oder weil die Auswahl und Anordnung der Erziehungsmaßregeln dem Vormundschaftsrichter überlassen worden sind. Demnach können derartige Entscheidungen nur ausnahmsweise im Hinblick auf den Schuldspruch sowie hinsichtlich einer möglichen Gesetzeswidrigkeit der

---

411 Beulke in Rössner, Toleranz-Erziehung-Strafe, S.65 ff. (S.74).
412 Schönfelder, Z.Kinder-Jugendpsychiat. 1974 (Bd.2), S.128 ff. (S.136 ff.) macht diesbezügliche Vorschläge in Bezug auf die Hauptverhandlung.

angeordneten Maßnahmen angefochten werden.[413] Der Staatsanwalt kann darüber hinaus einen Freispruch anfechten.[414]
In der Regel steht dieses Anfechtungsrecht aber nicht dem Angeklagten zu, es sei denn, daß gleichzeitig mit dem Freispruch Maßnahmen nach § 3 Satz 2 JGG angeordnet wurden, da der Angeklagte in diesen Fällen durch die Entscheidung nach § 3 Satz 1 JGG beschwert sein kann.[415]
Somit ist eine Entscheidung i.S.d. § 55 I JGG nur in Ausnahmefällen anfechtbar, so daß bei Zulassung der Berufung oder Revision gegen das Ersturteil unter Berücksichtigung des § 55 II JGG die Autorität des erstinstanzlichen zuständigen Richters bzw. des Gerichts sowie die Autorität des Rechtsmittelgerichts beeinträchtigt werden könnte.

Anders verhält es sich bei Entscheidungen, die nach § 55 II JGG nach Wahl des zur Rechtsmitteleinlegung Berechtigten entweder mit der Berufung oder der Revision angefochten werden können. In diesen Fällen kann es durch das Berufungs- bzw. Revisionsurteil zu einer dem Ersturteil gegenüber abweichenden Entscheidung kommen.
Die Gefahr einer Beeinträchtigung der gerichtlichen Autorität durch eine im Rechtsmittelverfahren ergehende Entscheidung, die vom Ersturteil abweicht, wird vom Gesetz bewußt in Kauf genommen, obwohl grundsätzlich angenommen wird, daß sich eine Minderung dieser Autorität in erzieherischer Hinsicht negativ auswirken könne.
Der Grund hierfür ist, daß es sich bei den Rechtsfolgen, deren allgemeine Anfechtbarkeit nicht durch § 55 I JGG ausgeschlossen wird, um eingriffsintensivere Maßnahmen, wie z.B. die Jugendstrafe nach § 17 JGG, handelt, so daß die erzieherische Wirksamkeit der gerichtlichen Autorität hinter Rechtsstaatsgesichtspunkten zurückzutreten hat.
Würden jedoch in Jugendstrafsachen, die in erster Instanz vom Jugendrichter bzw. vom Jugendschöffengericht entschieden wurden, i.S.d Vorschriften des allgemeinen Strafverfahrens Berufung und Revision zulässig sein, könnte neben der Autorität des erstinstanzlich zuständigen Gerichts bei Einlegung einer Berufung gegen das Ersturteil, ebenfalls die Autorität des Berufungsgerichts geschmälert werden.
Im Falle der Einlegung einer Revision bestünde darüber hinaus die Gefahr einer Minderung der Autorität des im Revisionsverfahren zuständigen Gerichts, wenn in den einzelnen Instanzen jeweils unterschiedliche Ansichten zu den Entscheidungen geäußert würden. Es wäre daher die Gefahr einer Aufhebung der allgemeinen gerichtlichen Autorität im Jugendstrafverfahren gegeben, wenn in jeder Instanz eine andere Entscheidung getroffen würde.

---

413 Eisenberg, Komm.z.JGG, § 55 Rz.46 u. 48.
414 BGHSt 16, S.374 ff. (S.384 f.), für das allgemeine Strafverfahrensrecht.
415 Dallinger/Lackner, Komm.z.JGG (2. Aufl.), § 55 Rz.15.

Somit ist festzuhalten, daß voneinander abweichende (Rechtsmittel-) Entscheidungen grundsätzlich die Gefahr in sich tragen können, zu einer Minderung der Autorität des erstinstanzlich zuständigen Richters sowie des Gerichts im allgemeinen zu führen.

Fraglich ist nun, ob durch voneinander abweichende (Rechtsmittel-) Entscheidungen eine Minderung der richterlichen bzw. gerichtlichen Autorität zu erwarten ist.
Teilweise wird angenommen, daß die Autorität des Richterspruchs bei dem Jugendlichen eine starke Erschütterung erleide, wenn der erste Spruch im Rechtsmittelverfahren aufgehoben werde.[416] Auf die Frage, wodurch es zu einer derartigen Erschütterung komme, wird hingegen nicht eingegangen.
Kaufmann geht davon aus, daß divergierende Entscheidungen in derselben Sache dem Erziehungsgedanken abträglich seien und betont, daß die Erziehung straffällig gewordener Jugendlicher ohnehin schon ein Problem darstelle. Die Erziehung werde aber gerade zur Unmöglichkeit, wenn die staatlichen Straforgane dem jugendlichen Delinquenten ein Bild der Unsicherheit und Uneinigkeit bieten.
Kaufmann vergleicht mit dieser Situation den Verlust der Autorität der Eltern, wenn diese vor ihren Kindern ihre Meinungsverschiedenheiten in Erziehungsfragen austragen. Gerade für die Erziehung des jungen Menschen wirke es sich nachteilig aus, wenn für diesen hinter der Strafe nicht die Sicherheit und Überlegenheit, eben die Autorität des Strafenden, spürbar werde.[417]
Eine Erschütterung der Autorität ist zudem denkbar, wenn der Jugendliche sieht, daß auch die im Jugendstrafverfahren zuständigen Richter und Gerichte Fehler machen und ungeeignete Entscheidungen treffen können.
Ostendorf gibt hiergegen zu bedenken, daß sich eine Korrektur des Ersturteils keineswegs erzieherisch negativ auswirken müsse. Eine solche Korrektur könne vielmehr verdeutlichen, daß auch Strafrichter fehlerhaft handeln können und ein rechtsstaaliches Verfahren erforderlich sei, um ungerechte Reaktionen auf Unrecht zu verhindern.[418] Dieser Einwand Ostendorfs mag zutreffend sein, wird aber leider nicht ausreichend begründet.
Voneinander abweichende (Rechtsmittel-) Entscheidungen könnten bei dem Jugendlichen außerdem den Eindruck erwecken, daß selbst die über ihn Urteilenden nicht wissen, welche für ihn die beste Maßnahme sei, so daß bei ihm ein Zustand der Verwirrung eintreten könnte. Es wird ihm zudem erschwert, einen Orientierungspunkt zu finden, wenn in einer Strafsache unterschiedliche Entscheidungen ergehen.

---

[416] Kümmerlein, DJustiz 1945, S.2 ff. (S.9); vgl. Herz, Jugendstrafrecht, S.123.
[417] Kaufmann, JZ 1958, S.9 ff. (S.11).
[418] Ostendorf, Komm.z.JGG, § 55 Rz.25.

Allein nach diesen Argumenten besteht objektiv betrachtet die Gefahr einer Minderung der gerichtlichen Autorität durch voneinander abweichende (Rechtsmittel-) Entscheidungen. Ob eine derartige Gefahr tatsächlich in der Praxis besteht, müßte durch nähere Untersuchungen erforscht werden.

dd. Zwischenergebnis

Es können keine Argumente gegen die Annahme, daß voneinander abweichende (Rechtsmittel-) Entscheidungen zu einer erzieherisch abträglichen Minderung der gerichtlichen Autorität führen können, erhoben werden.

Demzufolge ist von einer Minderung der Autorität in solchen Fällen auszugehen. Dies setzt allerdings voraus, daß Jugendrichter tatsächlich erzieherisch befähigt und in der Jugenderziehung erfahren sind, daß also die Forderung des § 37 JGG konsequenter in die Praxis umgesetzt wird.

b. Einengung der pädagogischen Verantwortungsfreudigkeit des erstinstanzlichen Richters

Es wird ferner angenommen, daß die pädagogische Verantwortungsfreudigkeit des erstinstanzlich zuständigen Richters durch voneinander abweichende Entscheidungen leide, da der Jugendliche das Urteil als zunächst nur unverbindliche Vorentscheidung anzusehen brauche.[419]

Es ist durchaus nicht auszuschließen, daß die pädagogische Verantwortungsfreudigkeit des zuständigen Richters leidet, wenn dieser davon auszugehen hat, daß sein Urteil ohnehin angefochten wird. Eine solche Reaktion ist aber nicht als Begründung für das Bestehen der in § 55 JGG niedergelegten Rechtsmittelbeschränkung anzuerkennen, da der Richter trotz einer möglichen Anfechtung seiner Entscheidung in gleichem Maße verpflichtet ist, pädagogisch vorzugehen, als wenn seine Entscheidung als endgültige anzusehen wäre.

Gerade bei Richtern, die für ihren Beruf geeignet erscheinen und die diesen unter hohem persönlichen Einsatz ausüben, wird die Gefahr eines derartigen Verhaltens gering sein.

Zu beachten ist außerdem, daß nach § 55 II JGG grundsätzlich die Einlegung eines Rechtsmittels möglich ist, so daß in diesen Fällen die pädagogische Verantwortungsfreudigkeit des erstinstanzlich zuständigen Richters immer geschmälert werden müßte. Da es sich bei den nach § 55 II JGG anfechtbaren Rechtsfolgen aber grundsätzlich um einschneidendere Rechtsfolgen handelt als bei den in § 55 I JGG genannten, erschiene eine weniger starke pädagogische Verantwortungsfreudigkeit des zuständigen Richters als besonders bedenklich.

Des weiteren müßten nach diesem Argument die Rechtsmittel grundsätzlich, also auch im allgemeinen Strafverfahren, in Frage gestellt werden; zwar nicht wie im Jugendstrafverfahren unter dem Gesichtspunkt der Einschränkung der pädago-

---

[419] Schaffstein/Beulke, Jugendstrafrecht, S.203.

gischen Verantwortungsfreudigkeit, sondern im Hinblick auf die gewissenhafte Anwendung des Gesetzes.
Somit ist dieses Argument, welches für das Bestehen der Rechtsmittelbeschränkung nach § 55 JGG angeführt wird, abzulehnen.

c. Ergebnis
Das Argument, daß voneinander abweichende (Rechtsmittel-) Entscheidungen die Gefahr in sich tragen, zu einer erzieherisch abträglichen Minderung der gerichtlichen/richterlichen Autorität zu führen, ist grundsätzlich anzuerkennen. Es ist jedoch die Forderung nach einer stärkeren Umsetzung der Voraussetzungen des § 37 JGG in die Praxis zu erheben.
Nicht anzuerkennen ist hingegen die Ansicht, daß voneinander abweichende Entscheidungen zu einer Einengung der pädagogischen Verantwortungsfreudigkeit des erstinstanzlichen Richters führen und aus diesem Grunde eine Beschränkung der Rechtsmittel erforderlich sei.

3. Geringeres praktisches Bedürfnis an einer erneuten Überprüfung durch höhere Instanzen in Jugendstrafsachen
Für das Bestehen der jugendstrafverfahrensrechtlichen Rechtsmittelbeschränkung wird weiterhin das Argument angeführt, daß in Jugendstrafsachen das praktische Bedürfnis an einer erneuten Überprüfung einer Entscheidung durch höhere Instanzen geringer als in allgemeinen Strafsachen sei.
Diese Annahme wird damit begründet, daß gerade Jugendliche häufiger ein Geständnis ablegen, so daß meist weniger Beweisschwierigkeiten bestehen als in Verfahren gegen Erwachsene. Zudem seien die von Jugendlichen begangenen Straftaten meist weniger kompliziert.[420]
Ferner wird darauf hingewiesen, daß selbst im Jugendstrafrecht die Möglichkeit einer falschen Entscheidung zwar nie ausgeschlossen sei, daß allerdings auch die Gewährung einer zweiten und dritten Instanz keine 100 % ige Sicherheit biete.[421]

Es ist davon auszugehen, daß bei Jugendlichen und Heranwachsenden eine „bemerkenswerte Geständnisfreudigkeit“[422] gegeben ist. Nach der Untersuchung von Hauser legten 82 % der jungen Straftäter ein Geständnis ab.[423]
Weiterhin ist anzunehmen, daß die Straftaten Jugendlicher i.d.R. weniger kompliziert als die Straftaten Erwachsener sind, so daß sie leichter überführt werden kön-

---

[420] Dallinger/Lackner, Komm.z.JGG (2. Aufl.), § 55 Rz.2 führt diese Überlegung für § 55 I und II JGG mit Verweis auf Middendorf, ZfJ 1952, S.70 ff. (S.71) an, dessen Aufsatz sich auf § 40 RJGG bezieht.
[421] Middendorf, ZfJ 1952, S.70 ff. (S.71).
[422] vgl. Bertram, MschrKrim Bd.51 (1968), S.285 ff. (S.287).
[423] Hauser, Der Jugendrichter-Idee und Wirklichkeit, S.221;
s. zur Geständnisbereitschaft Jugendlicher gegenüber der Jugendgerichtshilfe Momberg, MschrKrim Bd.65 (1982), S.65 ff. (S.79 Fn.51).

nen. Dieser Umstand mag darauf zurückzuführen sein, daß Jugendliche ihre Straftaten zumeist spontan, ungeplant, impulsiv und aus momentanen Stimmungen und Stimmungsschwankungen heraus begehen, so daß diese häufig nur äußerlich Vorbildern professioneller Verbrechen ähneln.[424]
Im Hinblick auf die Geständnisbereitschaft Jugendlicher ist aber zu berücksichtigen, daß die häufig mangelnde Verläßlichkeit der Geständnisse als Fehlerquelle im Strafverfahren erkannt wurde.[425] Die vielfältigen Ursachen hierfür wurden untersucht[426], auch hinsichtlich wahrheitswidrig abgelegter Geständnisse Jugendlicher.[427]
Unter diesem Gesichtspunkt kann nicht davon ausgegangen werden, daß in Jugendstrafsachen ein geringeres praktisches Bedürfnis an einer erneuten Überprüfung einer Entscheidung durch eine höhere Instanz besteht. Gegen eine derartige Annahme spricht des weiteren die Überlegung, daß ein Jugendlicher unter Umständen sein wahrheitswidrig abgelegtes Geständnis womöglich erst nach Abschluß des erstinstanzlichen Verfahrens widerruft.
Auch die Erkenntnis, daß die Straftaten Jugendlicher als weniger kompliziert einzustufen sind, vermag das Bestehen der Rechtsmittelbeschränkung des § 55 JGG nicht zu legitimieren, da andererseits das Eingehen auf die Erziehungsbedürfnisse um so schwieriger erscheint.
Zu beachten ist in diesem Zusammenhang noch, daß im Rahmen der Erläuterung des Problems, ob durch die Rechtsmittelbeschränkung des § 55 JGG verfahrensökonomische Ziele verfolgt werden, erwähnt wurde, daß ein sachlicher Grund für die Ungleichbehandlung Jugendlicher und Erwachsener im Falle der Bestätigung dieser Frage nicht vorläge, da § 55 JGG mit erzieherischen Belangen der Beschleunigung begründet wird.
Das Bestehen dieser Vorschrift kann also allein mit erzieherischen Gesichtspunkten gerechtfertigt werden, so daß das Argument, daß in Jugendstrafsachen ein geringeres Bedürfnis an der Überprüfung einer Entscheidung durch höhere Instanzen gegeben sei, nicht ausreicht, um das Bestehen der Vorschrift des § 55 JGG zu rechtfertigen.
Es handelt sich bei diesem Argument zwar nicht direkt um ein solches verfahrensökonomischer Art, es läuft aber letztendlich in dieselbe Richtung.
Gegenüber dem Hinweis, daß auch die Gewährung einer zweiten und dritten Instanz keine 100 % - ige Absicherung gegen eine Fehlentscheidung biete, ist hervorzuheben, daß es sich hierbei um kein speziell jugendstrafverfahrensrechtliches, sondern vielmehr um ein allgemeines strafverfahrensrechtliches Problem handelt.
Aus diesen Gründen ist auf das Argument, daß in Jugendstrafsachen ein geringeres praktisches Bedürfnis an einer erneuten Überprüfung einer Entscheidung durch höhere Instanzen bestehe, nicht weiter einzugehen.

---

[424] vgl. KKW (Kreuzer), S.182 ff. (S.189), Stichwort Jugendkriminalität.
[425] vgl. Peters, Fehlerquellen im Strafprozeß Bd.1, S.516.
[426] s. hierzu Lange, Fehlerquellen im Ermittlungsverfahren, S.90 ff.
[427] s. hierzu Schlothauer, StVert 1981, S.39 ff. (S.40 f.);
Dauner, Stutte-Festschrift, S.3 ff. (S.3 ff.).

4. Effektive Berücksichtigung der Erziehungsbedürfnisse junger Straffälliger durch den erstinstanzlich zuständigen Richter (§ 55 I JGG)

Neben den allgemeinen Gesichtspunkten, die das Bestehen der Rechtsmittelbeschränkung des § 55 JGG legitimieren sollen, wird die in § 55 I JGG niedergelegte sachliche Rechtsmittelbeschränkung zusätzlich auf die Annahme zurückgeführt, daß der erstinstanzliche Richter den Erziehungsbedürfnissen am besten Rechnung tragen könne.[428]

a. Häufiger Umgang mit Jugendlichen

Kaufmann führt diese Annahme bei der Zuständigkeit des Jugendrichters und des Jugendschöffengerichts darauf zurück, daß diese einen ständigen Umgang mit Jugendlichen haben.[429]

aa. Ein Blick in die Staatsanwaltschaftsstatistik zeigt, daß im Jahre 1994 140609 Anklagen beim Jugendrichter, 35605 Anklagen beim Jugendschöffengericht und 1756 Anklagen bei der Jugendkammer erfolgten.[430]

Aus den Zahlen wird deutlich, daß die Jugendrichter als Einzelrichter mit Abstand den größten Anteil der Jugendstrafsachen bearbeiten und erstinstanzlich in der Regel die Jugendgerichte an den Amtsgerichten, also der Jugendrichter oder das Jugendschöffengericht, zuständig sind. Die Zuständigkeit der Jugendkammer in erster Instanz wird hingegen weitaus seltener begründet. Dies gilt in noch stärkerem Maße für die erstinstanzliche Zuständigkeit der Oberlandesgerichte, da die Straftaten, die zu ihrem Zuständigkeitsbereich gehören, nur äußerst selten von Jugendlichen verwirklicht werden.[431]

In ihrer Funktion als Berufungsinstanz erledigten die Jugendkammern im Jahre 1994 6205 Verfahren, wobei sich 2338 Berufungen gegen Urteile der Jugendrichter und 3887 gegen Urteile der Jugendschöffengerichte richteten.[432] Die Oberlandesgerichte erledigten 1994 die Anzahl von 141 Revisionen, von denen sich 22 gegen Urteile der Jugendrichter, 33 gegen Urteile der Jugendschöffengerichte und 86 Revisionen gegen Urteile der Jugendkammern richteten.[433] Der Anteil der Revisionsverfahren des Bundesgerichtshofs gegen Urteile der Jugendkammern wird in der Statistik der Strafgerichte des Statistischen Bundesamts nicht gesondert ausgewiesen, ist aber als sehr gering zu veranschlagen.

---

[428] so bereits Peters, Komm.z.JGG (1. Aufl.), § 35 Anm.1, im Rahmen des JGG von 1923;
BGH, NJW 1952, S.436 f. (S.436 f.) bezüglich § 40 RJGG;
vgl. Böhm, A., Einführung in das Jugendstrafrecht, S.92;
vgl. Kaufmann, JZ 1958, S.9 ff. (S.13).

[429] vgl. Kaufmann, JZ 1958, S.9 ff. (S.13).

[430] Statistisches Bundesamt Wiesbaden, Staatsanwaltschaften 1994, S.14.

[431] s. hierzu Statistisches Bundesamt Wiesbaden, Strafverfolgung 1994, S.246 f.

[432] s. Statistisches Bundesamt Wiesbaden, Strafgerichte 1994, S.58 f.

[433] s. Statistisches Bundesamt, Strafgerichte 1994, S.90 f.

Hieraus folgt, daß die Jugendkammern bei den Landgerichten gegenüber den Oberlandesgerichten und dem Bundesgerichtshof häufiger in der Rechtsmittelinstanz tätig werden. Dies wird insbesondere darauf zurückzuführen sein, daß im Rahmen der Revision bei den Oberlandesgerichten und dem Bundesgerichtshof lediglich eine rechtliche Überprüfung des Urteils vorgenommen wird. Demgegenüber führt die Berufung, über die die Jugendkammern entscheiden, zu einer Prüfung des Urteils in tatsächlicher und rechtlicher Hinsicht.
Addiert man die im Jahre 1994 erhobenen Anklagen bei den Jugendkammern zu den von diesen als Berufungsgericht erledigten Jugendstrafsachen, so ergibt sich, daß die Jugendkammern einen Anteil von 7961 an Jugendstrafsachen bearbeiteten. Im Vergleich zu den Zahlen der erhobenen Anklagen bei den Jugendrichtern und den Jugendschöffengerichten ist dieser Anteil als gering anzusehen. Für die Oberlandesgerichte und den Bundesgerichtshof ergibt sich ein sehr niedriger Geschäftsanfall an Jugendstrafsachen.
Es ist somit ist festzuhalten, daß die Jugendrichter und die Jugendschöffengerichte den weitaus stärksten Umgang mit Jugendlichen haben.

In diesem Zusammenhang ist allerdings auf die Untersuchung von Adam/Albrecht/Pfeiffer hinzuweisen, in der festgestellt wurde, daß nur 38 % der Jugendrichter angaben, zu 95-100 % mit Jugendstrafsachen befaßt zu sein. 12, 7 % der befragten Jugendrichter stuften den von ihnen zu bearbeitenden Anteil an Jugendsachen mit 76-94 %, 16, 5 % mit 51-75 % und 32, 8 % mit lediglich 10-50 % ein.[434]
Zu ähnlichen Ergebnissen kam Pommerening in ihrer Befragung von Jugendrichtern: 38 % übten ausschließlich, also zu 100 % ihre Tätigkeit aus, 21 % nahmen hauptsächlich (zu 60-90 %) jugendrichterliche Aufgaben wahr und für 10 % der Jugendrichter bestand 50 % des Geschäftsanfalls in jugendrichterlichen Aufgaben. Bei den übrigen Jugendrichtern lag der Anteil zwischen 20 und 45 %. Nur ein Jugendrichter gab lediglich 5 % seiner Tätigkeit als jugendrichterliche Aufgaben an.[435]
Diese Ergebnisse zeigen, daß sich trotz des hohen Geschäftsanfalls an Jugendstrafsachen bei den Jugendrichtern und den Jugendschöffengerichten nur wenige Jugendrichter ausschließlich mit Jugendstrafsachen beschäftigen. Daher widersprechen sie der mit § 37 JGG verknüpften Zielvorstellung von Praxis und Lehre hinsichtlich einer Spezialisierung der Jugendrichter auf jugendstrafrechtliche Aufgaben.[436]
Für die Spezialisierung der Jugendkammern auf jugendstrafrechtliche Aufgaben liegen keine diesbezüglichen Erhebungen vor. Es ist aber davon auszugehen, daß sich bei diesen eher ein negativeres Bild ergäbe. Dies wird besonders für die Revi-

---

434 Adam/Albrecht, H.-J./Pfeiffer, Ch., Jugendrichter und Jugendstaatsanwälte in der BRD,S.44 f.
435 Pommerening, MschrKrim Bd.65 (1982), S.193 ff. (S.194).
436 Adam/Albrecht, H.-J./Pfeiffer, Ch., Jugendrichter und Jugendstaatsanwälte in der BRD, S.44.

sionsinstanz gelten, da das JGG für diese keine Jugendgerichte vorsieht, so daß die für allgemeine Strafsachen zuständigen Senate der Oberlandesgerichte und des Bundesgerichtshofs in Jugendstrafsachen entscheiden.
Trotz dieser Zahlen wird deutlich, daß die Jugendrichter und die Jugendschöffengerichte i.d.R. einen häufigeren Umgang mit Jugendlichen haben als die Jugendkammern sowie die Senate der Oberlandesgerichte und des Bundesgerichtshofs. Hinzu kommt, daß die Jugendrichter gem. § 34 II 1 JGG nach Möglichkeit zugleich auch Vormundschaftsrichter[437] sein sollen und ihnen daneben noch weitere Aufgaben zukommen.[438]

bb. Ein häufiger Umgang mit jugendlichen Straftätern kann sicherlich dazu beitragen, besser auf die Erziehungsbedürfnisse der Jugendlichen eingehen zu können.
Für diese Überlegung spricht, daß durch einen häufigen Umgang Erfahrungen darüber gesammelt werden können, wie man am besten Zugang zu den Jugendlichen findet und dementsprechend Gespräche mit diesen führen sollte.
Im Hinblick auf die Vorschrift des § 55 I JGG, nach der die Anfechtung einer Entscheidung, in der lediglich Erziehungsmaßregeln (mit Ausnahme der Hilfe zur Erziehung nach § 12 Nr. 2 JGG) oder Zuchtmittel angeordnet sind, grundsätzlich ausgeschlossen ist, ist weiterhin zu bedenken, daß es sich bei der Anordnung dieser Rechtsfolgen um einen typischen Aufgabenbereich des Jugendrichters handelt.
Nach § 39 I 1 JGG ist der Jugendrichter nämlich zuständig für Verfehlungen Jugendlicher, wenn nur Erziehungsmaßregeln oder Zuchtmittel zu erwarten sind und der Staatsanwalt Anklage beim Strafrichter erhebt.
Aus diesem Grunde verfügt der Jugendrichter über eine größere Erfahrung hinsichtlich der Anordnung dieser Rechtsfolgen, so daß nicht auszuschließen ist, daß er bei Anordnung dieser Rechtsfolgen besser auf die Erziehungsbelange des jungen Delinquenten einzugehen vermag. Dies wird auch für das Jugendschöffengericht und unter wesentlichen Einschränkungen auch für die Jugendkammer gelten.

Zu beachten ist aber, daß bei der Erörterung einer möglichen Minderung der richterlichen Autorität durch voneinander abweichende (Rechtsmittel-) Entscheidungen darauf eingegangen wurde, daß die stärkere Umsetzung des § 37 JGG durch geeignete Aus- und Fortbildungsprogramme erforderlich ist, damit die Richter erzieherisch wirksam auf straffällig gewordene Jugendliche eingehen können.[439]
Ein häufiger Umgang mit Jugendlichen ist allein nicht ausreichend, um auf diese in erwünschtem Maße erzieherisch einwirken zu können. Demzufolge ist die An-

---

[437] Die Untersuchung von Adam/Albrecht, H.-J./Pfeiffer, Ch., Jugendrichter und Jugendstaatsanwälte in der BRD, S.29 f., ergab jedoch, daß von 341 befragten Jugendrichtern nur 31, 5 % zugleich als Vormundschaftsrichter eingesetzt wurden;
zu einer Änderung der Vorschrift des § 34 II JGG s. Fn.3.
[438] zu den weiteren Aufgabenbereichen des Jugendrichters s. Schaffstein/Beulke, Jugendstrafrecht, S.152 ff.
[439] s.o. D I 2 a.

nahme Kaufmanns, daß die Jugendgerichte an den Amtsgerichten besser auf die Erziehungsbelange der Jugendlichen einzugehen vermögen, weil sie einen häufigeren Umgang mit Jugendlichen haben, nur insoweit anzuerkennen, als ein häufiger Umgang mit Jugendlichen förderlich ist, um auf die Belange der Jugendlichen besser eingehen zu können.
Erforderlich ist aber eine weitere Spezialisierung der an den Jugendgerichten tätigen Richter auf die Bearbeitung von Jugendstrafsachen sowie die konsequente Umsetzung des § 37 JGG in die Praxis. Erst dann wäre der Annahme Kaufmanns uneingeschränkt zuzustimmen.

b. Berücksichtigung der Entwicklungsphase Jugendlicher

Für das Argument, daß der erstinstanzlich zuständige Richter den Erziehungsbedürfnissen des Jugendlichen am besten Rechnung tragen könne, ist vielmehr sinngemäß die im Rahmen jugendspezifischer Verfahrensbeschleunigung erläuterte Überlegung heranzuziehen, daß sich der Jugendliche in der Adoleszenz als einer Phase psychischer Entwicklungen befindet. Aus diesem Grunde ist eine möglichst unmittelbar nachfolgende Reaktion auf den von ihm begangenen Rechtsbruch in erzieherischer Hinsicht erforderlich. Folgt die strafrechtliche Reaktion der Tat des Jugendlichen erst wesentlich später nach, so wächst die Gefahr, daß sich dieser weiterentwickelt, d.h. auch wegentwickelt hat, so daß die Tat praktisch von einer anderen Persönlichkeit begangen worden ist und eine wesentlich später nachfolgende strafrechtliche Reaktion im gewissen Sinne den Falschen trifft.[440]
Für die Heranziehung dieser Erkenntnis spricht, daß der erstinstanzlich zuständige Richter die Möglichkeit hat, schneller als das Rechtsmittelgericht nach der Straftatbegehung auf den Jugendlichen einzugehen und die Erziehungsdefizite, die in der Tat hervorgetreten sind, festzustellen.
Allerdings ist auch an dieser Stelle nochmals darauf hinzuweisen, daß häufig schon zwischen Tatbegehung und Verhandlung mehrere Wochen verstreichen, so daß selbst der erzieherischen Einwirkungsmöglichkeit des erstinstanzlich zuständigen Richters auf den Jugendlichen enge Grenzen gesetzt sind.[441]
Dieser Umstand ist besonders für den Anwendungsbereich der Anordnung von Erziehungmaßregeln von Bedeutung, da diese nach § 5 I JGG „aus Anlaß der Straftat eines Jugendlichen" angeordnet werden können, d.h. daß in der Straftat ein Erziehungsmangel zum Ausdruck gekommen sein muß,[442] auf den durch die strafrechtliche Reaktion eingegangen werden soll.
Folgt die Verhandlung der Tat nun wesentlich später nach, so besteht die Wahrscheinlichkeit, daß sich der Jugendliche weiterentwickelt hat und der in der Straftat gezeigte Erziehungsmangel ebenfalls nicht mehr in der zur Zeit der Tat vorliegen-

[440] s.o. D I 1 c bb (2).
[441] s. hierzu die Untersuchungen von Heinz/Hügel (Heinz), Erzieherische Maßnahmen im deutschen Jugendstrafrecht, S.57 ff.
[442] Eisenberg, Komm.z.JGG, § 5 Rz.24.

den Ausprägung gegeben ist, so daß auf den Jugendlichen nicht mehr in erziehungsgemäßer Form eingegangen werden kann.
Dies gilt sinngemäß auch für die Zuchtmittel, selbst wenn diese neben dem Ziel der Erziehung die Tat nach §§ 5 II, 13 I JGG ahnden sollen, sowie für die Jugendstrafe.

c. Ergebnis
Es ist davon auszugehen, daß der erstinstanzlich zuständige Richter den Erziehungsbedürfnissen des Jugendlichen am besten Rechnung tragen kann, da dieser die Möglichkeit hat, früher als die Rechtsmittelgerichte auf die Erziehungsbedürfnisse Jugendlicher einzugehen. Der Jugendrichter und das Jugendschöffengericht haben zudem einen häufigeren Umgang mit Jugendlichen. Hierdurch wird ihnen die Möglichkeit einer Spezialisierung auf Jugendstrafsachen eröffnet, so daß sie besser auf die jungen Menschen einzugehen vermögen.
Es ist aber auch in diesem Zusammenhang die Forderung nach einer stärkeren Umsetzung des § 37 JGG in die Praxis zu erheben, da allein der häufige Umgang mit Jugendlichen nicht genügt, um eine ausreichende erzieherische Befähigung und Erfahrung in der Jugenderziehung zu erlangen.

5. Zusammenfassung
Die in § 55 JGG niedergelegte Rechtsmittelbeschränkung ist unter dem Gesichtspunkt, daß im Jugendstrafverfahren eine besondere Beschleunigung des Verfahrens erforderlich ist, damit die erzieherische Wirkung der angeordneten Maßnahmen erhalten bleibt, als sinnvolle Regelung anzusehen.
Für diese Annahme sprechen die Erörterungen zu den entwicklungspsychologischen Forschungen, zu den Bewältigungsstrategien sowie der experimentell psychologische Befund von Solomon, nach dem die Bestrafung direkt bei Beginn einer Verhaltensweise deren Ausführung vollständig hemmt, nach Abschluß der Handlung etwas an Wirkung verliert und mit weiterem Zeitablauf mehr und mehr an Wirksamkeit einbüßt.
Da sich die allgemeinen förmlichen Strafverfahren aber häufig über einen Zeitraum von mehreren Monaten erstrecken, ist die durch § 55 JGG zu erzielende erzieherisch wirkende Verfahrensbeschleunigung gefährdet.
Dennoch erscheint die jugendstrafverfahrensrechtliche Rechtsmittelbeschränkung geeignet, wenigstens einer weiteren Verzögerung des Verfahrens durch die Einlegung von Rechtsmitteln entgegenzuwirken.
Damit die durch § 55 JGG zu erzielenden positiven Wirkungen aber in sinnvoller Weise umgesetzt werden können, ist nach Möglichkeiten zu suchen, die eine Beschleunigung der allgemeinen formellen Strafverfahren gewährleisten.
Das vereinfachte Jugendverfahren nach den §§ 76 ff. JGG sollte häufiger zur Anwendung gelangen. Das gleiche gilt für die Einstellungsmöglichkeiten nach den §§ 45, 47 JGG, auch wenn im Rahmen dieser Erledigungsart die Rechtsmittelbeschränkung des § 55 JGG nicht zur Anwendung gelangt. Hierfür spricht die Über-

legung, daß diese Verfahrensgestaltungen dem Bedürfnis nach einer jugendspezifischen Beschleunigung entsprechen.
Gleichzeitig könnte eine häufigere Anwendung der §§ 76 ff. und der §§ 45, 47 JGG auch der Beschleunigung allgemeiner förmlicher Strafverfahren zugute kommen.
Ein Verstoß des § 55 JGG gegen den Gleichheitssatz des Art. 3 I GG wegen der Verfolgung anderer als erzieherischer Ziele konnte nicht festgestellt werden.

Auch der Umstand, daß voneinander abweichende (Rechtsmittel-) Entscheidungen zu einer erzieherisch abträglichen Minderung der gerichtlichen Autorität führen können, spricht für das Bestehen der Rechtsmittelbeschränkung des § 55 JGG.
In diesem Zusammenhang ist aber die Forderung nach einer stärkeren Umsetzung der Voraussetzungen des § 37 JGG in die Praxis zu erheben.
Nicht anzuerkennen ist hingegen das Argument, daß durch voneinander abweichende (Rechtsmittel-) Entscheidungen außerdem eine Einengung der pädagogischen Verantwortungsfreudigkeit des erstinstanzlich zuständigen Richters zu erwarten sei.
Das gleiche gilt für die Annahme, daß in Jugendstrafsachen ein geringeres Bedürfnis an einer erneuten Überprüfung einer Entscheidung durch höhere Instanzen bestehe.

Das speziell für § 55 I JGG bestehende Argument, daß der erstinstanzlich zuständige Richter den Erziehungsbedürfnissen am besten Rechnung tragen kann, da dieser die Möglichkeit hat, früher als die Rechtsmittelgerichte auf die Erziehungsbedürfnisse des Jugendlichen einzugehen, spricht für das Bestehen der sachlichen Rechtsmittelbeschränkung.
Ein häufiger Umgang mit Jugendlichen erleichtert zudem das Eingehen auf die Bedürfnisse dieser Tätergruppe.
Es ist aber, wie im Rahmen der Erläuterungen zu der Anerkennung der richterlichen Autorität, die Forderung nach einer stärkeren Umsetzung des § 37 JGG in die Praxis zu erheben, da allein der häufige Umgang mit straffälligen Jugendlichen und Heranwachsenden nicht für die Aneignung der erforderlichen erzieherischen Befähigung und Erfahrung in der Jugenderziehung ausreicht.

II. Die gesetzliche Regelung der in § 55 JGG niedergelegten jugendstrafverfahrensrechtlichen Rechtsmittelbeschränkung

Unter Berücksichtigung der erhobenen Einwände ist die Rechtsmittelbeschränkung des § 55 JGG entsprechend ihrer Zielsetzungen als sinnvolle Regelung anzuerkennen.
Fraglich ist aber, ob die gesetzliche Regelung des § 55 JGG sowie die überwiegend praktizierte Anwendung dieser Vorschrift den dargestellten Zielsetzungen - unter Berücksichtigung der Vorgaben des Rechtsstaatsprinzips - gerecht wird und insgesamt als vertretbar anzuerkennen ist.

Aus diesem Grunde wird nachfolgend auf die Voraussetzungen und den Anwendungsbereich des § 55 JGG sowie die hierzu vertretenen Auffassungen eingegangen.

Es stellt sich insbesondere die Frage, ob sich die Rechtsmittelbeschränkungen des § 55 I und II JGG lediglich auf Urteile und dementsprechend auf die Rechtsmittel der Berufung und der Revision erstrecken.
Die vorherrschende Auffassung unterstellt dieser Vorschrift darüber hinaus Beschlüsse sowie das Rechtsmittel der Beschwerde.
Bezüglich § 55 I JGG geht die h.M. zudem von der Geltung dieser Vorschrift neben den sich aus den §§ 359, 363 StPO ergebenden Beschränkungen im Rahmen des Wiederaufnahmeverfahrens aus.
Die Fallgruppen, in denen die Rechtsmittelbeschränkung des § 55 JGG ein - bzw. nicht eingreift, sind ebenfalls sehr umstritten.
Diese Fallgruppen werden entsprechend der überwiegend vertretenen Auffassung dargestellt und unter Heranziehung der bestehenden Gegenansichten auf deren Vertretbarkeit überprüft.
Im Hinblick auf die sachliche Rechtsmittelbeschränkung des § 55 I JGG ist ferner die Überlegung anzustellen, ob diese Vorschrift lediglich die Anfechtungsmöglichkeiten der Prozeßbeteiligten einschränkt oder in gleichem Maße eine Bindung des Rechtsmittelgerichts an die in der Vorinstanz getroffene Entscheidung bewirkt.
Ferner wird auf die vielfach gegenüber § 55 I JGG erhobene Kritik eingegangen und eine Änderung dieser Vorschrift bezüglich des Jugendarrests vorgeschlagen.

1. Auslegung und Analogie von Sondervorschriften
Nach der Rspr. und der Lit. unterliegt die Rechtsmittelbeschränkung des § 55 JGG zum Teil einer extensiven Auslegung. Des weiteren wird eine analoge Anwendung auf andere Vorschriften des JGG und der StPO befürwortet.
Da es sich bei den Vorschriften des JGG um Sondervorschriften handelt, die als leges speciales den Normen des allgemeinen Rechts vorgehen[443], ist deshalb die Frage voranzustellen, ob eine extensive Auslegung bzw. eine analoge Anwendung des § 55 JGG überhaupt zulässig ist.[444]
Diese Problematik ergibt sich insbesondere, soweit die Vorschrift der jugendstrafverfahrensrechtlichen Rechtsmittelbeschränkung als Ausnahmevorschrift eingestuft wird.[445] Für Ausnahmevorschriften wird nämlich die Ansicht vertreten, diese seien einer extensiven Auslegung und einer Analogie nicht zugänglich.[446]

---

[443] Brunner/Dölling, Komm.z.JGG, § 2 Rz.1.
[444] auf diese Problematik kann hier nur in kurzer Form eingegangen werden, s. zur Vertiefung die nachfolgenden Literaturhinweise sowie die dort angegebenen Verweise.
[445] Dallinger/Lackner, Komm.z.JGG (2. Aufl.), § 55 Rz.9 für § 55 I JGG;
Eisenberg, Komm.z.JGG, § 55 Rz.71 für § 55 II JGG;
Nothacker, GA 1982, S.451 ff. (S.466) hinsichtlich § 55 II JGG.
[446] vgl. BGHZ 2, S.237 ff. (S.244);

Zu klären ist zunächst das Verhältnis von Sondervorschriften zu den Ausnahmevorschriften, um festzustellen, ob für die Behandlung beider Arten dieselben Grundsätze gelten.
Teilweise wird angenommen, daß Sondervorschriften und Ausnahmevorschriften nicht vergleichbar seien.[447]
Dieser Annahme ist jedoch mit Klug entgegenzuhalten, daß eine derartige Unterteilung nicht möglich erscheint. Nach Klug kann ein Sonderrecht sehr wohl als Ausnahmerecht eingestuft werden, wenn man diesem die allgemeinen Regeln gegenüberstellt. Aus diesem Grunde ist davon auszugehen, daß diese beiden Arten von Vorschriften identisch sind.[448]
Demnach können die Sondervorschriften des JGG auch als Ausnahmevorschriften gegenüber den allgemeinen Vorschriften angesehen werden.

Wie bereits erwähnt, wird die Auffassung vertreten, daß derartige Vorschriften einer weiten Auslegung und Analogie nicht zugänglich seien.
Dieser Auffassung ist mit der Gegenansicht, der hier gefolgt wird, jedoch entgegenzuhalten, daß in den Grenzen des Gesetzeszwecks eine weite Auslegung sowie eine analoge Anwendung von Ausnahmevorschriften möglich ist.[449] Nach der hier vertretenen Ansicht kann singuläres Recht somit dann auf nicht ausdrücklich erfaßte Fälle erstreckt werden, wenn bei diesen die Ausnahmesituation, die dem betreffenden Rechtssatz zugrundeliegt, ebenfalls gegeben ist.[450]
Für diese Annahme spricht auch die folgende Überlegung Eberhard Schmidts:

> *„Inwiefern „enge" Auslegungen Rechtssicherheit gewähren und rechtsstaatlichem Streben entsprechen, wäre darzulegen. Warum*

BGHZ 11, S.135 ff. (S.143);
Dallinger/Lackner, Komm.z.JGG (2. Aufl.), § 55 Rz.9;
Eisenberg, Komm.z.JGG, § 55 Rz.71;
Nothacker, GA 1982, S.451 ff. (S.466);
Leipziger Kommentar (Gribbohm), Komm.z.StGB, § 1 Rz.72.
447 s. hierzu Enneccerus-Nipperdey, LB des Bürgerlichen Rechts Bd.1, Halbbd. 1, § 48 II.
448 s. Klug, Juristische Logik, S.113.
449 OVG Hamburg, JZ 1952, S.416 ff. (418);
vgl. BGHZ 26, S.78 ff. (S.83);
einschränkend BGHSt 30, S.168 ff. (S.170 f.) unter Verweis auf BGHSt 27, S.96 ff. (S.97), „aber allenfalls in einem engen Rahmen nach Sinn und Zweck des Gesetzes";
BAG, NJW 1969, S.74 ff. (S.75);
Palandt (Heinrichs), Komm.z.BGB, Einl. Rz.45;
Soergel (Hefermehl), Komm.z.BGB Bd.1, Anhang § 133 Rz.13;
Kaufmann, JZ 1958, S.9 ff. (S.9 f.);
Larenz, Methodenlehre der Rechtswissenschaft, S.355 f;
Engisch, Einführung in das juristische Denken, S.151 f;
Klug, Juristische Logik, S.113 f;
vgl. Schmidt, E., JZ 1954, S.369 ff. (S.373 Fn.33);
vgl. auch Bender, JZ 1957, S.593 ff. (S.600 mit Verweis auf S.595).
450 Kaufmann, JZ 1958, S.9 ff. (S.9 f.).

soll eine extensive Interpretation, wenn sie nur richtig ist, nicht das gleiche leisten? Und ist „rechtsstaatlich" nur das, was „zugunsten des Angeklagten" geschieht? Das wäre neu."[451]

Im Hinblick auf die Aussage Eberhard Schmidts, daß es darzulegen sei, inwiefern „enge" Auslegungen mehr Rechtssicherheit gewähren und in einem stärkeren Maße rechtsstaatlichem Streben entsprechen, ist der Ansicht, die eine weite Auslegung und eine Analogie von Ausnahmevorschriften grundsätzlich verneint, entgegenzuhalten, daß sie ihre Annahme als allgemeinen Grundsatz darstellt, aber keine ausreichenden Begründungen liefert.

Aus diesem Grunde ist hier der Ansicht zu folgen, daß auch Ausnahmevorschriften einer weiten Auslegung sowie einer Analogie zugänglich sind, vorausgesetzt, daß der Zweck der in Frage stehenden Vorschrift nicht entgegensteht.

Dies gilt um so mehr, als der Fragestellung Eberhard Schmidts, warum eine extensive Interpretation einer Vorschrift nicht das gleiche wie eine enge Auslegung hinsichtlich zu fordernder Rechtssicherheit und Rechtsstaatlichkeit zu leisten vermag, zuzustimmen ist. Dieser Gedanke kann auch auf eine analoge Anwendung von Vorschriften übertragen werden.

Es ist somit davon auszugehen, daß die in der Vorschrift des § 55 JGG niedergelegte Rechtsmittelbeschränkung einer extensiven Auslegung sowie einer analogen Anwendung grundsätzlich zugänglich ist, soweit der dieser Regelung zugrundeliegende Sinn und Zweck nicht entgegensteht.

2. Die sachliche Rechtsmittelbeschränkung, § 55 I JGG

Nach § 55 I JGG, der auch als sachliche Rechtsmittelbeschränkung bezeichnet wird, ist eine Entscheidung, in der lediglich Erziehungsmaßregeln, mit Ausnahme der Hilfe zur Erziehung nach § 12 Nr. 2 JGG, oder Zuchtmittel angeordnet oder die Auswahl und Anordnung von Erziehungsmaßregeln dem Vormundschaftsrichter überlassen sind, nicht wegen des Umfangs der Maßnahmen und nicht deshalb anfechtbar, weil andere oder weitere Erziehungsmaßregeln oder Zuchtmittel hätten angeordnet werden sollen oder weil die Auswahl und Anordnung der Erziehungsmaßregeln dem Vormundschaftsrichter überlassen worden sind.

Die Vorschrift des § 55 I JGG entspricht § 35 I JGG 1923 mit der Abweichung, daß die Rechtsmittelbeschränkung des JGG 1923 noch keinen Ausschluß wegen des Umfangs der angeordneten Maßnahmen enthielt und sich zudem noch nicht auf die erst zu einem späteren Zeitpunkt eingeführten Zuchtmittel bezog. Ein Unterschied zwischen diesen beiden Vorschriften besteht weiterhin darin, daß sich § 35 I JGG 1923 seinem Wortlaut nach - im Gegensatz zu § 55 I JGG - nur auf Urteile bezog.

---

[451] Schmidt, E., JZ 1954, S.369 ff. (S.373 Fn.33).

a. Anwendungsbereich des § 55 I JGG

aa. Der Begriff „Entscheidung"

Die Vorschrift des § 55 I 1 JGG bezieht sich ihrem Wortlaut nach auf den Ausschluß der Anfechtung von Entscheidungen. Der Begriff der Entscheidung ist ein im juristischen Sprachgebrauch vor allem für das Erkenntnis des Gerichts verwendeter Begriff. Sie ergeht je nach Verfahrensart und Entscheidungsinhalt durch Urteil, Beschluß oder Verfügung.[452]

Entsprechend diesem Verständnis des Begriffs der Entscheidung sollen nach der h.M. von § 55 I JGG neben Urteilen sämtliche in Betracht kommenden Beschlüsse jeder Instanz über Erziehungsmaßregeln und/oder Zuchtmittel erfaßt werden.[453]

Hierdurch käme es zur Geltung des § 55 I JGG auch im Rahmen der Beschwerde nach den §§ 304 ff. StPO.

(1) Von § 55 I JGG erfaßte Entscheidungen

Zu den von § 55 I JGG erfaßten Beschlüssen zählen nach h.M. zunächst die nachträglichen Entscheidungen über Weisungen und Auflagen i.S.d. § 65 JGG.

Lehnt der Richter die Änderung von Weisungen ab, so ist der Beschluß gem. § 65 II 1 JGG unanfechtbar. Dieser Ausschluß eines Rechtsmittels knüpft nach h.M. an die § 55 I JGG zugrundeliegenden Erwägungen an.[454]

Hat der Richter hingegen Weisungen geändert, ihre Laufzeit verlängert, von Weisungen befreit, von Auflagen ganz oder teilweise befreit, die Befreiung von Weisungen oder von Auflagen abgelehnt oder einem Antrag auf Verhängung von Jugendarrest nicht stattgegeben, so soll nach dieser Ansicht ein derartiger Beschluß nach Maßgabe der Einschränkung des § 55 I JGG[455] mit der einfachen Beschwerde gem. § 304 StPO anfechtbar sein.[456]

---

[452] Creifelds, Rechtswörterbuch, S.374;
nichtrichterliche Entscheidungen sind demgegenüber solche der Staatsanwaltschaft oder sonstiger zur Mitwirkung im Strafverfahren berufener Behörden. Für die Staatsanwaltschaft bezeichnet die StPO sie beispielsweise in den §§ 81 a II, 81 c V, 98 I, 100 b I, 105 I, 111 e I 1 als „Anordnung", in § 171 als „Verfügung" und in § 172 als „Bescheid"; entsprechendes gilt für die bezeichneten anderen Behörden.

[453] vgl. Brunner/Dölling, Komm.z.JGG, § 55 Rz.8;
Dallinger/Lackner, Komm.z.JGG (2. Aufl.), § 55 Rz. 5 u.7;
DSS (Schoreit), Komm.z.JGG, § 55 Rz.5;
Ostendorf, Komm.z.JGG, § 55 Rz.26.

[454] Dallinger/Lackner, Komm.z.JGG (2. Aufl.), § 65 Rz.10.

[455] vgl. Dallinger/Lackner, Komm.z.JGG (2. Aufl.), § 65 Rz.11.

[456] das Rechtsmittel der Beschwerde wird in diesen Fällen als zulässig erachtet, da die genannten Entscheidungsmöglichkeiten nicht in § 65 II JGG erwähnt werden, s. hierzu LG Freiburg JR 1988, S.523 ff. (S.523 f.) mit Anm. v. Eisenberg;
Dallinger/Lackner, Komm.z.JGG (2. Aufl.), § 65 Rz.11;
a.A. Grethlein/Brunner, Komm.z.JGG, § 65 Anm.4c.

Hat der Richter Jugendarrest verhängt, so wird weiterhin angenommen, der Beschluß könne ebenfalls nur unter Beachtung des § 55 I JGG[457] mit der sofortigen Beschwerde angefochten werden, § 65 II 2 JGG.[458]

Nach § 66 JGG (Ergänzung rechtskräftiger Entscheidungen bei mehrfacher Verurteilung) ergeht die Entscheidung bei Durchführung einer Hauptverhandlung durch Urteil, ansonsten durch Beschluß, § 66 II Satz 1 und 2 JGG. Ergeht ein Urteil, so ist bei dessen Anfechtung die Rechtsmittelbeschränkung des § 55 I JGG zu berücksichtigen.
Erfolgt die Entscheidung durch Beschluß, so ist dieser nach § 66 II 3 JGG i.V.m. § 462 III StPO mit der sofortigen Beschwerde anfechtbar. Im Falle der Einlegung der sofortigen Beschwerde sind nach h.M. ebenfalls die in § 55 I JGG niedergelegten Rechtsmittelbeschränkungen zu berücksichtigen.[459]

Eine vorläufige Anordnung über die Erziehung im Rahmen des § 71 I JGG ergeht durch Beschluß[460], welcher mit der einfachen Beschwerde nach § 304 StPO angefochten werden kann.[461] Wird eine Entscheidung nach § 71 I JGG angefochten, so ist nach der h.M. die Rechtsmittelbeschränkung des § 55 I JGG gleichfalls zu beachten.[462]

Die Vorschrift des § 55 I JGG soll nach dieser Auffassung des weiteren im Rahmen der Anfechtung von Entscheidungen im Vollstreckungsverfahren über die Umwandlung des Freizeitarrests in Kurzarrest gem. §§ 86 i.V.m. 83 JGG, welche durch Beschluß ergehen[463] und mit der sofortigen Beschwerde anfechtbar sind (§ 83 III JGG), zur Anwendung gelangen.[464]

Daneben enthalten die §§ 58 I 1, 62 IV i.V.m. 58 I 1, 23 und 88 VI i.V.m. 23 JGG Vorschriften über Entscheidungen hinsichtlich der Anordnung von Weisungen und Auflagen. Bei einer Anfechtung dieser Entscheidungen kommt die Regelung des § 55 I JGG jedoch nicht zur Geltung, da § 59 II 2 JGG, der im Rahmen der An-

---

[457] Dallinger/Lackner, Komm.z.JGG (2. Aufl.), § 65 Rz.12;
Brunner/Dölling, Komm.z.JGG, § 65 Rz.9.
[458] aufgrund der Intensität des Eingriffs hat das Rechtsmittel abweichend von 307 I StPO von Gesetzes wegen aufschiebende Wirkung, § 65 II 3 JGG.
[459] Dallinger/Lackner, Komm.z.JGG (2. Aufl.), § 66 Rz.19;
Brunner/Dölling, Komm.z.JGG, § 66 Rz.7.
[460] Eisenberg, Komm.z.JGG, § 71 Rz.13.
[461] vgl. BT-Dr. 1/3264, S.47 (Anl. 1, Begr.), § 71 JGG entspricht § 45 JGG des E.
[462] Brunner/Dölling, Komm.z.JGG, § 71 Rz.11;
Dallinger/Lackner, Komm.z.JGG (2. Aufl.), § 71 Rz.21.
[463] Dallinger/Lackner, Komm.z.JGG (2. Aufl.), § 83 Rz.9 u. § 86 Rz.12.
[464] Brunner/Dölling, Komm.z. JGG, § 83 Rz.7 u. § 86 Rz.3;
Dallinger/Lackner, Komm.z.JGG (2. Aufl.), § 86 Rz.12.

fechtung dieser Entscheidungen nach §§ 63 II, 88 VI 3 JGG zur Anwendung gelangt, eine spezielle Rechtsmittelbeschränkung enthält.[465]

(2) Beurteilung der weiten Auslegung des Begriffs der Entscheidung

(a) Im Hinblick auf die Anfechtung von Entscheidungen nach § 65 II JGG und den §§ 86 i.V.m. 83 III 1 JGG könnte gegen die Geltung des § 55 I JGG der Umstand sprechen, daß in Nr. 2 Satz 2 und 3 der RiLi zu § 55 JGG für die Anfechtung nachträglicher Entscheidungen über Weisungen und Entscheidungen im Vollstreckungsverfahren auf die §§ 65 II und 83 III 1 JGG hingewiesen wird.

Hierdurch entsteht der Eindruck, daß § 55 I JGG nicht zur Anwendung gelangen soll, da die genannten Vorschriften eigene Regelungen über die Anfechtbarkeit enthalten.

Dieser Schluß ist jedoch nicht zwingend. Außerdem ist zu beachten, daß die RiLi zum JGG weder ergänzende Rechtssätze noch eine authentische, den Richter bindende Interpretation des JGG darstellen, sondern diesem vielmehr nur „Hinweise und Empfehlungen" geben können.[466]

Für die Auffassung der h.M., daß die Rechtsmittelbeschränkung des § 55 I JGG neben Urteilen ebenso im Rahmen der Anfechtung der Entscheidungen nach den §§ 65, 66, 71 I und 86 i.V.m. 83 JGG gelten soll, spricht hingegen, daß nach dem Verständnis des Begriffs „Entscheidung" nichts Gegenteiliges vorgebracht werden kann. Wie bereits erwähnt, fallen unter diese Bezeichnung allgemein Urteile, Beschlüsse und Verfügungen.[467]

Die genannten Entscheidungen sind zudem mit der einfachen bzw. der sofortigen Beschwerde anfechtbar. Bei der Beschwerde nach den §§ 304 ff. StPO handelt es sich, wie bei der Berufung nach den §§ 312 ff. StPO und der Revision gem. §§ 333 ff. StPO, um ein Rechtsmittel.

Da § 55 JGG im dritten Unterabschnitt (dritter Abschnitt, zweites Hauptstück) unter der Überschrift „Rechtsmittelverfahren" eingeordnet ist, ist davon auszugehen, daß auch diejenigen Entscheidungen von § 55 I JGG erfaßt werden sollen, die mit dem Rechtsmittel der Beschwerde nach den §§ 304 ff. StPO anfechtbar sind.

Für diese Annahme spricht ebenfalls der Umstand, daß in § 55 II JGG im Gegensatz zu § 55 I JGG ausdrücklich nur auf Urteile und die Rechtsmittel der Berufung und der Revision Bezug genommen wird. Aufgrund der unterschiedlichen Fassungen des § 55 I und II JGG ist nicht davon auszugehen, daß sich beide Absätze dieser Vorschrift nur auf Urteile erstrecken sollen.[468]

---

[465] Potrykus, Anm. zu LG München II (NJW 1960, S.1216 ff.), aaO., S.1216 f. (S.1216).

[466] Schaffstein/Beulke, Jugendstrafrecht, S.38.

[467] s.o. D II 2 a aa.

[468] von der h.M., der zu folgen ist, wird aber eine analoge Anwendung des § 55 II JGG auf die sofortige Beschwerde nach § 59 I, III JGG und § 464 III 1, 1. Halbsatz StPO befürwortet, s. u. D II 3 f.

Dementsprechend ist die Auffassung der h.M., daß die inhaltliche Rechtsmittelbeschränkung neben Urteilen auch im Rahmen der Anfechtung von Entscheidungen nach den §§ 65, 66, 71 I, 86 i.V.m. 83 JGG gelten soll, zutreffend.

(b) (aa) Eine andere Bewertung könnte sich allenfalls daraus ergeben, daß ein wesentlicher Unterschied der Beschwerde zu der Berufung und der Revision darin besteht, daß der Beschwerde nach § 307 I StPO, im Gegensatz zu den Rechtsmitteln der Berufung und der Revision gem. §§ 316 I, 343 I StPO, neben dem Devolutiveffekt grundsätzlich kein Suspensiveffekt zukommt.
Unter dem Begriff des Suspensiveffekts versteht man die Hinderung des Eintritts der Rechtskraft und damit der Vollstreckbarkeit einer angefochtenen Entscheidung.[469]
Der Zeitpunkt des Eintritts der Rechtskraft ist von großer Bedeutung, weil Strafurteile gem. § 449 StPO erst dann vollstreckt werden können, wenn sie rechtskräftig geworden sind.
Zu den Strafurteilen i.S.d. § 449 StPO zählen nicht nur Urteile i.e.S., sondern ebenfalls alle vollstreckungsfähigen gerichtlichen Entscheidungen, die an die Stelle von Urteilen treten.[470]
Nach § 307 II StPO kann jedoch das Gericht, der Vorsitzende oder der Richter, dessen Entscheidung angefochten wird, sowie das Beschwerdegericht die Anordnung treffen, daß die Vollziehung der angefochtenen Entscheidung auszusetzen ist.

Unterbleibt eine Anordnung nach § 307 II StPO, so sind die Entscheidungen nach § 65 II JGG sofort vollstreckbar. Etwas anderes gilt dann, wenn der Richter Jugendarrest verhängt hat, da in diesen Fällen die sofortige Beschwerde gegen den Beschluß nach § 65 II 3 JGG von Gesetzes wegen aufschiebende Wirkung hat.
Ergeht eine Entscheidung nach § 66 II 1 JGG durch Urteil, so ist dieses mit der Berufung oder der Revision anfechtbar.[471] Diesen beiden Rechtsmitteln kommt eine aufschiebende Wirkung zu. Erfolgt die Entscheidung nach § 66 II 2 JGG durch Beschluß, so hat die gegen diesen Beschluß zulässige sofortige Beschwerde ebenfalls aufschiebende Wirkung, weil die Beschlüsse nach § 66 II 2 JGG strafgerichtlichen Urteilen i.S.d. § 1 StVollstrO gleichgestellt werden.[472]
Der sofortigen Beschwerde gegen eine Entscheidung über die Umwandlung von Freizeitarrest nach §§ 86 i.V.m. 83 JGG kommt dagegen grundsätzlich keine aufschiebende Wirkung zu, da hier nur eine Maßnahme durch eine andere im wesentlichen gleichartige ersetzt wird.[473] Wird die Umwandlung durch den Voll-

---

[469] Ranft, Strafprozeßrecht, § 66 Rz.1907.
[470] s. hierzu Pfeiffer/Fischer (Fischer), Komm.z.StPO, § 449 Rz.2; Kleinknecht/Meyer-Goßner, Komm.z.StPO, § 449 Rz.1.
[471] Eisenberg, Komm.z.JGG, § 66 Rz.31.
[472] Pohlmann/Jabel (Jabel), Komm.z.StVollstrO, § 1 Rz.1.
[473] Dallinger/Lackner, Komm.z.JGG (2. Aufl.), § 86 Rz.13.

streckungsleiter jedoch gegen den Willen des Verurteilten vorgenommen und sind beachtliche Einwendungen gegen diese Maßnahme zu erwarten, so empfiehlt es sich, aus Gründen der Rechtsstaatlichkeit mit der Vollstreckung solange abzuwarten, bis die formelle Rechtskraft des Beschlusses eingetreten ist oder wenigstens das Beschwerdegericht den Erlaß einer Anordnung nach § 307 II StPO abgelehnt hat.[474]
Die Beschlüsse nach 71 I JGG sind i.d.R. sofort vollstreckbar, da die einfache Beschwerde keine aufschiebende Wirkung hat.[475]

Demnach hindert das Rechtsmittel der sofortigen Beschwerde in den genannten Fällen die Vollstreckbarkeit des angefochtenen Beschlusses, so daß die Geltung des § 55 I JGG im Rahmen der Anfechtung dieser Entscheidungen sinnvoll erscheint, damit die angeordneten Maßnahmen der Straftat des Jugendlichen möglichst schnell nachfolgen können.
Etwas anderes könnte sich für die Entscheidungen nach §§ 71 I und 86 i.V.m. 83 JGG im Falle der Nichtaussetzung der Vollziehung unter dem Gesichtspunkt ergeben, daß das Bestehen der Rechtsmittelbeschränkung des § 55 JGG überwiegend mit dem Bedürfnis an einer zügigen rechtskräftigen Entscheidung im Jugendstrafverfahren begründet wird.
Hiernach erscheint es nicht erforderlich, die Anfechtbarkeit der in Frage stehenden Entscheidungen nur unter den engen Voraussetzungen des § 55 I JGG zuzulassen, da sie - mangels Suspensiveffekts der Beschwerde - ohnehin sofort vollstreckbar sind.
Zu beachten ist aber, daß das Rechtsmittel der Beschwerde eine Überprüfung in tatsächlicher und rechtlicher Hinsicht umfaßt und folglich ein gewisser Zeitaufwand für die Entscheidungsfindung erforderlich ist. Eine Einschränkung der Anfechtungsmöglichkeiten erscheint demzufolge trotz fehlenden Suspensiveffekts sinnvoll.
Im Hinblick auf die weiteren Argumente, die das Bestehen der jugendstrafverfahrensrechtlichen Rechtsmittelbeschränkung legitimieren sollen, ist ebenfalls davon auszugehen, daß § 55 I JGG nicht nur Urteile erfassen soll.
Für diese Überlegung spricht, daß die Möglichkeit einer Minderung der erzieherischen Autorität des Gerichts ebenfalls bei der Abänderung eines Beschlusses besteht. Dies gilt auch dann, wenn das Gericht oder der Vorsitzende, dessen Entscheidung angefochten wurde, der Entscheidung nach § 306 II StPO selbst abzu-

---

474 Dallinger/Lackner, Komm.z.JGG (2. Aufl.), § 86 Rz.13.

475 Eisenberg, Komm.z.JGG, § 71 Rz.15;
Brunner/Dölling, Komm.z.JGG, § 71 Rz.11;
s. auch BT-Dr. 1/3264, S.47 (Anl. 1, Begr.), in dem Entwurf eines Gesetzes zur Änderung des RJGG entspricht § 45 der heutigen Regelung des § 71 I JGG.

helfen haben. Das ist der Fall, wenn sie eine eingelegte Beschwerde für begründet erachten.[476]

Das Argument, daß der erstinstanzliche Richter den Erziehungsbedürfnissen des Jugendlichen ohnehin am besten Rechnung tragen könne, deutet ebenfalls darauf hin, daß die Geltung des § 55 I JGG für Beschlüsse sinnvoll erscheint.

Daraus folgt, daß sich keine andere Bewertung aufgrund des Umstands, daß der Beschwerde i.d.R. kein Suspensiveffekt zukommt, ergibt. Daher ist die Geltung des § 55 I JGG für die Anfechtung von Entscheidungen nach den §§ 65, 66, 71 I, 86 i.V.m. 83 JGG zu bejahen.

(bb) Vertreter der Literatur werfen der h.M. aufgrund der von dieser praktizierten extensiven Auslegung des Begriffs der Entscheidung in § 55 I JGG vor, daß es dadurch zu einer Anwendung der sachlichen Rechtsmittelbeschränkung in außerhalb des eigentlichen Rechtsmittelverfahrens liegende Verfahrensabschnitte komme.[477]

Die Ansicht der h.M. führe zu einer Geltung des § 55 I JGG in außerhalb des eigentlichen Rechtsmittelverfahrens liegende Verfahrensabschnitte, indem sie die Anwendung der sachlichen Rechtsmittelbeschränkung im Rahmen der Anfechtung von Entscheidungen nach § 71 I JGG und §§ 86 i.V.m. 83 JGG bejahe.

Vorläufige Anordnungen über die Erziehung nach § 71 I JGG könne der Richter nämlich vor Anklageerhebung treffen[478], so daß sich § 55 I JGG nach vorherrschender Auffassung bereits auf die im Vorverfahren ergangenen Entscheidungen beziehe.

Durch die Erstreckung des § 55 I JGG auf Entscheidungen über die Umwandlung von Freizeit- in Kurzarrest gem. §§ 86 i.V.m. § 83 JGG finde die sachliche Rechtsmittelbeschränkung darüber hinaus im Bereich des Vollstreckungsverfahrens Anwendung.

Die Vertreter der Literatur meinen, eine derart extensive Auslegung des Begriffs der Entscheidung in § 55 I JGG sei - über die fragwürdige „erzieherische" Legitimation hinaus - aus rechtsstaatlichen und dogmatischen Gründen nicht anzuerkennen. Die Ausdehnung dieser Vorschrift auf allgemeine Verfahrensabschnitte wie Vorverfahren und Vollstreckungsverfahren erfolge contra legem und mißachte die eindeutige gesetzessystematische Verankerung des § 55 I JGG. Aus diesem Grunde seien Gesetzgeber und Rechtsprechung aufgerufen, zumindest diese rechtsstaatlich bedenkliche Schlechterstellung Jugendlicher und Heranwachsender zu korrigieren.[479]

---

[476] nur wenn die Beschwerde nicht für begründet erachtet wird, ist sie dem Beschwerdegericht vorzulegen. Bei der sofortigen Beschwerde hat der iudex a quo hingegen nur ausnahmsweise die Möglichkeit, der Beschwerde abzuhelfen, § 311 III StPO.

[477] Nothacker, GA 1982, S.451 ff. (S.459);
Albrecht, P.-A., Jugendstrafrecht, § 49 B I 3 d.

[478] Brunner/Dölling, Komm.z.JGG, § 71 Rz.6.

[479] Albrecht, P.-A., Jugendstrafrecht, § 49 B I 3 d.

Diesem Vorwurf ist jedoch entgegenzuhalten, daß gegen die genannten Beschlüsse die einfache bzw. die sofortige Beschwerde, also ein Rechtsmittel zulässig ist, über welches im Rechtsmittelverfahren entschieden wird.
Etwas anderes könnte nur dann gelten, wenn man als eigentliches Rechtsmittelverfahren nur denjenigen Verfahrensabschnitt versteht, der im Anschluß an ein Urteil durch die Einlegung von Rechtsmitteln eingeleitet werden kann. Ein derartiges Verständnis liefe aber der Einordnung der einfachen bzw. der sofortigen Beschwerde als Rechtsmittel nach der StPO zuwider. Hierfür bietet auch die Einordnung des § 55 I JGG unter der Überschrift „Rechtsmittelverfahren" keinen Anhaltspunkt, da hierdurch nicht allein Bezug auf die Rechtsmittel der Berufung und der Revision genommen wird.
Demzufolge ist der von einigen Vertretern der Literatur erhobene Vorwurf abzulehnen, so daß mit der h.M. von der Geltung des § 55 I JGG im Rahmen der Anfechtung von Entscheidungen nach den §§ 65, 66, 71 I, 86 i.V.m. 83 JGG auszugehen ist.

bb. Anfechtung

(1) Erfassung von Rechtsbehelfen

Weiterhin sollen von § 55 I JGG neben Rechtsmitteln gegen die in dieser Vorschrift genannten Entscheidungen sämtliche Rechtsbehelfe erfaßt werden. Bezug nimmt die h.M. jedoch nur auf das Wiederaufnahmeverfahren nach den §§ 359 ff. StPO.
Aus diesem Grunde soll im Rahmen dieser Arbeit lediglich auf diesen Rechtsbehelf näher eingegangen werden.
Hinsichtlich des Wiederaufnahmeverfahrens vertritt die h.M. die Ansicht, daß § 55 I JGG neben den sich aus §§ 359, 363 StPO ergebenden Beschränkungen im Jugendstrafverfahren zur Anwendung gelange.[480]
Diese Annahme wird damit begründet, daß auch im Wiederaufnahmeverfahren nach allgemeinem Strafverfahrensrecht über § 365 StPO die allgemeinen Vorschriften über Rechtsmittelbeschränkungen entsprechend gelten.[481]
Für die Anwendbarkeit des § 55 I JGG spreche des weiteren der Umstand, daß die Wiederaufnahme des Verfahrens hinsichtlich der Geltung des Verschlechterungsverbots nach § 373 II 1 StPO einem Rechtsmittel gleichgestellt werde.[482] Die Erstreckung des § 55 I JGG auf das Wiederaufnahmeverfahren sei ferner geboten, da

---

[480] Brunner/Dölling, Komm.z.JGG, § 55 Rz.48;
Dallinger/Lackner, Komm.z.JGG (2. Aufl.), vor § 55 Rz.29;
DSS (Schoreit), Komm.z.JGG, § 55 Rz.5;
Ostendorf, Komm.z.JGG, § 55 Rz.26.
[481] hierzu zählen die §§ 318, 327, 344 I, 352 I StPO;
BGHSt 11, S.361 ff. (S.363 f.)=BGH, NJW 1958, S.1309 f. (S.1309 f.);
vgl. auch Dallinger/Lackner, Komm.z.JGG (2. Aufl.), vor § 55 Rz.29.
[482] DSS (Schoreit), Komm.z.JGG, § 55 Rz.5.

dieser Rechtsbehelf nicht für eine inhaltlich weitergehende Prüfung als durch Rechtsmittel zur Verfügung stehe.[483]
Anzumerken bleibt in diesem Zusammenhang noch, daß zum Teil von einer direkten[484] und teilweise von einer nur entsprechenden Anwendung des § 55 I JGG auf das Wiederaufnahmeverfahren ausgegangen wird.[485]

(2) Beurteilung der Anwendung des § 55 I JGG auf Rechtsbehelfe
Im Hinblick auf die Einordnung der sachlichen Rechtsmittelbeschränkung unter der Überschrift „Rechtsmittelverfahren“ erscheint es fraglich, ob eine direkte Geltung des § 55 I JGG für das Wiederaufnahmeverfahren im Wege zulässiger Gesetzesauslegung erreicht werden kann.
Heranzuziehen ist zunächst die grammatische Auslegungsmethode.[486]
Nach dieser wird versucht, den Sinn des Gesetzes aus dem Sprachsinn zu erschließen, wobei die juristische Terminologie gegenüber dem allgemeinen Sprachgebrauch von vorrangiger Bedeutung ist.[487]
Von dem Begriff des Rechtsmittels werden die Beschwerde (§§ 304 ff. StPO), die Berufung (§§ 312 ff. StPO) und die Revision (§§ 333 ff. StPO) erfaßt, so daß hiernach die Anwendbarkeit des § 55 I JGG auf das Wiederaufnahmeverfahren nach den §§ 359 ff. StPO im Wege der Auslegung nicht zu erreichen ist.
Etwas anderes könnte lediglich dann gelten, wenn der Begriff des Rechtsmittels zugleich als Oberbegriff der Rechtsbehelfe zu verstehen wäre.
Die Bezeichnung Rechtsbehelf stellt jedoch gegenüber der Bezeichnung Rechtsmittel den Oberbegriff dar[488], so daß die Geltung der inhaltlichen Rechtsmittelbeschränkung für das Wiederaufnahmeverfahren nicht unter diesem Gesichtspunkt hergeleitet werden kann.
Etwas anderes könnte sich ergeben, wenn man die Überschrift „Rechtsmittelverfahren“, der § 55 JGG untergeordnet ist, im Rahmen der Auslegung unberücksichtigt ließe.
Unter den Begriff der Anfechtung in § 55 I JGG könnte dann ebenfalls der Rechtsbehelf des Wiederaufnahmeverfahrens fallen, weil es sich hierbei um einen sehr weiten Begriff handelt.
Nach einer Entscheidung des Bundesgerichtshofs enthalten Tatbestandsüberschriften keine zusätzlichen Tatbestandsmerkmale.[489]

---

[483] vgl. Ostendorf, Komm.z.JGG, § 55 Rz.26.
[484] Brunner/Dölling, Komm.z.JGG, § 55 Rz.8 u. 48.
[485] DSS (Schoreit), Komm.z.JGG, § 55 Rz.5;
Ostendorf, Komm.z.JGG, § 55 Rz.26.
[486] s. vertiefend zu den Auslegungsmethoden
Kleinknecht/Meyer-Goßner, Komm.z.StPO, Einl. Rz.193 ff;
Schönke/Schröder (Eser), Komm.z.StGB, § 1 Rz.36 ff.
[487] Jescheck/Weigend, Lehrbuch des Strafrechts AT, § 17 IV 1 a.
[488] Creifelds, Rechtswörterbuch, S.993.
[489] BGHSt, Beschluß v. 20.02.1980, 2 StR 748/79, S.6;

Bei der Bezeichnung „Rechtsmittelverfahren" handelt es sich zwar nicht um eine Tatbestandsüberschrift, sondern um die Überschrift eines Abschnitts. Der genannte Grundsatz könnte aber hierauf übertragen werden.
Nach dieser Vorgehensweise würde jedoch die systematische Stellung des § 55 I JGG in unvertretbarer Weise unberücksichtigt bleiben.
Um der Vorschrift des § 55 JGG in ausreichendem Maße Rechnung zu tragen, ist somit die in Frage stehende Überschrift im Rahmen der Auslegung zu beachten, so daß nach der grammatischen Auslegungsmethode die Geltung des § 55 I JGG im Rahmen des Wiederaufnahmeverfahrens gem. §§ 359 ff. StPO nicht möglich ist.

Da nach h.M. der Wortsinn zugleich die Grenze zwischen Auslegung und Analogie bildet[490], kommt dementsprechend nur eine analoge Anwendung[491] des § 55 I JGG auf den Rechtsbehelf des Wiederaufnahmeverfahrens in Betracht.
Dies wird teilweise - wie bereits erwähnt - auch vertreten.

Im Strafverfahrensrecht ist im Gegensatz zum materiellen Strafrecht selbst Analogie zuungunsten des Betroffenen grundsätzlich zulässig.[492]
Unter Analogie ist die Anwendung eines Rechtssatzes auf einen von diesem nicht erfaßten Sachverhalt, der dem von diesem erfaßten rechtsähnlich ist[493], zu verstehen.
Erforderlich ist zunächst das Vorliegen einer planwidrigen Regelungslücke.[494]
Eine Regelungslücke liegt vor, da eine dem § 55 I JGG entsprechende Vorschrift für Rechtsbehelfe wie das Wiederaufnahmeverfahren nicht besteht.
Diese Regelungslücke müßte weiterhin planwidrig sein.
Vom Vorliegen einer planwidrigen Regelungslücke kann nicht ausgegangen werden, wenn es an einer analogiefähigen Regelung fehlt oder wenn der betreffenden

---

Nüse, Anm. zu OLG Stuttgart (LRE 11, S.290 ff.), aaO., S.299 f. (S.299).
490 BVerfGE 71, S.108 ff. (S.114 ff.);
BGHSt 37, S.226 ff. (S.230);
Peters, Strafprozeß, § 14 II 2;
Jescheck/Weigend, Lehrbuch des Strafrechts AT, § 17 IV 5;
Engisch, Einführung in das juristische Denken, S.153 m.w.N;
Schönke/Schröder (Eser), Komm.z.StGB, § 1 Rz.37 m.w.N.
491 s. hierzu allgemein Jescheck/Weigend, Lehrbuch des Strafrechts AT, § 17 IV 4.
492 Peters, Strafprozeß, § 14 II 1;
Welp, JR 1991, S.265 ff. (S.267) m.w.N;
Schönke/Schröder (Eser), Komm.z.StGB, § 1 Rz.34 m.w.N;
zu dem Problem der Möglichkeit einer weiten Auslegung und analogen Anwendung von Ausnahmevorschriften s.o. D II 1.
493 BGHSt 7, S.190 ff. (S.193 f.);
BGHSt 8, S.66 ff. (S.70);
BayObLG, NJW 1970, S.479 f. (S.480);
vgl. auch Jescheck/Weigend, Lehrbuch des Strafrechts AT, § 17 I 1.
494 vgl. Schönke/Schröder (Eser), Komm.StGB, § 1 Rz.24.

Vorschrift der Wille des Gesetzes zu entnehmen ist, daß eine über bloße Auslegung hinausgehende Einengung oder Erweiterung nicht zulässig sein soll.[495] Diesbezüglich liegen jedoch keine Anhaltspunkte vor, so daß die festgestellte Regelungslücke als planwidrig einzustufen ist.
Es müßte ferner eine vergleichbare Interessenlage bestehen, d.h., die von § 55 I JGG nicht erfaßte Einschränkung der Anfechtung von Entscheidungen durch den Rechtsbehelf des Wiederaufnahmeverfahrens müßte mit der Situation der Beschränkung der Rechtsmittel gegen Entscheidungen i.S.d. § 55 I JGG in rechtlicher Hinsicht vergleichbar sein.
In beiden Fällen handelt es sich um die Anfechtung von Entscheidungen. Ein Unterschied besteht lediglich darin, daß die Rechtsmittel nur gegen noch nicht rechtskräftige Entscheidungen zulässig sind und das Wiederaufnahmeverfahren die materielle Rechtskraft von Entscheidungen zu durchbrechen vermag.
Eine weitere Übereinstimmung der Rechtsmittel, mit Ausnahme der Beschwerde nach den §§ 304 ff. StPO, mit dem Rechtsbehelf nach den §§ 359 ff. StPO ergibt sich hingegen aus dem Umstand, daß das Wiederaufnahmeverfahren diesen Rechtsmitteln über die Vorschrift des § 373 II StPO hinsichtlich der Geltung des Verbots der reformatio in peius (Verschlechterungsverbot) gleichgestellt wird.
Zudem finden die allgemeinen Vorschriften über die Rechtsmittel, wozu auch die allgemeinen Vorschriften über Rechtsmittelbeschränkungen zählen[496], im Rahmen des Wiederaufnahmeverfahrens über § 365 StPO Anwendung.
Zu beachten ist ferner, daß die Vorschriften der §§ 359, 363 StPO für das Wiederaufnahmeverfahren keine der Vorschrift des § 55 I JGG entgegenstehenden Beschränkungen enthalten.
Nach den §§ 359 Nr. 5, 363 StPO ist nämlich die Wiederaufnahme unzulässig, wenn lediglich eine andere Strafbemessung aufgrund desselben Gesetzes herbeigeführt werden soll. Nach § 55 I 1 JGG kann eine Entscheidung nicht wegen des Umfangs der Maßnahmen und nicht deshalb angefochten werden, weil andere oder weitere Erziehungsmaßregeln oder Zuchtmittel hätten angeordnet werden sollen oder weil die Auswahl und Anordnung von Erziehungsmaßregeln dem Vormundschaftsrichter überlassen worden sind.
Die Anfechtbarkeit des Schuldspruchs bleibt daher beispielsweise gleichermaßen nach den §§ 359, 363 StPO und § 55 I 1 JGG unberührt.
Dieser Umstand spricht für das Bestehen einer vergleichbaren Interessenlage zwischen dem von § 55 I JGG erfaßten Ausschluß der Anfechtbarkeit von Entscheidungen und der von dieser Vorschrift nicht berücksichtigten Anfechtungsbeschränkung im Hinblick auf den Rechtsbehelf des Wiederaufnahmeverfahrens.
Damit die jugendstrafrechtlichen Besonderheiten in angemessener Weise Berücksichtigung finden, erscheint eine analoge Anwendung der sachlichen Rechtsmittelbeschränkung im Rahmen des Wiederaufnahmeverfahrens zudem sinnvoll.

---

[495] vgl. BGHSt 7, S.190 ff. (S.194).
[496] hierzu zählen die §§ 318, 327, 344 I, 352 I StPO.

Für die Beurteilung des Vorliegens einer vergleichbaren Interessenlage sind aber weiterhin die Ziele, die durch die sachliche Rechtsmittelbeschränkung des § 55 I JGG verwirklicht werden sollen, zur Bewertung heranzuziehen.
Die sachliche Rechtsmittelbeschränkung des § 55 I JGG dient der jugendgemäßen Beschleunigung des Verfahrens sowie der Wahrung der richterlichen Autorität durch einen feststehenden Richterspruch. Des weiteren soll den Erziehungsbelangen Jugendlicher möglichst durch den erstinstanzlich zuständigen Richter Rechnung getragen werden, da dieser auf die Erziehungsbelange des Jugendlichen am besten einzugehen vermag.
Der Aspekt der jugendgemäßen Verfahrensbeschleunigung spielt im Rahmen des Wiederaufnahmeverfahrens eine geringere Rolle als im Rechtsmittelverfahren, da das Wiederaufnahmeverfahren zu einem Zeitpunkt einsetzt, zu dem ein rechtskräftiges Urteil bereits vorliegt und i.d.R. auch die Vollstreckung der angeordneten Maßnahmen eingeleitet worden ist.
Zudem wird nach § 360 I StPO durch den Antrag auf Wiederaufnahme des Verfahrens die Vollstreckung des Urteils nicht gehemmt. Gemäß § 360 II StPO hat das Gericht jedoch die Möglichkeit, einen Aufschub sowie eine Unterbrechung der Vollstreckung anzuordnen.
Anders verhält es sich mit der Anerkennung der richterlichen Autorität, die durch voneinander abweichende (Rechtsmittel-) Entscheidungen gemindert werden könnte.
Hierfür spricht, daß eine Minderung dieser Autorität ebenso durch voneinander abweichende Entscheidungen durch die Einlegung eines Rechtsbehelfs, wie das Wiederaufnahmeverfahren, eintreten könnte.
Das gleiche gilt für die Annahme, daß der erstinstanzlich zuständige Richter den Erziehungsbedürfnissen des Jugendlichen ohnehin am besten Rechnung tragen kann.
Demzufolge kann hier von einer vergleichbaren Interessenlage ausgegangen werden, so daß die analoge Geltung des § 55 I JGG neben den sich aus den §§ 359, 363 StPO ergebenden Beschränkungen im Rahmen des Wiederaufnahmeverfahrens mit der h.M zu bejahen ist.[497]

b. Von § 55 I JGG erfaßte Rechtsfolgen

Nach seinem Wortlaut umfaßt § 55 I 1 JGG Entscheidungen, in denen lediglich Erziehungsmaßregeln oder Zuchtmittel angeordnet oder die Auswahl und Anordnung von Erziehungsmaßregeln dem Vormundschaftsrichter überlassen sind. Gem. § 55 I 2 JGG gilt dies nicht für die Erziehungsmaßregel der Hilfe zur Erziehung nach § 12 Nr. 2 JGG.

---

[497] zu der Frage, inwieweit die Wiederaufnahme des Verfahrens auch gegen Beschlüsse zulässig ist, s. Brunner/Dölling, Komm.z.JGG, § 55 Rz.49.

Die sachliche Rechtsmittelbeschränkung greift nach ihrem Wortlaut also auch dann ein, wenn in einer Entscheidung mehrere Erziehungsmaßregeln oder mehrere Zuchtmittel angeordnet wurden.

Über den Wortlaut des § 55 I JGG hinaus werden von dieser Vorschrift ebenfalls diejenigen Entscheidungen erfaßt, in denen eine oder mehrere Erziehungsmaßregeln und ein oder mehrere Zuchtmittel verhängt wurden.
Diese Annahme ergibt sich aus der Vorschrift des § 8 I 1 JGG, nach der die Verbindung von Erziehungsmaßregeln und Zuchtmitteln zulässig ist.[498]
Hierfür spricht des weiteren der Umstand, daß die Geltung des § 55 I 1 JGG bei der Anordnung mehrerer Zuchtmittel nebeneinander nicht ausgeschlossen ist. Demzufolge ist nicht davon auszugehen, daß sich dies bei einer nach § 8 I 1 JGG zulässigen Verbindung eines Zuchtmittels mit einer i.d.R. als weniger beeinträchtigend zu erachtenden Erziehungsmaßregel anders verhalten sollte.[499]

Die sachliche Rechtsmittelbeschränkung gelangt hingegen dann nicht zur Anwendung, wenn allein oder neben den in § 55 I 1 JGG benannten Rechtsfolgen[500] Jugendstrafe nach § 17 JGG, einschließlich deren Aussetzung zur Bewährung gem. § 21 JGG[501] oder der Aussetzung der Verhängung der Jugendstrafe i.S.d. § 27 JGG[502] oder eine nach § 7 JGG zulässige Maßregel der Besserung und Sicherung angeordnet worden ist.[503]
Dies gilt ebenfalls bei der gleichzeitigen Anordnung einer zulässigen Nebenstrafe oder Nebenfolge (§ 6 JGG)[504] sowie im Falle der Anordnung vormundschaftsrichterlicher Maßnahmen nach § 3 Satz 2 JGG[505] neben den in § 55 I JGG bezeichneten Rechtsfolgen.

---

498 Eisenberg, Komm.z.JGG, § 55 Rz.41;
Albrecht, P.-A., Jugendstrafrecht, § 49 B I 2;
Nothacker, GA 1982, S.451 ff. (S.457).
499 Nothacker, GA 1982, S.451 ff. (S.457 Fn.43).
500 hinsichtlich der zulässigen Verbindungen der jugendstrafrechtlichen Rechtsfolgen s. § 8 JGG.
501 Eisenberg, Komm.z.JGG, § 55 Rz.42.
502 Eisenberg, Komm.z.JGG, § 55 Rz.42;
Albrecht, P.-A., Jugendstrafrecht, § 49 B I 4.
503 BGHSt v. 26.07.83, 5 StR 462/83, S.2;
OLG Zweibrücken, MDR 1983, S.1046 f. (S.1047);
Ostendorf, Komm.z.JGG, § 55 Rz.27 m.w.N.
504 Albrecht, P.-A., Jugendstrafrecht, § 49 B I 4;
Ostendorf, Komm.z.JGG, § 55 Rz.27 m.w.N.;
Eisenberg, Komm.z.JGG, § 55 Rz.43;
a.A. Potrykus, Komm.z.JGG (3.Aufl.), § 55 Bem.5.
505 Eisenberg, Komm.z.JGG, § 55 Rz.42;
ebenso Dallinger/Lackner, Komm.z.JGG (2. Aufl.), § 55 Rz.7 u. 15.

c. Fallgruppen, in denen die Anfechtung einer Entscheidung gem. § 55 I 1 JGG nach der überwiegenden Ansicht ausgeschlossen ist

aa. Ausschluß der Anfechtung nach dem Wortlaut des § 55 I 1 JGG

Entscheidungen, in denen lediglich die von § 55 I 1 JGG erfaßten Rechtsfolgen angeordnet sind, können nach dem Wortlaut dieser Vorschrift zunächst einmal nicht wegen des Umfangs der Maßnahmen und nicht deshalb angefochten werden, weil andere oder weitere Erziehungsmaßregeln oder Zuchtmittel hätten angeordnet werden sollen.

Die Beschränkung des § 55 I 1 JGG greift somit ein, wenn eine Änderung der angeordneten Rechtsfolgen selbst angestrebt wird.

Eine Anfechtung ist danach ausgeschlossen, wenn durch diese erreicht werden soll, daß eine Erziehungsmaßregel oder ein Zuchtmittel durch eine andere solche Maßnahme oder ein Zuchtmittel durch eine Erziehungsmaßregel oder umgekehrt ersetzt werde.

Das gleiche gilt für eine Anfechtung mit dem Ziel, daß von den angeordneten Erziehungsmaßregeln oder Zuchtmitteln eine Maßnahme wegfalle oder neben einer solchen Maßnahme eine weitere ausgesprochen werde, oder um zu einer Änderung der einzelnen Maßnahmen zu gelangen, insbesondere nach deren Umfang und Ausmaß. Hierzu zählen beispielsweise der Wechsel zwischen Freizeit-, Kurz- oder Dauerarrest sowie die Verkürzung oder Verlängerung der Dauer eines Zuchtmittels.[506]

Darüber hinaus kann eine Entscheidung nach dem Wortlaut der Rechtsmittelbeschränkung des § 55 I JGG nicht mit der Begründung angefochten werden, daß die Auswahl und Anordnung der Erziehungsmaßregeln dem Vormundschaftsrichter überlassen worden sind.

bb. Keine Überlassung an den Vormundschaftsrichter

Die überwiegende Ansicht geht des weiteren von der Geltung der Rechtsmittelbeschränkung des § 55 I 1 JGG über ihren Wortlaut hinaus aus, wenn sich die Anfechtung dagegen richtet, daß die Auswahl und Anordnung von Erziehungsmaßregeln vom erkennenden Gericht selbst vorgenommen und die Entscheidung nicht dem Vormundschaftsrichter überlassen wurde.[507]

Diese Meinung begründet die Ausdehnung des Anwendungsbereichs der sachlichen Rechtsmittelbeschränkung auf diese Fälle damit, daß § 55 I 1 JGG der allgemeine Gedanke entnommen werden könne, daß die nach reinen Zweckmäßigkeitsgesichtspunkten zu entscheidende Frage, ob von der Überweisung Gebrauch gemacht werde, der Anfechtung entzogen sein solle.[508]

---

[506] s. hierzu Dallinger/Lackner, Komm.z.JGG (2. Aufl.), § 55 Rz.19 u. 20.

[507] Dallinger/Lackner, Komm.z.JGG (2. Aufl.), § 55 Rz.22;
Potrykus, Komm.z.JGG (3. Aufl.), § 55 Bem.5;
s. auch Ostendorf, Komm.z.JGG, § 55 Rz.28.

[508] Dallinger/Lackner, Komm.z.JGG (2. Aufl.), § 55 Rz.22.

Nothacker wendet hiergegen ein, daß sich diese Ansicht in Widerspruch zu dem Wortlaut des § 55 I 1 JGG setze, da dieser Anfechtungsausschluß gerade nicht gesetzlich geregelt sei.[509]

Für die Geltung des § 55 I 1 JGG im Rahmen der Anfechtung einer Entscheidung, in der das erkennende Gericht die Auswahl und Anordnung von Erziehungsmaßregeln selbst vorgenommen und nicht dem Vormundschaftsrichter überlassen hat, spricht hingegen die Überlegung, daß bei Zulassung einer derartigen Anfechtungsmöglichkeit der Anfechtungsgrund der nicht ausreichenden fachlichen Qualifikation eingeführt würde.[510] Hierdurch würde ein Widerspruch zu der Ansicht der überwiegenden Meinung hinsichtlich der Vorschrift des § 37 JGG, nach der die Richter bei den Jugendgerichten erzieherisch befähigt und in der Jugenderziehung erfahren sein sollen, auftreten.
Ein derartiger Widerspruch entstünde, weil § 37 JGG als bloße Ordnungsvorschrift eingestuft wird[511] und nach einem Urteil des Bundesgerichtshofs eine Verletzung dieser Vorschrift eine Revision nicht zu begründen vermag, sondern lediglich die Rüge, daß das Gericht mangels ausreichender eigener Erfahrung einen Sachverständigen auf dem Gebiet der Jugenderziehung hätte beiziehen müssen.[512]
Durch die Einräumung der Anfechtungsmöglichkeit gegen die Entscheidung des erkennenden Gerichts, die Auswahl und Anordnung von Erziehungsmaßregeln selbst vorzunehmen und die Entscheidung nicht dem Vormundschaftsrichter zu überlassen, könnte die Auffassung dieser Meinung im Hinblick auf die Möglichkeit der Einlegung einer Revision unterlaufen werden.
Aus den dargestellten Argumenten folgt, daß die Rechtsmittelbeschränkung des § 55 I 1 JGG zu gelten hat, wenn sich die Anfechtung dagegen richtet, daß die Auswahl und Anordnung von Erziehungsmaßregeln vom erkennenden Gericht selbst vorgenommen und die Entscheidung nicht dem Vormundschaftsrichter überlassen wurde.

cc. Empfehlung der Anordnung von Hilfe zur Erziehung nach § 12 Nr. 2 JGG

Die Rechtsmittelbeschränkung des § 55 I 1 JGG bleibt außerdem, entgegen § 55 I 2 JGG, anwendbar, wenn das zuständige Jugendgericht die Hilfe zur Erziehung nach § 12 Nr. 2 JGG nicht selbst anordnet, in den Urteilsgründen im Zusammenhang mit der Überweisung an den Vormundschaftsrichter aber erörtert, daß die Anordnung der Hilfe zur Erziehung empfehlenswert sein könnte.[513]

---

[509] Nothacker, GA 1982, S.451 ff. (S.459).
[510] Ostendorf, Komm.z.JGG, § 55 Rz.28, s. auch § 53 Rz.5.
[511] Brunner/Dölling, Komm.z.JGG, § 37 Rz.5 u. 11.
[512] BGH, MDR 1958, S.356 (S.356).
[513] Eisenberg, Komm.z.JGG, § 55 Rz.41;
Dallinger/Lackner, Komm.z.JGG (2. Aufl.), § 55 Rz.10;
Grethlein/Brunner, Komm.z.JGG, § 55 Anm.2 a;
a.A. Potrykus, Komm.z.JGG (3. Aufl.), § 53 Bem.5.

Hierfür spricht der Wortlaut des § 55 I 2 JGG, nach dem § 55 I 1 JGG nur dann nicht eingreift, wenn der Richter Hilfe zur Erziehung nach § 12 Nr. 2 JGG „angeordnet hat."
Der Wortlaut bietet daher keinen Anhaltspunkt für die Annahme, daß die Rechtsmittelbeschränkung nicht zur Anwendung kommen soll, wenn das Gericht lediglich erörtert, daß die Anordnung dieser Erziehungsmaßregel empfehlenswert sein könnte.
Die Gegenauffassung von Potrykus ist demzufolge abzulehnen, da dieser unzutreffenderweise davon ausgeht, daß die Rechtsmittelbeschränkung des § 55 I JGG in diesen Fällen nicht eingreife.[514]
Gegen die Auffassung von Potrykus spricht darüber hinaus, daß eine derartige Anfechtungsberechtigung nach ihren Voraussetzungen und Zielen sehr unklar wäre, da der Vormundschaftsrichter nicht an die Anregung des Gerichts gebunden ist. Eine Anfechtung ist in diesen Fällen vielmehr im Verfahren der freiwilligen Gerichtsbarkeit vorzunehmen.[515]

dd. Gänzliches Absehen von Strafe

Wurden in einer Entscheidung lediglich Erziehungsmaßregeln oder Zuchtmittel angeordnet, wird von der überwiegenden Ansicht ferner angenommen, daß der Sanktionsspruch nicht angefochten werden könne, damit gänzlich von Strafe abgesehen werde.[516]
Der Zulassung einer derartigen Anfechtungsmöglichkeit stehe der Wortlaut des § 55 I 1 JGG entgegen. Bei der Frage, ob einzelne Maßnahmen überhaupt angeordnet werden, handele es sich nämlich um eine Anfechtung wegen des Umfangs der Maßnahmen, die gerade durch § 55 I JGG ausgeschlossen sei.[517]
Ebenfalls der Sinn und Zweck der sachlichen Rechtsmittelbeschränkung - Beschleunigung von Jugendstrafverfahren, um die jugendstrafrechtliche Sanktion der Tat in einem möglichst engen zeitlichen Zusammenhang nachfolgen zu lassen - spreche gegen die Zulassung einer solchen Anfechtungsmöglichkeit.[518]
Ostendorf gibt zudem zu bedenken, daß die Geltung des § 55 I JGG im Rahmen derartiger Anfechtungen erforderlich sei, da die inhaltliche Rechtsmittelbeschränkung ansonsten immer unter Berufung auf § 60 StGB unterlaufen werden könne.[519]

---

[514] Potrykus, Komm.z.JGG (3. Aufl.), § 53 Bem.5.
[515] Dallinger/Lackner, Komm.z.JGG (2. Aufl.), § 55 Rz.10.
[516] es käme beispielsweise eine Anfechtung wegen Nichtbeachtung des § 29 V BtMG in Betracht.
[517] Ostendorf, Komm.z.JGG, § 55 Rz.27;
LG Mainz, NStZ 1984, S.121 f. (S.121) zu § 29 V BtMG mit ablehnender Anm. v. Eisenberg;
LG Mainz bei Böhm, A., NStZ 1984, S.445 ff. (S.447);
DSS (Schoreit), Komm.z.JGG, § 55 Rz.6 zu § 29 V BtMG;
zustimmend auch Brunner/Dölling, Komm.z.JGG, § 55 Rz.10 zu § 29 V BtMG.
[518] LG Mainz, NStZ 1984, S.121 f. (S.121 f.).
[519] Ostendorf, Komm.z.JGG, § 55 Rz.27;

Auf dieses Argument Ostendorfs ist aber nicht weiter einzugehen, da ein Absehen von Strafe gem. § 60 StGB nur unter sehr engen Voraussetzungen möglich ist.

(1) Gegen die überwiegende Meinung wendet Eisenberg ein, daß die Vorschriften des StGB und der strafrechtlichen Nebengesetze über ein Absehen von Strafe gemäß einer im Rahmen des § 2 JGG vorzunehmenden Auslegung des Begriffs der „Strafe" i.S.v. „Rechtsfolgen" nicht der Rechtsmittelbeschränkung des § 55 I JGG unterfallen.[520] Insofern seien diese Fälle mit der Anfechtung des Ausspruchs vormundschaftsrichterlicher Maßnahmen bei fehlender strafrechtlicher Verantwortlichkeit, § 3 Satz 2 JGG, vergleichbar.
In diesen beiden Fallgruppen gehe es zudem - im Gegensatz zu den von § 55 I JGG erfaßten Fallgestaltungen - darum, ob die Ausübung des jugendrichterlichen Ermessens hinsichtlich der Frage, ob überhaupt ein Ausspruch mit Rechtsfolgencharakter vorzunehmen sei, zutreffend war.[521]
Hinsichtlich der Anfechtung vormundschaftsrichterlicher Maßnahmen werde aber vertreten, daß diese nicht der Rechtsmittelbeschränkung des § 55 I JGG unterliegen[522], so daß dies auch für die in Frage stehende Anfechtungsmöglichkeit zu gelten habe.[523]

Dieser Auffassung Eisenbergs ist jedoch nicht zu folgen, da sie unberücksichtigt läßt, daß die überwiegende Ansicht die Anfechtung des Sanktionsausspruchs nur dann für ausgeschlossen erachtet, wenn sich die Anfechtung gegen eine Entscheidung richtet, in der Erziehungsmaßregeln oder Zuchtmittel angeordnet worden sind.
Die Ansicht Eisenbergs erscheint insoweit unzutreffend, als sie das Absehen von Strafe nach den Vorschriften des StGB und der strafrechtlichen Nebengesetze als Rechtsfolgen einstuft, die nicht von § 55 I JGG erfaßt werden.
Hier geht es nämlich gerade nicht um die Anfechtung einer Entscheidung, in der von Strafe abgesehen wurde, sondern - anders herum - um die Anfechtung einer Entscheidung, in der Erziehungsmaßregeln und/oder Zuchtmittel angeordnet worden sind.
Aus diesem Grunde sind die Fälle jugendstrafrechtlicher Rechtsfolgenanfechtung mit dem Ziel, ein gänzliches Absehen von Rechtsfolgen zu erreichen auch nicht mit

---

zur Möglichkeit des Absehens von Strafe nach § 60 StGB im Jugendstrafverfahren s. Ostendorf, Komm.z.JGG, § 5 Rz.21;
BayObLG, JR 1992, S.387 ff. (S.387 f.)=BayObLG, NJW 1992, S.1520 f. (S.1520 f.).
[520] Eisenberg, Anm. zu LG Mainz (NStZ 1984, S.121 f.), aaO., S.122 f. (S.122).
[521] Eisenberg, Anm. zu LG Mainz (NStZ 1984, S.121 f.), aaO., S.122 f. (S.122).
[522] Dallinger/Lackner, Komm.z.JGG (2. Aufl.), § 55 Rz.7 u. 15;
Eisenberg, Komm.z.JGG, § 55 Rz.42;
Albrecht, P.-A., Jugendstrafrecht, § 49 B I 4.
[523] Eisenberg, Anm. zu LG Mainz (NStZ 1984, S.121 f.), aaO., S.122 f. (S.122).

der Anfechtung des Ausspruchs vormundschaftsrichterlicher Maßnahmen nach § 3 Satz 2 JGG bei fehlender strafrechtlicher Verantwortlichkeit vergleichbar.

(2) Fraglich ist hingegen, ob es sich bei der Anfechtung des Sanktionsspruchs einer Entscheidung über Erziehungsmaßregeln und/oder Zuchtmittel mit dem Ziel des gänzlichen Absehens von Strafe um eine Anfechtung wegen des Umfangs der angeordneten Maßnahmen i.S.d. § 55 I JGG handelt.
Die überwiegende Meinung geht davon aus, daß es sich nach dem Wortlaut des § 55 I JGG bei der Frage, ob einzelne Maßnahmen überhaupt angeordnet werden, um eine Anfechtung wegen des Umfangs der Maßnahmen handele, die durch die sachliche Rechtsmittelbeschränkung ausgeschlossen sei.
Hiernach stünde der Zulassung der Anfechtung, mit der ein gänzliches Absehen von Strafe erstrebt wird, der Wortlaut des § 55 I JGG entgegen.
Diesem Gedanken ist zuzustimmen, da es sich bei dem erstrebten Absehen von Rechtsfolgen nicht um den Schuldspruch, sondern um die Rechtsfolgenzumessung und damit um den Umfang der Maßnahmen i.S.d. Gesetzes handelt.[524]
Dem weiteren Argument dieser Ansicht, daß neben dem Wortlautargument für den Ausschluß der in Frage stehenden Anfechtungsmöglichkeit ebenfalls der Sinn und Zweck der sachlichen Rechtsmittelbeschränkung spreche, ist aber entgegenzuhalten, daß dieses für sich allein zur Begründung des Auschlusses der Anfechtung in diesen Fällen nicht ausreicht.
Demzufolge handelt es sich bei der Frage, ob einzelne Maßnahmen überhaupt angeordnet werden sollen, um eine Anfechtung wegen des Umfangs der Maßnahmen, so daß eine derartige Anfechtung durch die sachliche Rechtsmittelbeschränkung des § 55 I JGG ausgeschlossen ist.

ee. Berücksichtigung von Untersuchungshaft bei der Anordnung von Jugendarrest, § 52 JGG

Eine starke Meinungsgruppe weist zudem darauf hin, daß § 55 I 1 JGG auch dann zur Anwendung gelange, wenn auf Jugendarrest erkannt wurde und mit der Anfechtung dieser Entscheidung die Berücksichtigung erlittener Freiheitsentziehung (§ 52 JGG) erstrebt werde.[525]
In diesem Zusammenhang ist anzumerken, daß die vorherrschende Meinung unter Hinweis auf das im Jugendstrafrecht geltende Subsidiaritätsprinzip und das in § 52 a I 1 JGG normierte Prinzip, nach dem bei Jugendstrafe Untersuchungshaft

---

[524] DSS (Schoreit), Komm.z.JGG, § 55 Rz.6;
vgl. LG Mainz, NStZ 1984, S.121 f. (S.121).

[525] HansOLG Hamburg, JR 1983, 170 ff. (S.171) mit insoweit ablehnender Anm. v. Eisenberg;
LG Tübingen, MDR 1961, S.170 (S.170);
Ostendorf, Komm.z.JGG, § 52 Rz.12;
DSS (Schoreit), Komm.z.JGG, § 55 Rz.7;
Dallinger/Lackner, Komm.z.JGG (2. Aufl.), § 55 Rz.20;
Brunner/Dölling, Komm.z.JGG, § 55 Rz.11 u. §§ 52, 52a Rz.11.

und andere erlittene Freiheitsentziehungen i.d.R. anzurechnen sind, davon ausgeht, daß bei Erkennung auf Jugendarrest erlittener Freiheitsentzug grundsätzlich zu berücksichtigen ist.[526]
Der Gesetzeswortlaut, der auf eine Ermessensvorschrift hindeutet, ist insoweit zu korrigieren. Zu beachten ist aber, daß dem Gericht ein Beurteilungsspielraum hinsichtlich der Frage der Zweckerreichung durch eine erlittene Freiheitsentziehung zukommt.[527]

(1) Die Geltung des § 55 I 1 JGG im Rahmen der Anfechtung einer Entscheidung, in der auf Jugendarrest erkannt wurde, wegen der unterbliebenen Anrechnung erlittenen Freiheitsentzugs wird von der überwiegenden Ansicht damit begründet, daß die Frage der Anrechnung der Untersuchungshaft nur die Frage betreffe, in welchem Umfang Jugendarrest angeordnet werde. Diese Frage sei aber der Anfechtbarkeit gem. § 55 I 1 JGG gerade entzogen.[528]
Hierfür spreche ferner, daß sich der Begriff des Umfangs nicht nur auf die Prüfung der Notwendigkeit eines Zuchtmittels überhaupt oder seiner gewählten Art, sondern ebenfalls auf dessen vollständige oder nur teilweise Vollstreckung beziehe.[529]
Das LG Tübingen räumt ein, daß sich diese Annahme zwar nicht schon aus dem Wortlaut des § 55 I JGG ergebe. Dieser lasse vielmehr auch die Auslegung zu, daß lediglich die Zumessung der angeordneten Rechtsfolgen, d.h. im Falle der Verhängung von Jugendarrest nur die Entscheidung über die Verhängung überhaupt oder über dessen Dauer, der Anfechtung entzogen sein solle, nicht aber auch die Entscheidung über die Anrechnung bereits erlittener Freiheitsentziehung gem. § 52 JGG. Das LG Tübingen meint, daß einer derartigen Auslegung aber der Sinn und Zweck der sachlichen Rechtsmittelbeschränkung sowie das Verhältnis der Zumessung von Jugendarrest und bereits erlittener Untersuchungshaft entgegenstehe.[530]
Die Anfechtung einer Entscheidung wegen Nichtanrechnung erlittener Freiheitsentziehung bei Erkennung auf Jugendarrest wäre nach dieser Meinungsgruppe folglich nur dann zulässig, wenn mit der Anfechtung die Gesetzeswidrigkeit der Anordnung geltend gemacht[531] oder wenn neben Jugendarrest eine dem § 55 I 1

---

[526] Brunner/Dölling, Komm.z.JGG, §§ 52, 52a Rz.10;
Dallinger/Lackner, Komm.z.JGG (2. Aufl.), § 52 Rz.6;
Ostendorf, Komm.z.JGG, § 52 Rz.9;
vgl. auch Herold, RdJ 1957, S.103 ff. (S.105).
[527] Ostendorf, Komm.z.JGG, § 52 Rz.9.
[528] LG Tübingen, MDR 1961, S.170 (S.170);
HansOLG Hamburg, JR 1983, S.170 ff. (S.171);
Brunner/Dölling, Komm.z.JGG, §§ 52, 52a Rz.11, § 55 Rz.11;
ebenso Dallinger/Lackner, Komm.z.JGG (2. Aufl.), § 55 Rz.20.
[529] LG Tübingen, MDR 1961, S.170 (S.170).
[530] LG Tübingen, MDR 1961, S.170 (S.170).
[531] Brunner/Dölling, Komm.z.JGG, §§ 52, 52a Rz.11, § 55 Rz.11;
HansOLG Hamburg, JR 1983, S.170 ff. (S.171);

JGG nicht unterfallende Sanktion angeordnet würde, da eine solche Sanktionierung nur zusammenfassend gewürdigt werden könne.[532]

(2) (a) Die Gegenansicht hält dieser Auffassung entgegen, daß sich der Begriff des „Umfangs" einer Maßnahme i.S.d. § 55 I 1 JGG nur auf das Ergebnis der Rechtsfolge selbst, also auf den erkennenden Sanktionsausspruch, nicht aber auf deren Vollstreckung beziehen dürfe.[533]
Zur Begründung weist die Gegenansicht darauf hin, daß der Begriff des Umfangs der Maßnahmen in § 55 I 1 JGG entsprechend einer Auslegung der Formulierung „...lediglich ...Zuchtmittel angeordnet" primär die Anordnung von Jugendarrest und nicht die Entscheidung über den zu vollstreckenden Umfang desselben betreffe.[534]
Hierfür spreche auch, daß die Entscheidung über die Verhängung und damit über die Art und das Maß des Jugendarrests zunächst grundsätzlich ohne Rücksicht auf bereits erlittene Freiheitsentziehung getroffen werde und erst danach die Entscheidung gem. § 52 JGG erfolge.[535]
Hieraus folgert die Gegenansicht, daß es sich bei der Entscheidung gem. § 52 JGG nicht um eine solche der Rechtsfolgenbemessung, sondern um eine richterliche Entscheidung im Bereich der Jugendarrestvollstreckung handele, so daß eine Ausdehnung des § 55 I JGG auf die Entscheidung nach § 52 JGG zu verneinen wäre.[536]
Gegen diese Folgerung wendet die überwiegende Auffassung ein, daß selbst wenn der Wortlaut des § 52 JGG ein zweiaktiges Verfahren vorschreibe und beiden Entscheidungen verschiedene Gesichtspunkte zugrunde liegen, letztere nur noch endgültig den Umfang des angeordneten Zuchtmittels bestimme - und zwar im Hinblick darauf, inwieweit die Vollstreckung des Jugendarrests im Interesse der bezweckten Erziehung trotz erlittener Freiheitsentziehung noch erforderlich sei.[537]
Der Gegenansicht ist darüber hinaus entgegenzuhalten, daß selbst im Falle der Bestätigung der Annahme, daß es sich bei der Entscheidung nach § 52 JGG um eine jugendrichterliche Entscheidung im Bereich der Jugendarrestvollstreckung handelt,

---

ebenso Ostendorf, Komm.z.JGG, § 52 Rz.12.
[532] Ostendorf, Komm.z.JGG, § 52 Rz.12;
s. hierzu auch Böhm, A., NStZ 1984, S.445 ff. (S.447).
[533] Eisenberg, Komm.z.JGG, § 52 Rz.13 u. § 55 Rz.45;
ebenso Nothacker GA 1982, S.451 ff. (S.459);
s. auch Albrecht, P.-A., Jugendstrafrecht, § 49 B I 3 c.
[534] Eisenberg, Anm. zu HansOLG Hamburg (JR 1983, S.170 ff.), aaO., S.172 f. (S.172).
[535] Dallinger/Lackner, Komm.z.JGG (2. Aufl.), § 52 Rz.5;
Brunner/Dölling, Komm.z.JGG, §§ 52, 52a Rz.3 u. 8;
s. auch HansOLG Hamburg, JR 1983, S.170 ff. (S.171);
a.A. Ostendorf, Komm.z.JGG, § 52 Rz.10.
[536] Eisenberg, Anm. zu HansOLG Hamburg (JR 1983, S.170 ff.), aaO., S.172 f. (S.172);
Eisenberg, Komm.z.JGG, § 52 Rz.13.
[537] LG Tübingen, MDR 1961, S.170 (S.170).

die Geltung des § 55 I JGG nicht ausgeschlossen würde. Dies folgt aus der Darstellung der Voraussetzungen des § 55 I JGG hinsichtlich der Auslegung des Begriffs der Entscheidung. Dort wurde mit der h.M. nämlich angenommen, daß § 55 I JGG auf die Entscheidung im Vollstreckungsverfahren über die Umwandlung des Freizeitarrests nach den §§ 86 i.V.m. 83 JGG Anwendung findet.[538]
Diese Annahme ist auf das vorliegende Problem sinngemäß zu übertragen.

(b) Für die Nichtanwendbarkeit des § 55 I 1 JGG im Rahmen der Anfechtung einer Entscheidung wegen Nichtberücksichtigung erlittener Freiheitsentziehung wird von der Gegenansicht weiterhin das Argument vertreten, daß die sachlich - rechtliche Rechtsmittelbeschränkung des § 55 I 1 JGG zumindest dann nicht zum Zuge kommen dürfe, wenn die Art und Dauer der konkreten Kumulierung freiheitsentziehender Eingriffe das Gewicht der von § 55 I 1 JGG erfaßten Eingriffe tatsächlich übertreffe. Hierfür spreche, daß vergleichsweise gravierende Freiheitsentziehungen nicht von § 55 I 1 JGG erfaßt werden.[539]
Ostendorf wendet gegen dieses Argument ein, daß eine Kumulierung freiheitsentziehender Eingriffe im Urteilszeitpunkt nicht vorgenommen werde und daher gegen die vorangehende Freiheitsentziehung selbständig Rechtsmittel zur Verfügung stehen.[540]

Gegen die Annahme Ostendorfs, daß eine Kumulierung freiheitsentziehender Eingriffe im Urteilszeitpunkt bei einem Vorgehen nach § 52 JGG nicht vorgenommen werde, wendet Eisenberg ein, daß eine Entscheidung nach § 52 JGG die Frage nach kumulierenden Rechtsfolgen betreffe, die sich aus Jugendarrest und einer der von § 52 JGG erfaßten Freiheitsentziehungen zusammensetze. Dies ergebe sich aus einer Gesamtbetrachtung, die unter der Geltung des Erziehungsgedankens stets unerläßlich sei, sowie aus der Nähe zu dem jugendstrafrechtlichen Grundsatz der Einspurigkeit freiheitsentziehender Maßnahmen, welcher aus den §§ 8 I 2, II, 5 III JGG folge.
Hieran ändere auch der Gesichtspunkt nichts, daß es sich bei der Anordnung einer unter § 52 JGG fallenden Freiheitsentziehung nicht um die Entscheidung über eine Rechtsfolge handele und daß diese im übrigen bereits vollzogen und bzw. oder nicht mehr mit Rechtsmitteln überprüfbar sei.[541] Die Vorschrift des § 52 JGG selbst gehe nämlich davon aus, daß die Auswirkungen des bereits vollzogenen Freiheitsentzugs noch fortwirken[542], indem diese Vorschrift auf die Zweckerreichung des Jugendarrests durch eine zuvor erlittene Freiheitsentziehung abstellt.

---

[538] s.o. D II 2 a aa.
[539] Eisenberg, Anm. zu HansOLG Hamburg (JR 1983, S.170 ff.), aaO., S.172 f. (S.172); vgl. Eisenberg, Komm.z.JGG, § 52 Rz.13.
[540] Ostendorf, Komm.z.JGG, § 52 Rz.12.
[541] Eisenberg, Anm. zu HansOLG Hamburg (JR 1983, S.170 ff.), aaO., S.172 f. (S.172).
[542] Eisenberg, Anm. zu HansOLG Hamburg (JR 1983, S.170 ff.), aaO., S.172 f. (S.172).

Dieser Argumentation Eisenbergs ist zuzustimmen, da der Wortlaut des § 52 JGG ausdrücklich die Frage danach stellt, ob der Zweck des Jugendarrests durch Untersuchungshaft oder durch eine andere wegen der Tat erlittenen Freiheitsentziehung bereits ganz oder teilweise erreicht wurde.
Außerdem ist zu beachten, daß es sich bei der Kopplung der in § 52 JGG genannten Arten von Freiheitsentzug mit Jugendarrest um einen - gegenüber den von § 55 I JGG erfaßten Rechtsfolgen - wesentlich schwereren Eingriff für den Jugendlichen handelt. Dies gilt um so mehr, als bereits die alleinige Anordnung von Jugendarrest einen erheblichen Eingriff in die Rechte des Jugendlichen darstellt.[543]
Dementsprechend muß eine Anfechtungsmöglichkeit wegen Nichtberücksichtigung erlittener Freiheitsentziehung bei Anordnung von Jugendarrest bestehen.

Weiterhin ist selbst bei noch bestehender Anfechtungsmöglichkeit vorangegangenen Freiheitsentzugs der Ansicht Ostendorfs, daß gegen diesen selbständig Rechtsmittel zur Verfügung stehen, entgegenzuhalten, daß es hier nicht allein um die Anfechtung der erlittenen Freiheitsentziehung geht, sondern vielmehr um einen zusätzlich zu vollstreckenden Jugendarrest.
Hierfür spricht die Überlegung, daß ein Anfechtungsberechtigter möglicherweise der Durchführung der Untersuchungshaft oder einer anderen Freiheitsentziehung zustimmt, nicht jedoch der nachfolgenden nochmaligen Freiheitsentziehung in Form des Jugendarrests. Da § 52 JGG nun gerade die Anrechnung erlittenen Freiheitsentzugs bei Anordnung von Jugendarrest zuläßt, ist der Verweis auf die separate Anfechtungsmöglichkeit der bereits erlittenen Freiheitsentziehung als nicht interessengerecht anzusehen.
Aus diesen Gründen ist die Geltung des § 55 I JGG im Rahmen der Anfechtung einer Entscheidung, die auf Jugendarrest lautet, wegen Nichtberücksichtigung erlittener Freiheitsentziehung entgegen der überwiegend vertretenen Auffassung abzulehnen.

d. Nicht von § 55 I JGG erfaßte Anfechtungsmöglichkeiten

aa. Anfechtung des Schuldspruchs

Der Schuldspruch einer Entscheidung kann nach allgemeiner Auffassung unabhängig von der angeordneten Rechtsfolge stets uneingeschränkt angefochten werden.[544]
Bereits im Schriftlichen Bericht des Ausschusses für Rechtswesen und Verfassungsrecht über den Entwurf eines Gesetzes zur Änderung des Reichsjugendgerichtsgesetzes wurde geäußert, daß es dem Jugendlichen entgegen der in

---

[543] zu der Frage, ob der Jugendarrest aus der Rechtsmittelbeschränkung des § 55 I JGG herausgenommen werden sollte, s.u. D II 2 f.

[544] Brunner/Dölling, Komm.z.JGG, § 55 Rz.11;
Eisenberg, Komm.z.JGG, § 55 Rz.46;
Ostendorf, Komm.z.JGG, § 55 Rz.25;
Dallinger/Lackner, Komm.z.JGG (2. Aufl.), § 55 Rz.12.

§ 40 RJGG niedergelegten Rechtsmittelbeschränkung aus rechtsstaatlichen Gründen stets möglich sein müsse, im Rechtsmittelverfahren seine Unschuld geltend zu machen.[545]
Der Schuldspruch einer Entscheidung kann beispielsweise angefochten werden, weil der Beschuldigte die Beteiligung an der Tat oder das Vorliegen einer Straftat aus tatsächlichen oder rechtlichen Gründen[546] bestreitet, sei es wegen fehlender Tatbestandsmäßigkeit, Rechtswidrigkeit oder Schuld oder wegen Fehlens einer sonstigen Strafbarkeitsvoraussetzung.
Ebenfalls zur Beanstandung des Schuldspruchs zählt es, wenn die Anwendung einer anderen Gesetzesbestimmung des materiellen Rechts oder eine sonstige Änderung des Schuldspruchs, wie z.B. auf der Ebene der Konkurrenzen oder der Einstufung als Täter oder Teilnehmer erstrebt wird.[547]

bb. Anfechtbarkeit eines Freispruchs oder einer anderweitigen Entscheidung, um die Anordnung weiterer Rechtsfolgen zu erreichen

Der Staatsanwalt kann darüber hinaus einen Freispruch anfechten. Dies gilt auch dann, wenn dieser wegen fehlender strafrechtlicher Verantwortlichkeit (§ 3 Satz 1 JGG) erfolgte.[548]
Dem Angeklagten steht hingegen mangels Beschwer i.d.R. keine Anfechtungsmöglichkeit eines Freispruchs zu. Etwas anderes gilt nur dann, wenn gleichzeitig Maßnahmen nach § 3 Satz 2 JGG angeordnet wurden.[549] In diesem Fall ist eine Anfechtung möglich, weil sich die Rechtsmittelbeschränkung des § 55 I JGG nicht auf die vormundschaftsrichterlichen Maßnahmen nach § 3 Satz 2 JGG bezieht.[550]

Der Staatsanwalt kann des weiteren ein Rechtsmittel einlegen, wenn er Jugendstrafe oder mindestens einen Schuldspruch nach § 27 JGG, eine Nebenstrafe oder Nebenfolge, eine Maßregel der Besserung und Sicherung allein oder neben den bereits angeordneten Maßnahmen für notwendig erachtet. Eine Ausnahme hiervon besteht aber nach der überwiegenden Auffassung im Falle der erstrebten Anordnung von Hilfe zur Erziehung gem. § 12 Nr. 2 JGG.[551] Grund für diesen Anfechtungsausschluß ist, daß § 55 I 2 JGG dem Schutz des Jugendlichen dient.[552]

---

[545] BT-Dr. 1/4437, S.9.
[546] vgl. Ostendorf, Komm.z.JGG, § 55 Rz.25.
[547] Dallinger/Lackner, Komm.z.JGG (2. Aufl.), § 55 Rz.13.
[548] Eisenberg, Komm.z.JGG, § 55 Rz.47;
Brunner/Dölling, Komm.z.JGG, § 55 Rz.11;
Dallinger/Lackner, Komm.z.JGG (2. Aufl.), § 55 Rz.14 u. 15.
[549] Dallinger/Lackner, Komm.z.JGG (2. Aufl.), § 55 Rz.14 u. 15;
vgl. auch Eisenberg, Komm.z.JGG, § 55 Rz.47.
[550] Ostendorf, Komm.z.JGG, § 55 Rz.27;
Albrecht, P.-A., Jugendstrafrecht, § 49 B I 4;
Eisenberg, Komm.z.JGG, § 55 Rz.42;
Dallinger/Lackner, Komm.z.JGG (2. Aufl.), § 55 Rz.7.
[551] Brunner/Dölling, Komm.z.JGG, § 55 Rz.11;

cc. Gesetzeswidrigkeit einer Maßnahme

Die sachliche Rechtsmittelbeschränkung steht der Anfechtbarkeit einer Entscheidung ferner dann nicht entgegen, wenn mit dieser die Gesetzeswidrigkeit einer von § 55 I 1 JGG erfaßten Maßnahme geltend gemacht wird.[553]

Hiernach ist die Anfechtung einer Entscheidung beispielsweise mit der Begründung, daß eine angeordnete Weisung gegen Grundrechte verstoße[554] oder die Entscheidung alternierende Rechtsfolgen ausspreche, möglich.[555]

Ebenfalls zulässig ist die Anfechtung wegen der zu Unrecht unterlassenen Bildung einer einheitlichen Rechtsfolge[556] sowie im Falle der Anordnung einer Wiedergutmachungsauflage ohne zivilrechtliche Grundlage.[557]

Wird entgegen § 87 I JGG Jugendarrest zur Bewährung ausgesetzt, ist die Anfechtung der Entscheidung wegen Gesetzeswidrigkeit ebenso möglich.[558]

Das gleiche gilt, wenn eine Maßnahme unter Überschreitung der Rechtsfolgenkompetenz angeordnet wird. Dies ist z.B. der Fall, wenn ein für allgemeine Strafsachen zuständiges Gericht unter Verstoß gegen § 104 IV JGG eine Erziehungsmaßregel selbst anordnet.[559]

e. Entscheidungen des Rechtsmittelgerichts

Wird ein Urteil unter Nichtbeachtung der Rechtsmittelbeschränkung des § 55 I JGG angefochten, so kann das Rechtsmittelgericht die Berufung nach § 322 I 1 StPO und die Revision gem. § 349 I StPO durch Beschluß als unzulässig verwerfen.

Zu beachten ist aber, daß die Möglichkeit der Verwerfung einer Berufung solange ausscheidet, wie diese noch nicht auf bestimmte Beschwerdepunkte nach § 318 Satz 1 StPO beschränkt wurde. In diesem Fall gilt das Urteil nach § 318 Satz 2 StPO nämlich als insgesamt angefochten.

Anders verhält es sich bei dem Rechtsmittel der Revision. Gem. § 344 I StPO hat der Beschwerdeführer in seinem Revisionsantrag anzugeben, inwieweit er das

---

Dallinger/Lackner, Komm.z.JGG (2. Aufl.), § 55 Rz.17 u. 18;
im Ergebnis ebenso Ostendorf, Komm.z.JGG, § 55 Rz.28;
a.A. DSS (Schoreit), Komm.z.JGG, § 55 Rz.9, da eine derartige Ausnahme weder der Vorschrift des § 55 I noch den dazugehörigen RiLi zu entnehmen sei.

552 Dallinger/Lackner, Komm.z.JGG (2. Aufl.), § 55 Rz.18.

553 Eisenberg, Komm.z.JGG, § 55 Rz.48;
Brunner/Dölling, Komm.z.JGG, § 55 Rz.11;
Ostendorf, Komm.z.JGG, § 55 Rz.25.

554 vgl. Schaffstein/Beulke, Jugendstrafrecht, S.204.

555 Eisenberg, Anm. zu LG Mainz (NStZ 1984, S.121 f.), aaO., S.122 f. (S.123).

556 vgl. hierzu OLG Schleswig, SchlHA 1958, S.180 f. (S.180).

557 Eisenberg, Komm.z.JGG, § 15 Rz.6.

558 OLG Düsseldorf, NJW 1961, S.891 (S.891) m.w.N;
OLG Frankfurt, NJW 1963, S.969 (S.969).

559 Eisenberg, Komm.z.JGG, § 55 Rz.48;
ebenso Brunner/Dölling, Komm.z.JGG, § 55 Rz.11.

Urteil anfechte und dessen Aufhebung beantrage. Bei fehlenden Anträgen muß sich das Ziel der Revision zumindest aus der Revisionsschrift ergeben. Von einer Anfechtung in vollem Umfang ist bei der Revision im Gegensatz zur Berufung aber nur bei nicht behebbaren Zweifeln hinsichtlich der Intention dieses Rechtsmittels auszugehen.
Das Rechtsmittel der Beschwerde gegen eine Entscheidung über Erziehungsmaßregeln und Zuchtmittel sowie der Rechtsbehelf der Wiederaufnahme des Verfahrens gem. §§ 359 ff., auf die nach der hier zu folgenden Ansicht die Rechtsmittelbeschränkung des § 55 I JGG Anwendung findet, sind bei Nichtbeachtung dieser Vorschrift ebenfalls als unzulässig zu verwerfen.

Wird eine Entscheidung hingegen aus einem Grunde angefochten, der nicht der Rechtsmittelbeschränkung des § 55 I JGG unterfällt, so stellt sich die Frage, ob das Rechtsmittelgericht die Entscheidung in einem Punkt abändern kann, dessen Anfechtung für sich allein nicht zulässig gewesen wäre.
Dieses Problem tritt beispielsweise dann auf, wenn der Jugendrichter den Angeklagten der fahrlässigen Körperverletzung für überführt gehalten und gegen ihn eine Arbeitsauflage verhängt hat. Greift ein zur Rechtsmitteleinlegung Berechtigter dieses Urteil im Hinblick auf den Schuldspruch an, so ist zu überlegen, ob das Berufungsgericht im Falle der Bestätigung des Schuldspruchs berechtigt ist, die angeordnete Maßnahme durch eine andere zu ersetzen bzw. um eine weitere zu ergänzen.
Die Anfechtung wegen des Umfangs einer Maßnahme oder wegen der Ansicht, daß andere oder weitere Erziehungsmaßregeln oder Zuchtmittel hätten angeordnet werden sollen, ist nämlich nach § 55 I 1 JGG unzulässig.

Die Frage ist also, ob die Vorschrift des § 55 I JGG allein das Anfechtungsrecht der Prozeßbeteiligten beschränkt oder darüber hinaus eine Bindung des Rechtsmittelgerichts an die in der Vorinstanz getroffenen Anordnungen bewirkt.
Hierzu werden im wesentlichen zwei Ansichten vertreten.[560]
Da der Vorwurf erhoben wird, daß eine Umgehung der sachlichen Rechtsmittelbeschränkung durch lediglich vorgeschobene Beschwerdegründe möglich sei, ist die Entscheidung dieses Streitstands insbesondere für die Frage von Bedeutung, inwieweit § 55 I JGG geeignet ist, die mit dieser Vorschrift verfolgten Ziele zu erreichen.[561]
Dies gilt insbesondere für die keiner Begründungspflicht unterliegenden Berufung.
Nach Nothacker ist die Vorschrift des § 55 I JGG wegen der Möglichkeit der Umgehung aufzuheben, da sie aus diesem Grunde das Bedürfnis nach jugendspezi-

---

[560] auf die von Potrykus vertretene Auffassung soll hier nicht weiter eingangen werden, s. hierzu NJW 1955, S.929 ff., denn dieser geht unzutreffenderweise davon aus, daß der Angeklagte eine von § 55 I JGG erfaßte Entscheidung nur anfechten könne, wenn er seine Unschuld behaupte, Komm.z.JGG (3. Aufl.), § 55 Bem.5.
[561] s. hierzu D I 1 - 4.

fischer Verfahrensbeschleunigung nicht erfülle, sondern eher noch zu einer zusätzlichen Verfahrensverzögerung führen könne. Daher fehle es der sachlichen Rechtsmittelbeschränkung im Hinblick auf Art. 3 I GG an der erforderlichen Geeignetheit.[562]

aa. Keine Bindung des Rechtsmittelgerichts

Nach h.M. kann das Rechtsmittelgericht im Falle der zulässigen Anfechtung einer Entscheidung - selbst bei Aufrechterhaltung des Schuldspruchs - Erziehungsmaßregeln, Zuchtmittel oder die Anordnung der Überweisung an den Vormundschaftsrichter nach § 53 JGG aufheben und abändern.

Hierfür spreche, daß § 55 I JGG nur die Zulässigkeit eines Rechtsmittels betreffe, darüber hinaus aber keine Bindung des Rechtsmittelgerichts bewirke.[563]

Bei den Rechtsmitteln der Berufung und der Revision sei aber im Rahmen der Abänderung einer Entscheidung das Verbot der reformatio in peius zu beachten, §§ 331 I, 358 II StPO[564], wenn der Angeklagte selbst oder ein anderer Anfechtungsberechtigter zugunsten des Verurteilten das Rechtsmittel eingelegt habe.[565]

---

[562] Nothacker, „Erziehungsvorrang" und Gesetzesauslegung, S.221, Fn.661.

[563] BGHSt 10, S.198 ff. (S.200 ff.);
BayObLG, NJW 1992, S.1520 f. (S.1520 f.)=JR 1992, S.387 ff. (S.387 f.) mit zustimmender Anm. v. Brunner;
OLG Stuttgart, NJW 1956, S.33 ff. (S.33 ff.) mit insoweit ablehnender Anm. v. Potrykus;
OLG Hamm, NJW 1956, S.1736 (S.1736);
LG Kiel, NJW 1956, S.1166 f. (S.1167);
Dallinger/Lackner, Komm.z.JGG (2. Aufl.), § 55 Rz.26;
vgl. auch Böhm, A., Einführung in das Jugendstrafrecht, S.91 f.

[564] BGHSt 10, S.198 ff. (S.202);
s. auch Brunner/Dölling, Komm.z.JGG, § 55 Rz.12;
s. vertiefend zum Verbot der reformatio in peius
Grethlein, Problematik des Verschlechterungsverbotes im Hinblick auf die besonderen Maßnahmen des Jugendrechts;
DSS (Schoreit), Komm.z.JGG, § 55 Rz.15 ff.;
Brunner/Dölling, Komm.z.JGG, § 55 Rz.21 ff.;
Schaffstein/Beulke, Jugendstrafrecht, S.205 f. m.w.N.;
Kaufmann, JZ 1958, S.9 ff.

[565] im Hinblick darauf, daß die Geltung des § 55 I JGG neben Urteilen auch für andere Entscheidungen über Erziehungsmaßregeln und Zuchtmittel sowie das Wiederaufnahmeverfahren bejaht wurde, ist in diesem Zusammenhang darauf hinzuweisen, daß nach § 373 II StPO das Verschlechterungsverbot ebenfalls im Rahmen des Wiederaufnahmeverfahrens zu berücksichtigen ist. Für das Rechtsmittel der Beschwerde gilt dieses Verbot i.d.R. mangels Bestehens einer entsprechenden gesetzlichen Regelung hingegen nicht. Eine Ausnahme hiervon besteht jedoch für diejenigen Beschlüsse, die im Jugendstrafverfahren Wirkungen wie Urteile haben können. Hierzu zählt die Ergänzung rechtskräftiger Entscheidungen bei mehrfacher Verurteilung durch Beschluß gem. § 66 II 2 JGG. Etwas anderes gilt dann, wenn die Abänderbarkeit von Urteils- oder Beschlußentscheidungen durch das Gericht ohne Anfechtung vorgesehen ist, da in diesen Fällen bei der Anordnung umfangreicherer Maßnahmen kein Nachteil i.S.d. Verschlechterungsverbots vorliegt, vgl. BGH, NJW 1982, S.1544 (S.1544) m.w.N. u. Ostendorf, Komm.z.JGG, § 55 Rz.13.

Zur Begründung dieser Auffassung wird zunächst auf den Wortlaut des § 55 I 1 JGG verwiesen. Nach diesem ergebe sich lediglich eine Beschränkung der Anfechtbarkeit von Entscheidungen für die Prozeßbeteiligten, jedoch keine Bindung des Rechtsmittelgerichts an die Entscheidungen des in der Vorinstanz zuständigen Gerichts.[566]
Auch die Entstehungsgeschichte der sachlichen Rechtsmittelbeschränkung spricht nach dieser Meinung gegen die Annahme, daß der Gesetzgeber eine über die allgemeinen Rechtsmittelvorschriften hinausgehende Bindung des Rechtsmittelgerichts beabsichtigt habe. In den Ausschußberatungen sei die einhellige Auffassung der Abgeordneten vielmehr dahin gegangen, von irgendeiner Bindung des Rechtsmittelgerichts an den Inhalt des angefochtenen Urteils abzusehen.[567]
Von dieser Meinung wird weiterhin darauf verwiesen, daß der für die in § 55 I JGG enthaltenen Rechtsmittelbeschränkung maßgebende Gesichtspunkt der jugendgemäßen Verfahrensbeschleunigung bei Einlegung eines zulässigen Rechtsmittels ohnehin entfalle, so daß dieser der Abänderungsbefugnis des Rechtsmittelgerichts nicht entgegenstehe.[568]
Speziell bei Einlegung einer Berufung gegen das erstinstanzliche Urteil wird außerdem angenommen, daß es sich nicht mit der Aufgabe und Stellung des Berufungsgerichts vereinbaren lasse, diesem zwar die gesamte Überprüfung des Urteils in tatsächlicher und rechtlicher Hinsicht anzuvertrauen, nicht hingegen die Befugnis, die vom erstinstanzlich zuständigen Gericht verhängten Zuchtmittel und Erziehungsmaßregeln nach eigenem Ermessen abzuändern. Dies gelte insbesondere dann, wenn die neue Beweisaufnahme einen wesentlich anderen Sachverhalt oder eine andere rechtliche Beurteilung ergebe.[569]

bb. Teilweise Bindung des Rechtsmittelgerichts

Nach einer anderen Ansicht ist das Rechtsmittelgericht im Falle der Bestätigung des Schuldspruchs an die in der Vorinstanz getroffenen Maßnahmen gebunden.
Eine Bindung trete hingegen nicht ein, wenn das Rechtsmittelgericht zu anderen Schuldfeststellungen gelange.[570]

Zu diesen Beschlüssen sind die Entscheidungen nach § 65 JGG und nach den §§ 86 i.V.m. 83 JGG zu zählen. Für das Verbot der reformatio in peius bleibt weiterhin kein Raum bei vorläufigen Anordnungen über die Erziehung nach § 71 JGG, vgl. Grethlein, Problematik des Verschlechterungsverbotes im Hinblick auf die besonderen Maßnahmen des Jugendrechts, S.135.

[566] BGHSt 10, S.198 ff. (S.200);
vgl. auch LG Kiel, NJW 1956, S.1166 f. (S.1167).

[567] vgl. Dallinger/Lackner, Komm.z.JGG (2. Aufl.), § 55 Rz.26.

[568] BGHSt 10, S.198 ff. (S.199 f.).

[569] BGHSt 10, S.198 ff. (S.201);
vgl. auch OLG Kiel, NJW 1956, S.1166 f. (S.1167).

[570] OLG Frankfurt/Main, NJW 1956, S.32 f. (S.32 f.) mit zustimmender Anm. v. Schnitzerling;
Kaufmann, JZ 1958, S.9 ff. (S.9 ff.);
Schaffstein/Beulke, Jugendstrafrecht, S.205;
Müller, Jugendstrafrecht und Jugendgerichtsbarkeit, S.81;

Zur Begründung dieser Annahme wird darauf verwiesen, daß die Vorschrift des § 55 I JGG im Falle der Aufrechterhaltung des Schuldspruchs eine Art Teilrechtskraft hinsichtlich der in der Vorinstanz verhängten Erziehungsmaßregeln oder Zuchtmittel bewirke.[571]
Des weiteren wird angenommen, daß § 55 I JGG, dem durch sein Bestreben, im Rahmen der Vorgaben des Rechtsstaatsgedankens die für den Erziehungszweck schädlichen Auswirkungen der Einlegung von Rechtsmitteln abzuwenden, ein ausgesprochener Kompromißcharakter zukomme[572], diese Differenzierung selbst vorschreibe: Handele es sich um Gesichtspunkte der Schuldfeststellungen, dann gehe nach dieser Vorschrift eine Abänderung der Entscheidung den erzieherischen Belangen vor. Die erzieherischen Belange beanspruchen hingegen Vorrang, wenn Umstände von Bedeutung seien, die nur auf die Art und den Umfang der angeordneten Maßnahmen Einfluß haben können.
Selbst wenn sich der Wortlaut des § 55 I JGG nur auf die Frage der Zulässigkeit der Anfechtung einer Entscheidung, nicht jedoch auf die Frage, unter welchen Umständen diese abgeändert werden dürfe, beziehe, müsse die Beantwortung der Frage, in welchem Umfang dem Rechtsmittelgericht eine Abänderungsbefugnis zustehe, nach demselben Prinzip vorgenommen werden. Durch diese Vorgehensweise finde der erwähnte Kompromißcharakter des § 55 I JGG in angemessener Weise Berücksichtigung.[573]
Als weiteres Argument wird angeführt, daß die von dieser Ansicht vertretene Lösung geeignet sei, einer Umgehung des § 55 I JGG durch vorgeschobene Beschwerdegründe, wenn der Rechtsmittelführer in Wahrheit nur eine Änderung der angeordneten Maßnahmen erreichen möchte, wirksam zu begegnen.[574]

cc. Entscheidung des Streitstands

Der Auffassung der h.M., daß sich aus dem Wortlaut des § 55 I JGG lediglich eine Beschränkung der Anfechtbarkeit von Entscheidungen für die Prozeßbeteiligten, nicht hingegen eine Bindung des Rechtsmittelgerichts an die im Urteil angeordneten Maßnahmen ergebe, ist zuzustimmen, da dem Wortlaut dieser Vorschrift nichts Gegenteiliges zu entnehmen ist.
Nicht anzuerkennen ist hingegen das Argument dieser Ansicht, daß die Entstehungsgeschichte der sachlichen Rechtsmittelbeschränkung gegen eine vom Gesetzgeber gewollte Bindung des Rechtsmittelgerichts über die allgemeinen Rechtsmit-

---

ebenso Pentz, JZ 1957, S.49 f. (S.50);
s. auch Pentz, RdJ 1956, S.44 ff. (S.47).
[571] OLG Frankfurt/Main, NJW 1956, S.32 f. (S.33);
vgl. auch Kaufmann, JZ 1958, S.9 ff. (S.9).
[572] Peters, Werdendes Jugendstrafrecht, S.50 f.;
Kaufmann, JZ 1958, S.9 ff. (S.11).
[573] Kaufmann, JZ 1958, S.9 ff. (S.11 f.).
[574] vgl. Kaufmann, JZ 1958, S.9 ff. (S.13);
Mrozynski, Jugendhilfe u. Jugendstrafrecht, S.230.

telvorschiften hinaus spreche, da sich die Abgeordneten in den Ausschußsitzungen gegen eine derartige Bindung ausgesprochen hätten.
Gegen dieses Argument spricht, daß dem Entwurf eines Gesetzes zur Änderung des Reichsjugendgesetzes[575] sowie dem Schriftlichen Bericht des Ausschusses für Rechtswesen und Verfassungsrecht[576] ein derartiger Wille des Gesetzgebers nicht zu entnehmen ist. Wäre der Gesetzgeber gegen eine Bindung des Rechtsmittelgerichts gewesen, so hätte dieser Wille in den genannten Bundestagsdrucksachen zum Ausdruck kommen müssen.[577]
Weiterhin ist gegen die überwiegend vertretene Meinung der Vorwurf zu erheben, daß sie sich bei den für die Rechtsmittelbeschränkung maßgebenden Gesichtspunkten allein auf den Grundsatz jugendgemäßer Verfahrensbeschleunigung bezieht und die weiteren Gründe, die das Bestehen der jugendstrafverfahrensrechtlichen Rechtsmittelbeschränkung legitimieren sollen, gar nicht - oder nur unzureichend - berücksichtigt.
Hierzu zählt einmal der Gesichtspunkt, daß voneinander abweichende (Rechtsmittel-) Entscheidungen zu einer erzieherisch abträglichen Minderung der gerichtlichen Autorität führen können sowie die speziell für § 55 I JGG bestehende Annahme, daß der erstinstanzlich zuständige Richter den Erziehungsbedürfnissen des Jugendlichen ohnehin am besten Rechnung tragen kann.
Daß der erstinstanzlich zuständige Richter den Erziehungsbedürfnissen des Jugendlichen am besten Rechnung tragen kann, berücksichtigt die h.M. nur insoweit, als sie darauf hinweist, daß von der Abänderung der erstinstanzlichen Entscheidung äußerst zurückhaltend Gebrauch zu machen sei. Eine Änderung solle daher nicht erfolgen, wenn das Rechtsmittelgericht den geltend gemachten Anfechtungsgrund nicht für durchgreifend erachte und außerdem keine erheblichen Unterschiede zur Erstentscheidung in der tatsächlichen und rechtlichen Beurteilung auftreten würden.[578] Zu beachten ist aber, daß die tatsächliche Handhabung dem Ermessen des zuständigen Gerichts unterliegt.
Die Nichtberücksichtigung der Möglichkeit einer Minderung der gerichtlichen Autorität durch voneinander abweichende Rechtsmittelentscheidungen erstaunt deshalb, weil eine derartige Minderung aus der Sicht des Jugendlichen gerade im Falle der Aufrechterhaltung des Schuldspruchs bei gleichzeitiger Abänderung der im Urteil angeordneten Maßnahmen sehr wahrscheinlich ist.
Das von der h.M. herangezogene Argument, daß es sich speziell bei Einlegung einer Berufung gegen das erstinstanzliche Urteil nicht mit der Aufgabe und Stellung des Berufungsgerichts vereinbaren lasse, diesem zwar die gesamte Überprüfung des Urteils in rechtlicher und tatsächlicher Hinsicht anzuvertrauen, nicht hin-

---

[575] BT-Dr. 1/3264.
[576] BT-Dr. 1/4437.
[577] vgl. Kaufmann, JZ 1958, S.9 ff. (S.10).
[578] vgl. BGHSt 10, S.198 ff. (S.201);
Dallinger/Lackner, Komm.z.JGG (2. Aufl.), § 55 Rz.28;
Brunner/Dölling, Komm.z.JGG, § 55 Rz.12.

gegen die Befugnis zu einer Abänderung der im Urteil verhängten Maßnahmen nach eigenem Ermessen, ist dem Grunde nach anzuerkennen. Gegen dieses Argument ist jedoch mit der Gegenansicht einzuwenden, daß es den Kompromißcharakter des § 55 I JGG unberücksichtigt läßt.
Es liegt gerade im Sinne des vom Gesetz erstrebten Kompromisses, daß das Rechtsmittelgericht aus erzieherischen Gründen in bestimmtem Umfang auch ein unrichtiges Urteil aufrechterhalten muß.[579]
Gegen dieses Argument der vorherrschenden Auffassung spricht nach der Gegenmeinung darüber hinaus der Umstand, daß § 55 I JGG hinsichtlich der im Urteil angeordneten Erziehungsmaßregeln und Zuchtmitteln bei Aufrechterhaltung des Schuldspruchs eine Art Teilrechtskraft bewirke.[580]
Demzufolge ist dieses Argument der h.M. abzulehnen.
Für die Minderansicht ist insbesondere hervorzuheben, daß sie geeigneter als die h.M. erscheint, einer Umgehung der sachlichen Rechtsmittelbeschränkung durch Vorschieben von Anfechtungsgründen entgegenzuwirken. Hierfür spricht, daß ein Anfechtungsberechtigter, der davon auszugehen hat, daß eine Änderung der Rechtsfolgen bei Bestätigung des Schuldspruchs ausgeschlossen ist, eher von einer Anfechtung absehen wird, es sei denn, er möchte tatsächlich eine Änderung des Schuldspruchs erreichen.
Die Ansicht der h.M. verlockt hingegen in besonderem Maße, gegen eine Entscheidung auch dann ein Rechtsmittel einzulegen, wenn der Rechtsmittelführer von der Richtigkeit der getroffenen Schuldfeststellungen überzeugt ist. Die drohende Kostentragungspflicht bei Erfolglosigkeit des Rechtsmittels ist allein nicht geeignet, eine derartige Vorgehensweise zu unterbinden, wenn der Beschwerdeführer über ausreichende finanzielle Mittel verfügt.
Bei Bestehen einer zu starken Umgehungsmöglichkeit wäre gegenüber § 55 I JGG mit Nothacker der Vorwurf zu erheben, daß diese Vorschrift nicht geeignet ist, die mit ihr verfolgten Ziele zu verwirklichen.
Mit der Auffassung der Minderansicht ist eine Umgehung des § 55 I JGG zwar auch nicht vollkommen ausgeschlossen, entscheidend ist aber, daß der Anreiz zu einer Umgehung geringer ist. Der völlige Ausschluß einer Umgehungsmöglichkeit des § 55 I JGG erscheint unter Rechtsstaatsgesichtspunkten ohnehin nicht möglich, da dieser nur durch eine noch stärkere Einschränkung der Anfechtungsmöglichkeiten der Prozeßbeteiligten realisierbar wäre, wie dies in § 40 RJGG der Fall war.
Mit der Minderansicht ist demnach eine interessengerechte Lösung zu erzielen, so daß der Forderung Nothackers nach Abschaffung des § 55 I JGG wegen der Möglichkeit dessen Umgehung nicht zu entsprechen ist.
Nach der herrschenden Ansicht ist es zwar möglich, der nach ihrem Lösungsansatz bestehenden Umgehungsmöglichkeit des § 55 I JGG durch eine Vernehmung des

---

[579] so auch Kaufmann, JZ 1958, S.9 ff. (S.12).
[580] OLG Frankfurt/Main, NJW 1956, S.32 f. (S.33);
vgl. auch Kaufmann, JZ 1958, S.9 ff. (S.9).

Angeklagten zu Beginn des Rechtsmittelverfahrens über den Zweck des von ihm eingelegten Rechtsmittels zu begegnen.[581] Von einem Rechtsanwalt als Verteidiger und der Staatsanwaltschaft könne ohnehin erwartet werden, daß sie das Gesetz nicht umgehen.[582]
Die Vernehmung eines Jugendlichen mag in vielen Fällen das tatsächlich mit dem Rechtsmittel verfolgte Ziel aufdecken. Zu bedenken ist aber, daß der Rechtsmittelführer, der ganz zielbewußt das Gesetz umgehen will, seine wahren Absichten geflissentlich verdecken wird. Bezüglich der Staatsanwaltschaft und dem Verteidiger ist hingegen mit der h.M. davon auszugehen, daß diese eine Entscheidung nicht unter Umgehung des § 55 I JGG anfechten werden.
Nicht ausgeschlossen ist aber außerdem die Möglichkeit, daß der Erziehungsberechtigte oder der gesetzliche Vertreter eine Entscheidung unter Umgehung des § 55 I JGG anficht.
Demnach ist dieser Begründung der vorherrschenden Meinung nicht zu folgen.

Aus den dargestellten Argumenten folgt, daß die überwiegende Meinung abzulehnen ist.
Mit der Gegenansicht ist daher von einer Bindung des Rechtsmittelgerichts bei Aufrechterhaltung des Schuldspruchs an die in der Vorinstanz angeordneten Maßnahmen auszugehen.

f. Kritik an der sachlichen Rechtsmittelbeschränkung und vorzuschlagende Änderungen

aa. Forderung nach Abschaffung des § 55 I JGG

Teilweise wird die Forderung erhoben, die Vorschrift des § 55 I JGG ersatzlos zu streichen.[583] Eine Mißbrauchsklausel oder eine Einschränkung der Rechtsmittelmöglichkeiten sei im Jugendstrafverfahren nicht erforderlich.[584]
Diese Forderung wird damit begründet, daß der im Jugendstrafrecht geltende Beschleunigungsgedanke nicht dazu führen dürfe, daß rechtsstaatliche Garantien zurücktreten und junge Menschen benachteiligt würden.[585]

---

[581] BGHSt 10, S.198 ff. (S.201);
OLG Stuttgart, NJW 1956, S.33 ff. (S.33 f.).

[582] OLG Stuttgart, NJW 1956, S.33 ff. (S.34).

[583] UK III, DVJJ-Schriftenreihe, Jugend im sozialen Rechtsstaat, S.460=DVJJ-J 1992, S.23 ff. (S.24);
Balbier in DVJJ-Schriftenreihe, Jugend im sozialen Rechtsstaat, S.468 ff. (S.471);
für die Reformbedürftigkeit des § 55 JGG s. Ostendorf in Bundesministerium der Justiz 1992, Jugendstrafrechtsreform durch die Praxis, S.325 ff. (S.326) sowie Viehmann in Walter, Beiträge zur Erziehung im Jugendkriminalrecht, S.111 ff. (S.131).

[584] UK III, DVJJ-Schriftenreihe, Jugend im sozialen Rechtsstaat, S.460=DVJJ-J 1992, S.23 ff. (S.24).

[585] UK III, DVJJ-Schriftenreihe, Jugend im sozialen Rechtsstaat, S.460=DVJJ-J 1992, S.23 ff. (S.24);

Hiergegen ist jedoch einzuwenden, daß die sachliche Rechtsmittelbeschränkung grundsätzlich als zweckmäßige Regelung anzusehen ist.
Darüber hinaus ist zu bedenken, daß im Falle der Abschaffung des § 55 I JGG selbst Entscheidungen, in denen besonders eingriffsschwache Maßnahmen angeordnet wurden, wie z.B. die Erteilung einer Verwarnung nach § 14 JGG, in umfangreicher Weise angefochten werden könnten. Die allgemeinen Vorschriften über Rechtsmittel wären zwar zu beachten, eine jugendstrafverfahrensrechtliche Rechtsmittelbeschränkung würde aber nur noch in Form der instanziellen Rechtsmittelbeschränkung des § 55 II JGG bestehen.
Demzufolge wäre die Aufhebung des § 55 I JGG nicht sinnvoll.
Für die Abschaffung des § 55 I JGG spricht andererseits, daß diese Vorschrift die Rechte der Anfechtungsberechtigten auch bei eingriffsintensiveren Maßnahmen sehr stark einschränkt. Dementsprechend äußert die Unterkommission III der DVJJ-Kommission zur Reform des Jugendkriminalrechts, daß es unvertretbar sei, daß beispielsweise geständige Jugendliche/Heranwachsende nicht einmal gegen eine freiheitsentziehende Sanktion wie einen vierwöchigen Dauerarrest ein Rechtsmittel einlegen können. Dies gelte ebenso für die Möglichkeit der Einlegung von Rechtsmitteln durch die Staatsanwaltschaft zugunsten des Angeklagten.[586]

Die in § 55 I 1 JGG niedergelegte Rechtsmittelbeschränkung sollte beibehalten werden.
Es ist jedoch zu überlegen, ob der Jugendarrest, der eine sehr eingriffsintensive Maßnahme für den Jugendlichen/Heranwachsenden darstellt, aus der Regelung des § 55 I 1 JGG herausgenommen werden sollte.

bb. Herausnahme des Jugendarrests aus der Regelung des § 55 I 1 JGG

Der Jugendarrest als Rechtsfolge des JGG unterliegt starker Kritik, die bis zur Forderung nach Abschaffung dieser Maßnahme reicht.[587] [588]
Inwieweit der Jugendarrest verändert oder gänzlich aus dem jugendstrafrechtlichen Rechtsfolgensystem herausgenommen werden sollte, kann im Rahmen dieser Arbeit nicht geklärt werden.
Bei der derzeitigen Gesetzeslage ist jedoch zu erwägen, ob der Jugendarrest, insbesondere der Dauerarrest, in gleichem Maße wie die Hilfe zur Erziehung gem. § 12 Nr. 2 JGG aus der Regelung des § 55 I 1 JGG herausgenommen werden sollte.

---

s. hierzu auch Nr.7.1 der Mindestgrundsätze der Vereinten Nationen, ZStW Bd.99 (1987), S.253 ff. (S.263).

[586] UK III, DVJJ-Schriftenreihe, Jugend im sozialen Rechtsstaat, S.460=DVJJ-J 1992, S.23 ff. (S.24).

[587] s. hierzu Schaffstein/Beulke, Jugendstrafrecht, S.107 m.w.N.

[588] zur Kritik am sog. Ungehorsamsarrest nach den §§ 11 III, 15 III, 23 I 4, 29 S.2, 88 VI 1, 89 III JGG
s. Frehsee, DVJJ-Schriftenreihe, Mehrfach Auffällige-Mehrfach Betroffene, S.314 ff.;
s. hierzu auch Albrecht, P.-A., Jugendstrafrecht, § 27 I 3.

In seinen Änderungsvorschlägen zu dem Entwurf eines Gesetzes zur Änderung des Reichsjugendgerichtsgesetzes vertrat der Bundesrat die Ansicht, daß die Rechtsmittelbeschränkung des § 40 I 1 des Entwurfs (= § 55 I 1 JGG der heutigen Fassung) beim Dauerarrest nicht angebracht sei, da es sich bei dieser Rechtsfolge um eine sehr einschneidende Maßnahme handele, deren richtige Auswahl der Nachprüfung im Instanzenzuge unterliegen sollte.[589]
Die Bundesregierung lehnte in ihrer Stellungnahme den Änderungsvorschlag des Bundesrats mit der Begründung ab, daß nach § 40 RJGG eine Entscheidung über Dauerarrest für den Verurteilten unanfechtbar gewesen sei und der Bundesgerichtshof keine Bedenken gehabt habe, die grundsätzliche Anwendbarkeit dieser Vorschrift zu bejahen.[590] Erforderlich war nach der Ansicht der Bundesregierung aber eine Verbesserung der Rechtsstaatlichkeit des Verfahrens, da § 40 RJGG nur die Anfechtung durch den Staatsanwalt zugelassen habe, wenn dieser eine Bestrafung des Angeklagten habe erreichen wollen. Unter Berücksichtigung dieses Umstands sei § 40 RJGG in dem Entwurf eines Gesetzes zur Änderung des Reichsjugendgerichtsgesetzes in eine sehr maßvolle Beschränkung abgeändert worden, die auch beim Dauerarrest notwendig erschienen sei.
Zudem wird nach Auffassung der Bundesregierung gerade die erzieherische Wirkung des Jugendarrests erfahrungsgemäß sehr stark abgeschwächt, wenn er nicht unmittelbar auf die Tat folge.[591]
Der Vorschlag des Bundesrats, den Dauerarrest nicht der sachlichen Rechtsmittelbeschränkung zu unterstellen, wurde ebenfalls von dem Ausschuß für Rechtswesen und Verfassungsrecht in dem von diesem verfaßten Schriftlichen Bericht über den Entwurf eines Gesetzes zur Änderung des Reichsjugendgerichtsgesetzes verworfen, und zwar mit dem Hinweis, daß der Entwurf eine verhältnismäßig zurückhaltende Rechtsmittelbeschränkung enthalte und gerade der Dauerarrest der Tat auf dem Fuße folgen müsse, um erzieherisch wirken zu können.[592]

Peters vertrat bereits im Jahre 1947 die Meinung, daß es möglich sein müsse, die schwersten Rechtsfolgen des JGG durch eine Anfechtung zu beseitigen oder deren Anordnung zu erstreben, wozu neben der Fürsorgeerziehung (diese entspricht der heutigen Hilfe zur Erziehung nach § 12 Nr. 2 JGG) der Dauerarrest zähle. Soweit es sich um diese beiden Maßnahmen handele, solle immer ein Rechtsmittel gegeben sein.[593]
Aus neuerer Zeit ist auch Ostendorf der Auffassung, daß § 55 I JGG insbesondere nicht für den Jugendarrest gelten solle, da die sachliche Rechtsmittelbeschränkung

---

[589] BT-Dr. 1/3264, S.57 (Anl. 2).
[590] zu der Fortgeltung des § 40 RJGG nach dem Zusammenbruch des Nationalsozialismus bis zum Inkrafttreten des JGG 1953, s. o. C II 5.
[591] BT-Dr. 1/3264, S.65 (Anl. 3).
[592] BT-Dr. 1/4437, S.9.
[593] Peters, Werdendes Jugendstrafrecht, S.51, s. auch S.71.

keine Anwendung auf stationäre, sondern nur auf ambulante Maßnahmen finden dürfe.[594]
Ostendorf weist darauf hin, daß im Falle der Nichtanfechtbarkeit außerdem ein Mißbrauch zu befürchten sei.[595]

(1) Berücksichtigung der Entstehungsgeschichte
Zur Beurteilung der Frage, ob der Jugendarrest aus der Regelung des § 55 I 1 JGG herausgenommen werden sollte, ist zunächst auf die Entstehungsgeschichte dieser Vorschrift einzugehen.
Es ist zu prüfen, inwieweit die Entstehungsgeschichte des § 55 I JGG dafür spricht, Entscheidungen, in denen Jugendarrest angeordnet wurde, nicht der sachlichen Rechtsmittelbeschränkung zu unterstellen.
In dem Entwurf eines Gesetzes zur Änderung des Reichsjugendgerichtsgesetzes wurde die Absicht erklärt, zu der Regelung des § 35 JGG 1923 zurückzukehren.
Das JGG von 1923 kannte aber noch nicht die erst zu einem späteren Zeitpunkt eingeführte Kategorie der Zuchtmittel und dementsprechend auch nicht den Jugendarrest.
Somit bezog sich die Rechtsmittelbeschränkung des § 35 I JGG 1923 nur auf Urteile, in denen Erziehungsmaßregeln angeordnet waren.
In dem genannten Entwurf wurde die Entscheidung darüber, ob die Rechtsfolge Jugendarrest überhaupt beibehalten werden sollte, auf einen späteren Zeitpunkt verschoben.[596] Diese Entscheidung steht aber immer noch aus.[597]
Es ist jedoch zu beachten, daß selbst unter Berücksichtigung des Umstands, daß der Gesetzgeber des Änderungsgesetzes zum RJGG zu der Regelung des § 35 JGG 1923 zurückkehren wollte, nicht davon ausgegangen werden kann, daß die nach der Geltung des § 35 JGG 1923 eingeführten Rechtsfolgen nicht von der Rechtsmittelbeschränkung des § 55 I JGG erfaßt werden sollten. Hierfür spricht, daß die Zuchtmittel ausdrücklich in die Vorschrift der sachlichen Rechtsmittelbeschränkung aufgenommen wurden.
Zu beachten ist ferner, daß der Gesetzgeber entgegen seiner Absicht, zu der Regelung des § 35 JGG 1923 zurückzukehren, die inhaltliche Rechtsmittelbeschränkung gegenüber § 35 JGG 1923 ohnehin wesentlich erweiterte.
Aus der Entstehungsgeschichte des § 55 I JGG kann somit kein Argument für die Herausnahme des Jugendarrests aus der Regelung der sachlichen Rechtsmittelbeschränkung hergeleitet werden.

---

[594] Ostendorf, Komm.z.JGG, Grdl. zu §§ 55-56, Rz.6.
[595] Ostendorf, Komm.z.JGG, Grdl. zu §§ 55-56, Rz.4 u. 6.
[596] BT-Dr. 1/3264, S.40 (Anl. 1, Begr.).
[597] vgl. Eisenberg, Komm.z.JGG, § 16 Rz.3.

(2) Vergleich der Eingriffsintensität des Arrests mit der der Hilfe zur Erziehung nach § 12 Nr. 2 JGG

Eine Entscheidung, in der dem Jugendlichen auferlegt wurde, Hilfe zur Erziehung gem. § 12 Nr. 2 JGG in einer Einrichtung über Tag und Nacht oder in einer sonstigen betreuten Wohnform i.S.d. § 34 SGB VIII in Anspruch zu nehmen, kann nach § 55 I 2 JGG ohne Beachtung der sachlichen Rechtsmittelbeschränkung des § 55 I 1 JGG angefochten werden.

Grund hierfür ist, daß es sich bei der Hilfe zur Erziehung nach § 12 Nr. 2 JGG um eine Maßnahme von weit einschneidender Art als bei den übrigen von § 55 I 1 JGG erfaßten Erziehungsmaßregeln und Zuchtmitteln handelt.[598]

Die Erziehungsmaßregel nach § 12 Nr. 2 JGG ist neben der Jugendstrafe die am stärksten in die Rechte des Jugendlichen eingreifende Sanktion.[599] Außerdem kann sie seit Wegfall der Jugendstrafe von unbestimmter Dauer als einzige Maßnahme ohne bestimmte Dauer angeordnet werden. Eine Begrenzung bildet lediglich der Eintritt der Volljährigkeit des Verurteilten.

Fraglich ist nun, ob der Jugendarrest eine der Hilfe zur Erziehung nach § 12 Nr. 2 JGG vergleichbare Eingriffsintensität besitzt, so daß die Herausnahme von Entscheidungen aus der Rechtsmittelbeschränkung des § 55 I 1 JGG, in denen dieses Zuchtmittel angeordnet worden ist, unter diesem Gesichtspunkt zu befürworten wäre.

Zur Bewertung der Eingriffsintensität dieser Rechtsfolgen können die Grundsätze, die zum Verbot der reformatio in peius erarbeitet wurden, entsprechend herangezogen werden.

Im Rahmen des Verschlechterungsverbots wird angenommen, daß eine Verpflichtung nach § 12 Nr. 2 JGG im Vergleich zum Jugendarrest eine Verschlechterung darstelle, da sie sich regelmäßig über einen erheblich längeren Zeitraum erstrecke.[600]

Im Verhältnis zu den übrigen Rechtsfolgen des JGG, mit Ausnahme der Hilfe zur Erziehung nach § 12 Nr. 2 JGG und der Jugendstrafe, wird der Jugendarrest hingegen als nachteiligere Maßnahme eingestuft.[601]

Der Jugendarrest steht folglich unter dem Gesichtspunkt der Eingriffsintensität zwischen der Hilfe zur Erziehung nach § 12 Nr. 2 JGG und den übrigen Erziehungsmaßregeln und Zuchtmitteln des JGG.

Diese Zwischenstellung spricht weder für noch gegen die Herausnahme des Jugendarrests aus der Regelung der sachlichen Rechtsmittelbeschränkung.

---

[598] vgl. Müller, Jugendstrafrecht und Jugendgerichtsbarkeit, S.80.

[599] Albrecht, P.-A., Jugendstrafrecht, § 23 I 3;
vgl. auch Eisenberg, Komm.z.JGG, § 55 Rz.77.

[600] Eisenberg, Komm.z.JGG, § 55 Rz.77 a;
s. auch Brunner/Dölling, Komm.z.JGG, § 55 Rz.23.

[601] Dallinger/Lackner, Komm.z.JGG (2. Aufl.), vor § 55 Rz.26;
Eisenberg, Komm.z.JGG, § 55 Rz.79 b.

Etwas anderes könnte sich aber daraus ergeben, daß die Jugendstrafe, die gem. § 21 JGG zur Bewährung ausgesetzt wurde, im Rechtsmittelverfahren durch Jugendarrest[602] oder die Anordnung zur Inanspruchnahme von Hilfe zur Erziehung nach § 12 Nr. 2 JGG[603] ersetzt werden kann, wenn diese nicht in einem geschlossenen Heim durchzuführen ist, ohne daß gegen das Verbot der reformatio in peius verstoßen würde.
Dies gilt ebenfalls im Falle der Aussetzung der Verhängung einer Jugendstrafe nach § 27 JGG[604], denn hierdurch wird der Jugendarrest der Anordnung nach § 12 Nr. 2 JGG in einem gewissen Sinne gleichgestellt.
Dieser Umstand reicht jedoch für sich allein nicht aus, um die Herausnahme des Dauerarrests aus der sachlichen Rechtsmittelbeschränkung zu begründen. Er spricht aber auch nicht gegen eine derartige Gesetzesänderung.

(3) Die inhaltlichen Wirkungen des Jugendarrests
Zur Beantwortung der Frage, ob der Jugendarrest aus der Vorschrift des § 55 I 1 JGG herausgenommen werden sollte, ist weiterhin auf den Streitstand einzugehen, ob der Jugendarrest inhaltlich einer Strafe gleichkommt.
Die Jugendstrafe, als einzige echte Kriminalstrafe unter den Rechtsfolgen des JGG, unterfällt der Rechtsmittelbeschränkung des § 55 I 1 JGG nämlich gerade nicht.
Würde der Jugendarrest inhaltlich mit einer materiellen Strafe übereinstimmen, so spräche dieser Umstand daher für die Herausnahme des Jugendarrests aus der Vorschrift des § 55 I 1 JGG.

Eine genaue systematische Einordnung der Kategorie der Zuchtmittel enthält das JGG nicht. Dem Gesetz ist aber zu entnehmen, daß die Zuchtmittel zwischen den reinen Erziehungsmaßregeln und der Jugendstrafe stehen.
Daß Zuchtmittel zum Zwecke der Erziehung des jungen Straftäters verhängt werden, ergibt sich aus den §§ 17 II 1. Alt., 15 III 1 und 16 III 1 JGG.
Aus dem Wortlaut des § 13 I JGG „der Richter ahndet die Straftat" läßt sich nach Ansicht des Bundesgerichtshofs darüber hinaus der sühnende bzw. repressive Charakter der Zuchtmittel entnehmen, wonach die Zuchtmittel zumindest auch Zwecke des Schuldausgleichs verfolgen.[605]

---

[602] OLG Oldenburg, ZfJ 1967, S.343 f. (S.344);
Dallinger/Lackner, Komm.z.JGG (2. Aufl.), vor § 55 Rz.23;
Eisenberg, Komm.z.JGG, § 55 Rz.79 b.
[603] Eisenberg, Komm.z.JGG, § 55 Rz.77 b;
Brunner/Dölling, Komm.z.JGG, § 55 Rz.26;
DSS (Schoreit), Komm.z.JGG, § 55 Rz.22.
[604] DSS (Schoreit), Komm.z.JGG, § 55 Rz.22 u. 25;
vgl. Eisenberg, Komm.z.JGG, § 55 Rz.77 b u. 79 b.
[605] vgl. BGHSt 18, S.207 ff. (S.209);
s. auch Eisenberg, Komm.z.JGG, § 13 Rz.8.

(a) Demgemäß geht die vorherrschende Meinung davon aus, daß sämtliche Zuchtmittel ihrem Inhalt nach überwiegend als materielle Strafen einzustufen seien.[606] Dies könne zwar nicht für sämtliche Zuchtmittel gleichermaßen gelten, da gerade die Verwarnung gem. § 14 JGG, durch die dem Jugendlichen das Unrecht der Tat eindringlich vorgehalten werden solle, nur einen Appell darstelle. Bei den Auflagen der Schadenswiedergutmachung nach § 15 I 1 Nr. 1 JGG und der Entschuldigung gem. § 15 I 1 Nr. 2 JGG dürfte der Ahndung der Tat, bemessen an der Intensität der Nachteilszufügung, ebenfalls nur ein geringes Gewicht zukommen.
Etwas anderes gelte für die Arbeitsauflage nach § 15 I 1 Nr. 3 JGG, für die Auflage nach § 15 I 1 Nr. 4 JGG (Zahlung eines Geldbetrags zugunsten einer gemeinnützigen Einrichtung) und den Jugendarrest nach § 16 JGG.[607]
Gegen die Annahme, daß Zuchtmittel, insbesondere der Jugendarrest, inhaltlich einer Strafe gleichkommen, spricht nach dieser Ansicht auch nicht die Regelung des § 13 III JGG, nach der die formellen Rechtswirkungen der Strafe bei den Zuchtmitteln ausgeschlossen werden. Denn wäre die Nichteinordnung der Zuchtmittel als materielle Strafen selbstverständlich, so erschiene § 13 III JGG als überflüssige Regelung.[608]

(b) Nach Schaffstein/Beulke wird das Wesen der Zuchtmittel hingegen nicht getroffen, wenn man diese als „materielle Strafen" bezeichnet.
Zur Begründung dieser Annahme weisen Schaffstein/Beulke darauf hin, daß sich die Zuchtmittel von den echten Strafen dadurch unterscheiden, daß sie nicht wie diese der Tatvergeltung im Sinne einer überpersönlichen Gerechtigkeitsübung dienen. Die erstrebten Wirkungen der Ahndung und Sühne haben vielmehr nur eine pädagogische, vornehmlich auf ihren Eindruck auf den Täter berechnete Bedeutung.
Die Zuchtmittel stehen nach Schaffstein/Beulke den Erziehungsmaßregeln daher wesentlich näher als der Strafe. Sie meinen, der Unterschied der Zuchtmittel zu den Erziehungsmaßregeln bestehe lediglich darin, daß erstere die sühnende Wirkung des Tadels oder der Übelszufügung als primäres Erziehungsmittel einsetzen.[609]

---

[606] Welzel, Das deutsche Strafrecht, S.273, für den Jugendarrest;
Dallinger/Lackner, Komm.z.JGG (2. Aufl.), § 13 Rz.3;
Albrecht, P.-A., Jugendstrafrecht, § 24 I 2 a;
Eisenberg, Komm.z.JGG, § 13 Rz.8;
ebenso Maurach/Gössel/Zipf, Strafrecht AT 2, § 72 Rz.4;
zur teilweisen Geltung der Dienst- und Sicherheitsvorschriften für den Strafvollzug auch für den Jugendarrestvollzug, s. etwa die AV der Justizbehörde Nr.19/1988 vom 26.08.1988, HmbJVBl. 1988, S.103 f.
[607] Albrecht, P.-A., Jugendstrafrecht, § 24 I 2 a.
[608] Eisenberg, Komm.z.JGG, § 13 Rz.8.
[609] Schaffstein/Beulke, Jugendstrafrecht, S.102.

(c) Für die Annahme, daß die Zuchtmittel inhaltlich einer Strafe gleichkommen, spricht der Wortlaut des § 13 I JGG durch den Gebrauch des Ausdrucks der Ahndung. Wie aber ein Blick in das Gesetz zeigt, verfolgen die Zuchtmittel auch erzieherische Zwecke.
Ob der Jugendarrest den Erziehungsmaßregeln oder der Jugendstrafe näher steht, kann somit nur durch einen Vergleich mit diesen Rechtsfolgen festgestellt werden.

Nach einem Urteil des Bundesgerichtshofs unterscheidet sich der Jugendarrest von der Jugendstrafe, die den Täter entsühnen und wieder in die Gesellschaft einordnen soll, dadurch, daß er eine „mehr schreckhaft empfundene harte Zurechtweisung sein soll, die wohl eine ernste Mahnung, in der Regel aber keine volle Sühne für das begangene Unrecht darstellt." Der mit dem Jugendarrest verfolgte Zweck ist daher weniger weitreichend als bei der Jugendstrafe.
Hinsichtlich des Erziehungsziels besteht zwischen dem Arrest und der Jugendstrafe ein Unterschied darin, daß der Arrest dieses Ziel durch einen kurzen harten Zugriff, der das Ehrgefühl ansprechen und für die Zukunft eine eindringliche Warnung darstellen soll, zu erreichen versucht. Die Jugendstrafe will dem Erziehungszweck demgegenüber durch eine länger andauernde, umfassende Einwirkung gerecht werden.[610]
Die Zuchtmittel und die Erziehungsmaßregeln unterscheiden sich hingegen dadurch, daß erstere die sühnende Wirkung des Tadels oder der Übelszufügung als primäres Erziehungsmittel einsetzen.[611] Des weiteren sind Erziehungsmaßregeln nach § 5 I JGG „aus Anlaß der Straftat" anzuordnen. Nach § 5 II JGG wird die Straftat eines Jugendlichen nur dann mit Zuchtmitteln oder mit Jugendstrafe geahndet, „wenn Erziehungsmaßregeln nicht ausreichen."
Hieraus wird von der überwiegenden Auffassung gefolgert, daß der Zweck der Erziehungsmaßregeln im Gegensatz zu dem der Zuchtmittel nicht in der Ahndung der Straftat, sondern allein in der Erziehung des Täters bestehe.[612]

Der Vergleich des Jugendarrests mit den Erziehungsmaßregeln und der Jugendstrafe führt zu dem Eindruck, daß die Zuchtmittel der Strafe näher stehen als den Erziehungsmaßregeln.
Hierfür spricht, daß die Zuchtmittel und die Jugendstrafe die Tat sühnen sollen, wenn auch in einem unterschiedlichen Umfang.
Dies gilt in besonderem Maße für den Jugendarrest.

---

[610] BGHSt 18, S.207 ff. (S.209 f.).
[611] Schaffstein/Beulke, Jugendstrafrecht, S.102.
[612] BT-Dr. 1/4437, S.3 f. für die Weisungen;
Schaffstein/Beulke, Jugendstrafrecht, S.78 f.;
Albrecht, P.-A., Jugendstrafrecht, § 18 A 3 b u. c;
vgl. auch Dallinger/Lackner, Komm.z.JGG (2. Aufl.), § 5 Rz.11 u. 12, § 9 Rz.1;
kritisch hierzu Brunner/Dölling, Komm.z.JGG, § 5 Rz.3;
a.A. Miehe, Die Bedeutung der Tat im Jugendstrafrecht, S.46.

Gerade durch diese Funktion der Zuchtmittel besteht zwischen diesen und den Erziehungsmaßregeln nach den §§ 9 ff. JGG, die allein erzieherische Ziele verfolgen sollen, ein wesentlicher Unterschied.
Durch die Jugendstrafe und den Jugendarrest soll der jugendliche Straftäter ebenfalls erzogen werden. Der Jugendarrest baut hierbei auf eine Erziehung durch eine relativ kurze und harte Zurechtweisung, so daß insoweit ein Unterschied zu der Jugendstrafe, die auf einen umfassenden Erziehungsprozeß zugeschnitten ist, sichtbar wird.
Im Hinblick auf die Erziehungsmaßregeln ist jedoch zu beachten, daß auch diese durch eine auf längere Zeit ausgerichtete Einwirkung die Erziehung der jungen Straftäter gewährleisten sollen.
Der Jugendarrest unterscheidet sich in diesem Punkt somit gleichermaßen von der Jugendstrafe und den Erziehungsmaßregeln.
Das Bestehen der Vorschrift des § 13 III JGG, nach der den Zuchtmitteln nicht die Wirkung einer Strafe zukommt, spricht hingegen für die Annahme, daß die Zuchtmittel ihrem Inhalt nach als materielle Strafen einzustufen sind. Wie die h.M. zutreffend argumentiert, erschiene die in § 13 III JGG niedergelegte Regelung überflüssig, wenn es selbstverständlich wäre, daß die Zuchtmittel nicht als materielle Strafen einzustufen sind.
Gerade der Jugendarrest ähnelt der Jugendstrafe, die nicht nach § 21 JGG zur Bewährung und deren Verhängung nicht gem. § 27 JGG ausgesetzt wurde, ebenfalls aufgrund des damit verbundenen Freiheitsentzugs. Dies gilt auch, obwohl zwischen dem Jugendstrafvollzug und dem Jugendarrestvollzug Unterschiede im Hinblick auf die Art der Durchführung und der Räumlichkeiten bestehen. Denn bei beiden Rechtsfolgen wird dem Verurteilten die Freiheit genommen.
Die dargestellten Überlegungen sprechen dafür, die Zuchtmittel inhaltlich als materielle Strafen einzustufen. Dies gilt insbesondere für den Jugendarrest.
Demzufolge sprechen die vorangehenden Ausführungen für die Herausnahme des Jugendarrests aus der in § 55 I 1 JGG niedergelegten sachlichen Rechtsmittelbeschränkung.

(4) Besonderes Bedürfnis an einer jugendspezifischen Verfahrensbeschleunigung beim Jugendarrest

Andererseits ist aber zu berücksichtigen, daß das Bestehen der jugendstrafverfahrensrechtlichen Rechtsmittelbeschränkung damit zu begründen ist, daß den Rechtsfolgen des JGG nur dann die notwendige erzieherische Wirkung zukommt, wenn sie der Tat so bald wie möglich nachfolgen.
Ein besonderes Bedürfnis am Bestehen einer jugendspezifischen Verfahrensbeschleunigung wird vor allem für diejenigen Rechtsfolgen angenommen, die keine längere erzieherische Behandlung einleiten sollen, sondern deren Funktion sich in der Wirkung eines kurzen Denkzettels erschöpfe.

Hierunter fällt die Kategorie der Zuchtmittel.[613]
Würde nun der Jugendarrest entsprechend der Hilfe zur Erziehung gem. § 12 Nr. 2 JGG aus der Regelung der sachlichen Rechtsmittelbeschränkung herausgenommen, so könnte eine Entscheidung, in der Jugendarrest angeordnet worden ist, ohne Beachtung der Rechtsmittelbeschränkung des § 55 I 1 JGG angefochten werden.
Damit entstünde die Gefahr einer häufigen Verfahrensverzögerung durch die Einlegung von Rechtsmitteln. In diesen Fällen würde neben den allgemeinen Rechtsmittelvorschriften nach den §§ 296 ff. StPO nämlich nur die instanzielle Rechtsmittelbeschränkung des § 55 II JGG, nach der ein Anfechtungsberechtigter entweder Berufung oder Revision einlegen kann, eingreifen.
Es stellt sich somit die Frage, ob die Herausnahme des Jugendarrests aus der Regelung des § 55 I 1 JGG unter Berücksichtigung der Ansicht, daß im Falle der Anordnung von Jugendarrest eine besondere Beschleunigung erforderlich sei, zweckmäßig erschiene.

Der Annahme, daß sämtliche Rechtsfolgen des Jugendstrafrechts nur dann voll wirksam werden, wenn sie der Tat auf dem Fuße folgen, entsprechen Nr. 6 Satz 1 der RiLi zu § 43 JGG und Nr. 1 Satz 1 der RiLi zu § 55 JGG.
Auf ein spezielles Bedürfnis nach Beschleunigung bei Anordnung von Jugendarrest wird in diesen RiLi hingegen nicht eingegangen.
Für ein besonderes Bedürfnis der Verfahrensbeschleunigung bei den Zuchtmitteln könnte das Wesen der Zuchtmittel sprechen, da sich deren Funktion in einer kurzen Denkzettelwirkung erschöpfen soll. Für diese Annahme kann die Vorschrift des § 4 JAVollzO herangezogen werden, nach der Jugendarrest i.d.R. unmittelbar nach der Rechtskraft des Urteils zu vollziehen ist.
Andererseits ist zu berücksichtigen, daß auch bei den Erziehungsmaßregeln eine besondere Verfahrensbeschleunigung notwendig erscheint, damit in geeigneter Weise auf die Erziehungsmängel des Jugendlichen, die in der Tat hervorgetreten sind, eingegangen werden kann.
Dies gilt ebenfalls für die Jugendstrafe, durch die eine Straftat geahndet, der Jugendliche aber zugleich auch erzieherisch beeinflußt werden soll.
An vorheriger Stelle dieser Arbeit wurde auf die RiLi zu den §§ 82-85 JGG eingegangen.[614] Es wurde festgestellt, daß in RiLi II Nr. 1 festgelegt ist, daß die bei der Strafvollstreckung grundsätzlich erforderliche Beschleunigung für die Vollstreckung der für Jugendliche festgesetzten Maßnahmen und Strafen besonders wichtig ist. Nach dieser Generalklausel besteht somit kein Bedürfnis an einer besonderen Verfahrensbeschleunigung speziell für die Kategorie der Zuchtmittel.

---

[613] s. hierzu oben D I 1.
[614] s. o. D I 1 b bb (4) (a).

In IV Nr. 1, V Nr. 4 und VI Nr. 1 der RiLi zu §§ 82-85 JGG wird zudem auf das Bedürfnis nach einer besonderen Beschleunigung für die Zuchtmittel der Verwarnung, des Jugendarrests sowie der Jugendstrafe hingewiesen.
Die RiLi enthalten hingegen keine derartige Festlegung für das Zuchtmittel in Form der Auflagen gem. § 15 JGG. Demzufolge ist nicht anzunehmen, daß für die Kategorie der Zuchtmittel generell eine besondere Beschleunigung notwendig ist.
Es liegen auch keine empirischen Arbeiten vor, die mit Sicherheit belegen, daß die Wirksamkeit des Jugendarrests in besonderem Maße davon abhängt, daß dieser der von dem Jugendlichen verübten Tat auf dem Fuße folgt.
Bereits Eisenhardt äußerte im Rahmen einer von ihm durchgeführten Untersuchung zum Jugendarrest, daß überwiegend eine schnelle Vollstreckung des Jugendarrests gefordert werde, obwohl für ein derartiges Bedürfnis keine empirischen Arbeiten vorliegen. Daher basiere diese Forderung auf reinen Vermutungen.[615]
Demnach liegen keine Anhaltspunkte dafür vor, daß zum Erhalt der Wirkungen des Jugendarrests eine stärkere Beschleunigung des Verfahrens als bei den anderen Rechtsfolgen des JGG erforderlich ist.
Es ist vielmehr davon auszugehen, daß bei allen Rechtsfolgen das gleiche Bedürfnis nach einer jugendspezifischen Verfahrensbeschleunigung besteht.
Daher ist beim Jugendarrest die gleiche Situation wie bei der Hilfe zur Erziehung nach § 12 Nr. 2 JGG sowie der Jugendstrafe nach § 17 JGG, die nicht von der Rechtsmittelbeschränkung des § 55 I 1 JGG erfaßt werden, gegeben, so daß die Herausnahme des Jugendarrests aus der sachlichen Rechtsmittelbeschränkung unter dem Gesichtspunkt der erforderlichen Beschleunigung möglich erscheint.

(5) Vergleich des Freizeit-, Kurz- und Dauerarrests
Es stellt sich aber die Frage, ob sämtliche Arrestarten oder nur der Dauerarrest aus § 55 I 1 JGG herausgenommen werden sollten.
Im Verhältnis der Ausgestaltungen des Jugendarrests ist der Dauerarrest aufgrund seiner längeren Dauer gegenüber dem Freizeit- und Kurzarrest als eingriffsintensivere Maßnahme anzusehen.[616] Nach § 16 IV 1 JGG beträgt der Dauerarrest mindestens eine und höchstens vier Wochen. Aus § 16 II und III JGG folgt, daß der Freizeit- und der Kurzarrest für eine Dauer von mindestens zwei und höchstens vier Tagen angeordnet werden kann.
Nach § 6 I JAVollzO ist die Einzelunterbringung bei allen drei Arrestformen während der Nacht vorgesehen. Von der Einzelunterbringung kann jedoch abgesehen werden, wenn der körperliche oder seelische Zustand des Jugendlichen eine gemeinsame Unterbringung erfordert.
Während des Tages ist eine Einzelunterbringung gem. § 6 II 2 JAVollzO nur bei Durchführung des Freizeit- sowie des Kurzarrests möglich. Nach § 6 II 3

[615] Eisenhardt, Die Wirkungen der kurzen Haft auf Jugendliche, S.68.
[616] vgl. Eisenberg, Komm.z.JGG, § 55 Rz.79.

JAVollzO ist hiervon jedoch ebenfalls abzusehen, wenn der körperliche oder seelische Zustand des Jugendlichen eine gemeinsame Unterbringung erfordert.
Aufgrund der Möglichkeit der Einzelunterbringung des Jugendlichen im Rahmen des Vollzugs von Freizeit- und Kurzarrest während der Tageszeit gewinnen diese Arrestformen gegenüber dem Dauerarrest an Schärfe. Hierfür spricht die Überlegung, daß dem Jugendlichen im Falle der Einzelunterbringung weniger Ablenkungsmöglichkeiten zur Verfügung stehen, so daß er gezwungen ist, intensiv über seine Tat nachzudenken oder zumindest die Zeit allein zu verbringen.
Aus diesem Grunde sollte nicht nur der Dauerarrest, sondern auch der Freizeit- und der Kurzarrest aus der Rechtsmittelbeschränkung des § 55 I 1 JGG herausgenommen werden.

(6) Auswirkungen der Herausnahme des Jugendarrests aus § 55 I 1 JGG auf die Anfechtbarkeit von Beschlüssen und im Hinblick auf den Rechtsbehelf der Wiederaufnahme des Verfahrens, §§ 359 ff. StPO
Mit der überwiegenden Ansicht wurde an vorheriger Stelle dieser Arbeit davon ausgegangen, daß von der sachlichen Rechtsmittelbeschränkung des § 55 I 1 JGG nicht nur Urteile und Rechtsmittel erfaßt werden, sondern neben diesen auch die Entscheidungen nach den §§ 65, 66, 71 und 86 i.V.m. 83 JGG sowie der Rechtsbehelf der Wiederaufnahme des Verfahrens gem. §§ 359 ff. StPO.[617]
Aus diesem Grunde wirkt sich die Herausnahme des Jugendarrests aus der sachlichen Rechtsmittelbeschränkung auf diese Entscheidungen und den genannten Rechtsbehelf aus, soweit es um die Anfechtung einer Entscheidung über Jugendarrest geht. Im Rahmen einer vorläufigen Anordnung über die Erziehung nach § 71 JGG ist dies jedoch nicht der Fall, da der Jugendarrest nicht unter diese Vorschrift fällt.[618]

(7) Ergebnis
Der Jugendarrest sollte in gleichem Maße wie die Hilfe zur Erziehung nach § 12 Nr. 2 JGG nicht von der sachlichen Rechtsmittelbeschränkung des § 55 I 1 JGG erfaßt werden. Diese Ausnahme ist in § 55 I 2 JGG aufzunehmen.

g. Zusammenfassung
Die Rechtsmittelbeschränkung des § 55 I 1 JGG ist neben der Anfechtung von Urteilen auch im Falle der Anfechtung von Entscheidungen über Erziehungsmaßregeln und/oder Zuchtmitteln nach den §§ 65, 66, 71 I und 86 i.V.m. 83 JGG zu beachten.
Weiterhin kommt die sachliche Rechtsmittelbeschränkung im Rahmen des Rechtsbehelfs der Wiederaufnahme des Verfahrens (§§ 359 ff. StPO) neben den sich aus den §§ 359, 363 StPO ergebenden Beschränkungen entsprechend zur Anwendung.

---

617 s.o. D II 2 a aa u. bb.
618 s. hierzu Dallinger/Lackner, Komm.z.JGG (2. Aufl.), § 71 Rz.9 m.w.N.

Nach dem Wortlaut des § 55 I 1 JGG kann eine Entscheidung, in der lediglich Erziehungsmaßregeln oder Zuchtmittel angeordnet oder die Auswahl und Anordnung von Erziehungsmaßregeln dem Vormundschaftsrichter überlassen sind, nicht wegen des Umfangs der Maßnahmen und nicht deshalb angefochten werden, weil andere oder weitere Erziehungsmaßregeln oder Zuchtmittel hätten angeordnet werden sollen oder weil die Auswahl und Anordnung von Erziehungsmaßregeln dem Vormundschaftsrichter überlassen worden sind.
Danach ist mit der überwiegenden Ansicht ein Ausschluß der Anfechtung nach § 55 I 1 JGG anzunehmen, wenn sich diese dagegen richtet, daß das Gericht die Auswahl und Anordnung von Erziehungsmaßregeln selbst vorgenommen hat und keine Überweisung an den Vormundschaftsrichter erfolgte.
Das gleiche gilt, wenn eine Entscheidung aus dem Grunde angefochten wird, daß das zuständige Gericht die Hilfe zur Erziehung nach § 12 Nr. 2 JGG zwar nicht selbst angeordnet, in den Urteilsgründen aber im Zusammenhang mit der Überweisung an den Vormundschaftsrichter ausgesprochen hat, daß die Anordnung dieser Erziehungsmaßregel empfehlenswert sei.
Die Anfechtung einer Entscheidung, um ein gänzliches Absehen von Strafe zu erreichen, wird durch § 55 I 1 JGG ebenfalls ausgeschlossen.
Nicht anzuerkennen ist hingegen die Annahme der vorherrschenden Ansicht, daß die Rechtsmittelbeschränkung des § 55 I 1 JGG auch dann eingreife, wenn auf Jugendarrest erkannt und mit der Anfechtung dieser Entscheidung die Anrechnung bereits erlittener Freiheitsentziehung (§ 52 JGG) erstrebt wird, da die Kumulierung dieser freiheitsentziehenden Maßnahmen das Gewicht der von § 55 I 1 JGG erfaßten Eingiffe übersteigt und somit als nicht interessengerecht anzusehen ist.

Es wurde weiterhin auf diejenigen Fälle hingewiesen, in denen die Anfechtung einer Entscheidung nicht durch die sachliche Rechtsmittelbeschränkung des § 55 I 1 JGG ausgeschlossen wird.
In diesem Zusammenhang stellte sich aber die Frage, ob das Rechtsmittelgericht berechtigt ist, eine Entscheidung in einem Punkt zu ändern, dessen Anfechtung für sich allein nicht zulässig gewesen wäre.
Entgegen der h.M. ist davon auszugehen, daß das Rechtsmittelgericht bei Bestätigung des Schuldspruchs an die von dem zuvor zuständigen Gericht getroffenen Maßnahmen gebunden ist, da bei einer anderen Lösung der Kompromißcharakter des § 55 I JGG nicht ausreichend berücksichtigt würde.

Bis auf die genannten Ausnahmen ist die überwiegend praktizierte Anwendung des § 55 I JGG somit als vertretbar anzuerkennen.
Vorzuschlagen bleibt aber die Herausnahme des Jugendarrests aus der Regelung der sachlichen Rechtsmittelbeschränkung entsprechend der Hilfe zur Erziehung nach § 55 I 2 JGG.

3. Die instanzielle Rechtsmittelbeschränkung, § 55 II JGG

a. Allgemeines

Nach § 55 II 1 JGG, der auch als instanzielle Rechtsmittelbeschränkung bezeichnet wird, kann derjenige, der eine zulässige Berufung eingelegt hat, gegen das Berufungsurteil nicht mehr Revision einlegen. Demzufolge ist der Instanzenzug im Jugendstrafverfahren für jeden Rechtsmittelberechtigten grundsätzlich auf zwei Instanzen beschränkt.

In § 55 II 2 JGG ist bestimmt, daß für den Fall, daß der Angeklagte, der Erziehungsberechtigte oder der gesetzliche Vertreter eine zulässige Berufung eingelegt hat, keinem von ihnen das Rechtsmittel der Revision gegen das Berufungsurteil zusteht.

Es findet also eine wechselseitige Zurechnung der Berufung statt, d.h. es besteht ein einheitliches Wahlrecht für das Rechtsmittel der Berufung oder das der Revision.[619]

Durch § 55 II 2 JGG soll eine Umgehung der Beschränkungen des § 55 II 1 JGG verhindert werden.[620] Die Vorschrift des § 55 II 2 JGG gilt über den Wortlaut hinaus auch für den Verteidiger, nicht jedoch für den Staatsanwalt.[621]

Die instanzielle Rechtsmittelbeschränkung des § 55 II JGG wurde erst im Jahre 1953 in das JGG eingeführt und findet ihr Vorbild in Art. 2 § 1 Nr. 1 (Kapitel 1, Teil 1) der Verordnung des Reichspräsidenten über Maßnahmen auf dem Gebiete der Rechtspflege und Verwaltung vom 14.06.1932.[622]

In der Rspr. ist die Vorschrift des § 55 II JGG ausdrücklich als mit Art. 3 I GG vereinbar erklärt worden. Die unterschiedliche Behandlung von Jugendlichen und Heranwachsenden, auf die Jugendstrafrecht angewendet wurde, und Heranwachsenden, die nach allgemeinem Recht verurteilt wurden, und Erwachsenen wird mit dem im Jugendstrafverfahren bestehenden Erziehungsbedürfnis, dem durch Beschleunigung Rechnung getragen werden könne, begründet.[623]

---

[619] Ostendorf, Komm.z.JGG, § 55 Rz.32.

[620] Dallinger/Lackner, Komm.z.JGG (2. Aufl.), § 55 Rz.55;
Eisenberg, Komm.z.JGG, § 55 Rz.66;
Albrecht, P.-A., Jugendstrafrecht, § 49 B II 2.

[621] Albrecht, P.-A., Jugendstrafrecht, § 49 B II 2;
DSS (Schoreit), Komm.z.JGG, § 55 Rz.47;
kritisch hierzu Eisenberg, Komm.z.JGG, § 55 Rz.66, nach Auffassung Eisenbergs steht § 55 II 2 JGG in einem gewissen Widerspruch zu dem nur subsidiären Erziehungsrecht des Staats nach Art. 6 II 2 GG, da dem Jugendstaatsanwalt hinsichtlich der Revision (inbes. der Sachrüge) zugunsten des Angeklagten eine weitergehende Berechtigung zukomme als dem Erziehungsberechtigten.

[622] BT-Dr. 1/3264, S.46 (Anl. 1, Begr.).

[623] BVerfG, NStZ 1988, S.34 f. (S.34)=BVerfG, ZfJ 1987, S.636 f. (S.636);
BayObLGSt 1956, S.163 ff. (S.164 f.).

Bedeutung erlangt die instanzielle Rechtsmittelbeschränkung für die Urteile des Jugendrichters und des Jugendschöffengerichts. Grund hierfür ist, daß gegen die erstinstanzlichen Urteile der Jugendkammern gem. § 333 StPO ohnehin nur die Einlegung des Rechtsmittels der Revision in Betracht kommt.
Aus § 55 II 1 JGG i.V.m. § 335 I StPO folgt, daß ein Anfechtungsberechtigter entweder Berufung oder Revision einlegen kann. Der Unterschied dieser im Jugendstrafverfahren bestehenden Wahlrevision zu der Sprungrevision gem. § 335 StPO besteht darin, daß der Weg zum Oberlandesgericht nur unter Verzicht auf die Berufung beschritten werden kann. Dabei setzt das nach § 55 II 1 JGG bestehende Wahlrecht aber voraus, daß die sich aus den Vorschriften des allgemeinen Verfahrensrechts, den besonderen Regelungen des JGG und aus § 55 I JGG ergebenden Voraussetzungen vorliegen.[624]
Mit der Wahl der Berufung wird die Revision - und umgekehrt - mit der Wahl der Revision die Berufung unzulässig.[625]
Innerhalb der Rechtsmittelfrist braucht der Anfechtende zunächst nur zu erklären, daß er das Urteil anfechten möchte. Die endgültige Wahl zwischen Berufung und Revision kann der Anfechtende bis zum Ablauf der Revisionsbegründungspflicht, § 345 I StPO, vornehmen.[626]
Wird die Frist zur Ausübung des Wahlrechts bei einer unbestimmten Anfechtung versäumt, so entscheidet das Berufungsgericht über den Antrag auf Wiedereinsetzung in den vorigen Stand (§§ 2 JGG, 44 ff. StPO) mit der Maßgabe, daß im Jugendstrafverfahren - abweichend vom allgemeinen Strafverfahren - die Wiedereinsetzung zur Ausübung des Wahlrechts zugelassen wird.[627] Andernfalls würde die Revision unter Beeinträchtigung des Wahlrechts ohne ersichtlichen Grund ausgeschlossen, während im allgemeinen Strafverfahrensrecht die spätere Revision gegen das Berufungsurteil bestehen bliebe.[628]
Wird hingegen ein als Revision bezeichnetes Rechtsmittel nicht in der Frist des § 345 I StPO begründet, so kann es nur als Berufung Erfolg haben[629], da die Berufung keiner Begründungspflicht unterliegt.

---

[624] DSS (Schoreit), Komm.z.JGG, § 55 Rz.42.
[625] DSS (Schoreit), Komm.z.JGG, § 55 Rz.44.
[626] BGHSt 2, S.63 ff. (S.66 ff.);
BGHSt 17, S.44 ff. (S.46 ff.);
BGHSt 25, S.321 ff. (S.323 f.);
Eisenberg, Komm.z.JGG, § 55 Rz.58;
BGH bei Dallinger, MDR 1952, S.146 ff. (S.147 f.), für das allgemeine Strafverfahrensrecht.
[627] Eisenberg, Komm.z.JGG, § 55 Rz.61a;
Dallinger/Lackner, Komm.z.JGG (2. Aufl.), § 55 Rz.38.
[628] Dallinger/Lackner, Komm.z.JGG (2. Aufl.), § 55 Rz.38.
[629] vgl. BGHSt 2, S.63 ff. (S.71).

b. Besonderheiten bei Heranwachsenden im Hinblick auf das Eingreifen der instanziellen Rechtsmittelbeschränkung des § 55 II JGG

Die Vorschrift des § 55 JGG ist in Verfahren gegen Heranwachsende - vor den Jugendgerichten wie vor den für allgemeine Strafsachen zuständigen Gerichten - nur dann zu beachten, wenn sachlich Jugendstrafrecht zur Anwendung kommt, §§ 109 II 1, 112 Satz 1 und 2 JGG.

Eine Ausnahme hiervon besteht gem. § 109 II 3 JGG, wenn die Entscheidung gegenüber einem Heranwachsenden im beschleunigten Verfahren des allgemeinen Verfahrensrechts ergangen ist.

Aus diesem Grunde ergeben sich in Verfahren gegen Heranwachsende im Hinblick auf die Geltung des § 55 II JGG Besonderheiten, wenn die erste und die zweite Instanz unterschiedliche Entscheidungen über das anzuwendende Recht treffen.

Nach fast einhelliger Meinung kann in Verfahren gegen Heranwachsende derjenige, der bereits eine zulässige Berufung eingelegt hat, nach § 55 II JGG gegen das Jugendstrafrecht anwendende Berufungsurteil auch dann nicht mehr Revision einlegen, wenn das Gericht des ersten Rechtszugs nach Erwachsenenstrafrecht erkannt hat.[630]

Umgekehrt kann ein Rechtsmittelberechtigter ein das allgemeine Recht anwendende Berufungsurteil mit der Revision anfechten, wenn in erster Instanz Jugendstrafrecht angewandt wurde und er selbst bereits Berufung eingelegt hat.[631]

Die Zulässigkeit der Revision gegen das Berufungsurteil richtet sich also danach, welches sachliche Recht dem Berufungsurteil zugrundeliegt. Hierfür spricht, daß sich die Revision nach Durchführung des Berufungsverfahrens ohnehin nur noch gegen die Berufungsentscheidung und nicht mehr gegen das erstinstanzlich ergangene Urteil richten kann.[632]

---

[630] OLG Celle, NJW 1956, S.521 f. (S.521)=VRS Bd.10, S.145 f. (S.146)=Nds.Rpfl. 1956, S.154 (S.154);
OLG Oldenburg, Nds.Rpfl. 1961, S.137 (S.137);
BayObLGSt 1961, S.258 ff. (S.259)=ZfJ 1961, S.336 (S.336);
OLG Düsseldorf, MDR 1986, S.257 (S.257)=NJW 1986, S.1887 (S.1887);
Dallinger/Lackner, Komm.z.JGG (2. Aufl.), § 109 Rz.13;
ebenso Brunner/Dölling, Komm.z.JGG, § 55 Rz.18.

[631] Dallinger/Lackner, Komm.z.JGG (2. Aufl.), § 109 Rz.13;
Eisenberg, Komm.z.JGG, § 109 Rz.34;
Brunner/Dölling, Komm.z.JGG, § 55 Rz.18;
s. auch OLG Neustadt/Weinstr., MDR 1956, S.504 (S.504).

[632] Eisenberg, Komm.z.JGG, § 109 Rz.33;
Dallinger/Lackner, Komm.z.JGG (2. Aufl.), § 109 Rz.13;
BayObLGSt 1954, S.27 f. (S.27 f.).

Auch gem. § 109 II i.V.m. § 55 II JGG wird die Zulässigkeit des Rechtsmittels der Revision von dem Inhalt des Urteils abhängig gemacht.[633] Gegen diese Handhabung des § 55 II JGG bestehen daher insoweit keine Bedenken.
Etwas anderes hat aber im Falle der Anwendung unterschiedlichen Rechts in der ersten und zweiten Instanz bei Einlegung des Rechtsmittels der Berufung zugunsten des Angeklagten zu gelten, wenn die in der Berufungsinstanz getroffene Entscheidung eine Verschlechterung gegenüber dem erstinstanzlichen Urteil darstellt.
Grundsätzlich liegt zwar kein Verstoß gegen das Verbot der reformatio in peius vor, wenn in der Rechtsmittelinstanz eine Verurteilung nach Jugendstrafrecht statt nach Erwachsenenstrafrecht oder umgekehrt erfolgt.[634] Im Einzelfall darf jedoch keine für den Angeklagten ungünstigere Maßnahme getroffen worden sein. Ob dies der Fall ist, ist durch einen Vergleich der einzelnen Rechtsfolgen festzustellen.[635]

c. Ausschluß der Revision gem. § 55 II JGG nach überwiegender Ansicht
Nach dem Wortlaut des § 55 II 1 JGG ist die Einlegung der Revision für denjenigen unzulässig, der bereits eine zulässige Berufung eingelegt hat.
Darüber hinaus bestehen weitere Fallgruppen, in denen das Rechtsmittel der Revision gem. § 55 II JGG nach überwiegender Ansicht ausgeschlossen wird.

aa. Spätere Unzulässigkeit der Berufung
Das Rechtsmittel der Revision wird nach überwiegender Ansicht gem. § 55 II 1 JGG auch bei einer zunächst zulässig eingelegten, später aber unzulässig gewordenen Berufung ausgeschlossen.
Dies ist nach einem Beschluß des OLG Karlsruhe beispielsweise der Fall, wenn der Angeklagte ein Urteil des Jugendrichters, in dem lediglich Erziehungsmaßregeln und Zuchtmittel angeordnet wurden, mit der Berufung anficht, und er dieses Rechtsmittel später - trotz Belehrung über die Folgen des § 55 I JGG - auf den Umfang der Maßnahmen beschränke, woraufhin die Berufung durch die Jugendkammer verworfen wird.
Die Einlegung des Rechtsmittels der Revision werde in diesen Fällen ausgeschlossen, weil die zunächst eingelegte Berufung zulässig gewesen und erst durch die spätere Beschränkung unzulässig geworden sei. Hierfür spreche, daß in § 55 II 1 JGG allein auf die Einlegung einer Berufung und nicht auf das Ergebnis des Berufungsverfahrens abgestellt werde.[636]

---

[633] BayObLGSt 1961, S.258 ff. (S.259)=ZfJ 1961, S.336 (S.336).
[634] OLG Köln, NJW 1964, S.1684 ff. (S.1685);
Ostendorf, Komm.z.JGG, § 55 Rz.20;
Eisenberg, Komm.z.JGG, § 55 Rz.74 a.
[635] OLG Köln, NJW 1964, S.1684 ff. (S.1685);
Brunner/Dölling, Komm.z.JGG, § 55 Rz.38;
Ostendorf, Komm.z.JGG, § 55 Rz.20.
[636] OLG Karlsruhe, Die Justiz 1986, S.28 (S.28);
BGHSt 30, S.98 ff. (S.99);

Dieser Annahme ist nach dem Wortlaut der instanziellen Rechtsmittelbeschränkung zuzustimmen.

bb. Ausbleiben des Angeklagten

Nach § 329 I 1 StPO hat das Gericht eine Berufung des Angeklagten ohne Verhandlung zur Sache zu verwerfen, wenn bei Beginn der Hauptverhandlung weder der Angeklagte, noch in den zulässigen Fällen ein Vertreter des Angeklagten erschienen und das Ausbleiben nicht genügend entschuldigt ist.
Gem. § 329 I 2 StPO besteht hiervon eine Ausnahme, wenn das Berufungsgericht erneut verhandelt, nachdem die Sache vom Revisionsgericht zurückverwiesen worden ist.

Wird die zulässig eingelegte Berufung eines Jugendlichen oder Heranwachsenden, der vom erstinstanzlich zuständigen Gericht unter Anwendung von Jugendstrafrecht verurteilt wurde, gem. §§ 2 JGG, 329 I StPO durch das Berufungsgericht verworfen, so ist fraglich, ob die Rechtsmittelbeschränkung des § 55 II 1 JGG der Zulässigkeit des Rechtsmittels der Revision entgegensteht.
Im Hinblick auf erstinstanzlich nach Jugendstrafrecht abgeurteilte Heranwachsende tritt in diesem Zusammenhang insbesondere das Problem auf, ob die Rechtsmittelbeschränkung des § 55 II JGG - mangels Ergehens einer Sachentscheidung bei einer Verwerfung der Berufung gem. § 329 I StPO - überhaupt gilt, da diese Vorschrift nach § 109 II 1 JGG nur dann heranzuziehen ist, wenn der Richter Jugendstrafrecht anwendet.

(1) Unzulässigkeit des Rechtsmittels der Revision

Nach überwiegender Ansicht wird die Zulässigkeit des Rechtsmittels der Revision nach Verwerfung der Berufung gem. § 329 I StPO durch die Vorschrift des § 55 II 1 JGG ausgeschlossen.[637]
Begründet wird diese Meinung damit, daß die Revision nach § 55 II 1 JGG nicht mehr statthaft sei, wenn durch die Einlegung einer zulässigen Berufung die Möglichkeit einer erneuten Sachentscheidung eröffnet war. Das Gesetz stelle nämlich auf die Einlegung der Berufung und nicht auf die Durchführung derselben ab.[638]

Dallinger/Lackner, Komm.z.JGG (2. Aufl.), § 55 Rz.50;
a.A. BayObLGSt 1973, S.220 ff. (S.221)=JR 1974, S.523 f. (S.523) mit insoweit ablehnender Anm. v. Brunner.

637 BGHSt 30, S.98 ff. (S.98 ff.)=BGH, NStZ 1981, S.449 (S.449, LS)=BGH, MDR 1981, S.775 ff. (S.775 ff.)=BGH, NJW 1981, S.2422 f. (S.2422 f.)=BGH, JR 1982, S.123 f. (S.123 f.) mit zustimmender Anm. v. Brunner;
OLG Düsseldorf, MDR 1992, S.71 (S.71)=StVert 1991, S.425 (S.425, LS);
PfzOLG Zweibrücken bei Böhm, A., NStZ 1992, S.528 ff. (S.529);
Ostendorf, Komm.z.JGG, § 55 Rz.10;
ebenso Brunner/Dölling, Komm.z.JGG, § 55 Rz.16.

638 BGHSt 30, S.98 ff. (S.99);

Diese Voraussetzung liege auch im Falle der Verwerfung einer Berufung durch Urteil gem. § 329 I StPO vor, da eine Sachentscheidung über die zulässig eingelegte Berufung möglich gewesen sei. Die Möglichkeit des Ergehens einer Sachentscheidung sei allein durch das bewußte oder nachlässige Verhalten des Angeklagten verhindert worden.[639] Denn auch ein Urteil nach § 329 I StPO setze das Vorliegen einer zulässigen Berufung voraus, so daß im Falle deren Unzulässigkeit eine Entscheidung nach §§ 319 I, 322 I StPO gegenüber einer Entscheidung gem. § 329 I StPO vorrangig wäre.[640]
Auch der durch § 55 II JGG primär verfolgte Sinn und Zweck, die Beschleunigung des Verfahrens aus erzieherischen Gründen, spricht nach dieser Ansicht gegen die Zulassung der Revision nach vorheriger Verwerfung der Berufung gem. § 329 I StPO. Dieser Gesichtspunkt sei ebenfalls in Verfahren gegen Heranwachsende, auf die Jugendstrafrecht angewendet wurde, bedeutsam.[641]
Bei Zulassung der Revision würde des weiteren das Zusammenwirken zweier der Beschleunigung dienender Vorschriften - § 55 II JGG und § 329 StPO - im Wege der Auslegung in ein verfahrensverzögerndes Resultat umgedeutet. Dies ist nach der überwiegend vertretenen Meinung nicht anzuerkennen.[642]

Im Hinblick auf Heranwachsende, die erstinstanzlich nach Jugendstrafrecht verurteilt wurden, wird als Begründung für den Ausschluß der Revision gem. § 55 II JGG insbesondere darauf hingewiesen, daß die Vorschrift des § 109 II 1 JGG, nach der die Rechtsmittelbeschränkung des § 55 JGG in einem Verfahren gegen einen Heranwachsenden gilt, wenn auf diesen Jugendstrafrecht angewendet wurde, für diese Lösung spreche. Nach dem Wortlaut dieser Regelung sei nämlich die Anwendung von Jugendstrafrecht mit den sich daraus ergebenden Folgen, wie der Geltung des § 55 JGG, nicht erst in einer zweiten Instanz zu überprüfen. Ausreichend sei vielmehr die Anwendung von Jugendstrafrecht durch das Gericht erster Instanz.[643]
Werde nun in erster Instanz auf einen Heranwachsenden Jugendstrafrecht angewendet und dessen Berufung gegen das erstinstanzliche Urteil gem. § 329 I StPO verworfen, so ändere dieses nichts an der Fortgeltung des Jugendstrafrechts.[644]

Dallinger/Lackner, Komm.z.JGG (2. Aufl.), § 55 Rz.50.
[639] BGHSt 30, S.98 ff. (S.99).
[640] BGHSt 30, S.98 ff. (S.100);
zur Vorrangstellung einer Entscheidung nach den §§ 319 I, 322 I StPO vgl. Kleinknecht/Meyer-Goßner, Komm.z.StPO, § 329 Rz.7 m.w.N.
[641] BGHSt 30, S.98 ff. (S.101 ff.);
s. auch OLG Düsseldorf, MDR 1992, S.71 (S.71)=StVert 1991, S.425 (S.425, LS).
[642] OLG Saarbrücken, MDR 1974, S.161 f. (S.162);
zustimmend Brunner, Anm. zu OLG Celle (JR 1980, S.37 ff.=MDR 1979, S.603, LS), JR 1980, S.39 f. (S.40).
[643] BGHSt 30, S.98 ff. (S.100).
[644] Brunner, Anm. zu OLG Celle (JR 1980, S.37 ff.=MDR 1979, S.603, LS), JR 1980, S.39 f. (S.39 f.);

Demzufolge seien die Voraussetzungen für die Geltung der instanziellen Rechtsmittelbeschränkung gegeben.[645]

(2) Zulässigkeit des Rechtsmittels der Revision

Nach einem Urteil des OLG Celle vom 13.02.1979 - 1 Ss 760/78 - soll das Rechtsmittel der Revision im Falle der Verwerfung einer Berufung gem. § 329 I StPO trotz der Regelung des § 55 II 1 JGG zulässig sein.[646]

Hierfür spricht nach dieser Ansicht zunächst die vom Bundesgerichtshof vorgenommene Deutung der Regelung des § 329 StPO als Vermutung der Rücknahme der Berufung.[647]

Nehme der Angeklagte die Berufung im jugendgerichtlichen Verfahren tatsächlich zurück, so müsse das Berufungsgericht dieses Rechtsmittel durch Beschluß für erledigt erklären, welcher mit dem Rechtsbehelf der Beschwerde anfechtbar sei.[648]

Entsprechend der Deutung des § 329 StPO als Vermutung der Rücknahme sei es daher nicht anzuerkennen, die tatsächliche Rücknahme, nicht aber die vermutete Zurücknahme der Berufung der Überprüfung durch eine weitere Instanz zu unterstellen.[649]

Unabhängig von der Deutung des § 329 StPO als Vermutung der Rücknahme der Berufung weist nach Ansicht des OLG Celle die Absicht des Gesetzgebers, gegenüber dem JGG 1943 eine erhöhte Rechtsstaatlichkeit des Verfahrens zu schaffen, auf die Zulassung der Revision in diesen Fällen hin. Denn durch ein fehlerhaftes Verwerfungsurteil werde eine dem Angeklagten an sich zustehende zweite Instanz zur Sachprüfung gerade versagt.[650]

Der Zulassung der Revision stehe ebenfalls nicht die dem Angeklagten zustehende Möglichkeit der Wiedereinsetzung in den vorigen Stand nach §§ 329 III i.V.m. 44, 45 StPO entgegen, da die für diesen Rechtsbehelf erforderlichen Voraussetzungen enger als die für eine erfolgreiche Revision seien.[651]

OLG Celle, NJW 1968, S.1297 (S.1297)=NJW 1968, S.1841 (S.1841, LS), die hier vertretene Ansicht hat das OLG Celle aber später aufgegeben, s. OLG Celle, JR 1980, S.37 ff. (S.37)=MDR 1979, S.603 (S.603, LS);
vgl. auch Brunner/Dölling, Komm.z.JGG, § 55 Rz.16.

[645] BGHSt 30, S.98 ff. (S.100 f.);
ebenso Brunner, Anm zu OLG Celle (JR 1980, S.37 ff.=MDR 1979, S.603, LS), JR 1980, S.39 f. (S.39 f.).

[646] OLG Celle, JR 1980, S.37 ff. (S.37 ff.)=MDR 1979, S.603 (S.603, LS) unter Aufgabe der zuvor vertretenen Ansicht, s. NJW 1968, S.1297 (S.1297)=NJW 1968, S.1841 (S.1841, LS).

[647] OLG Celle, JR 1980, S.37 ff. (S.38) unter Hinweis auf BGHSt 15, S.286 ff. (S.289).

[648] OLG Celle, JR 1980, S.37 ff. (S.38) mit Verweis auf OLG München, NJW 1968, S.1000 f. (S.1000 f.).

[649] OLG Celle, JR 1980, S.37 ff. (S.38).

[650] OLG Celle, JR 1980, S.37 ff. (S.38).

[651] OLG Celle, JR 1980, S.37 ff. (S.38);
vgl. auch Schmitt, Anm. zu OLG Celle (NJW 1968, S.1841, LS=NJW 1968, S.1297), NJW 1968, S.1841 f. (S.1842).

Für die Zulässigkeit des Rechtsmittels der Revision eines Heranwachsenden, der in erster Instanz nach Jugendstrafrecht abgeurteilt wurde, nach Verwerfung der - zuvor durch diesen eingelegten Berufung gem. § 329 I StPO - spricht sich das OLG Celle unter Hinweis darauf aus, daß derjenige, dessen Berufung wegen Unzulässigkeit durch Urteil verworfen wurde, nach § 55 II JGG noch Revision einlegen könne. Hierdurch solle die Nachprüfung darüber, ob nicht doch eine zweite Sachprüfung hätte erfolgen müssen, garantiert werden.
Diese Gesichtspunkte rechtsstaatlicher Verfahrensgarantien müssen nach Ansicht des OLG Celle auch für die Entscheidung, ob bei der Verwerfung der Berufung eines Heranwachsenden nach § 329 I StPO Jugendstrafrecht „angewendet" worden sei, Bedeutung erlangen. Hierfür spreche die Überlegung, daß im Falle der Verwerfung einer Berufung gem. § 329 I StPO gleichermaßen wie bei einem Urteil, das die Zulässigkeit der Berufung verneine, eine erneute Sachprüfung des erstinstanzlichen Urteils und daher die Überprüfung der Anwendung von Jugendstrafrecht durch das Berufungsgericht verhindert werde.[652]

(3) Streitentscheidung

Der Wortlaut des § 55 II 1 JGG spricht gegen die Zulässigkeit des Rechtsmittels der Revision nach Verwerfung der Berufung eines Jugendlichen oder eines nach Jugendstrafrecht abgeurteilten Heranwachsenden gem. § 329 I StPO.
Nach diesem steht dem Berufungsführer das Rechtsmittel der Revision nämlich bereits nach Einlegung einer zulässigen Berufung, die auch im Falle einer Verwerfung nach § 329 I StPO vorliegen muß, nicht mehr zu.
Nach Ansicht des OLG Celle ist die Zulässigkeit der Revision hingegen anzunehmen, da bei Nichtzulassung dieses Rechtsmittels ein Widerspruch der Behandlung der tatsächlichen Rücknahme eines Rechtsmittels zu der vom Bundesgerichtshof vorgenommenen Deutung des § 329 StPO als Vermutung der Zurücknahme der eingelegten Berufung hinsichtlich der Anfechtungsmöglichkeiten entstünde. Ein derartiger Widerspruch würde auftreten, weil das Gericht bei einer tatsächlichen Rücknahme der Berufung dieses Rechtsmittel durch Beschluß für erledigt erklären müsse, welcher mit der Beschwerde anfechtbar sei.
Diesem Argument des OLG Celle ist zunächst entgegenzuhalten, daß in diesem Zusammenhang der Verweis auf die Entscheidung des Bundesgerichtshofs von 1960 nicht zutreffend ist, da der Bundesgerichtshof in diesem Beschluß im Hinblick auf § 329 StPO nicht von einer Vermutung des Willens der Rücknahme der Berufung ausgeht, sondern vielmehr von einer unwiderleglichen Vermutung des Verzichts auf dieses Rechtsmittel.[653] [654]

---

[652] OLG Celle, JR 1980, S.37 ff. (S.38).
[653] BGHSt 15, S.287 ff. (S.289).
[654] zu dem Streit in Literatur und Rspr. über die Rechtsnatur des § 329 StPO, s. Schroeder, NJW 1973, S.308 f. (S.308 f.).

Es ist weiterhin darauf hinzuweisen, daß eine Erledigungserklärung nur dann erfolgt, wenn die Wirksamkeit der Rücknahme strittig ist. Dies gilt ebenfalls für den Rechtsmittelverzicht, wenn dessen Wirksamkeit angezweifelt wird. In diesen Fällen soll nach heute vorherrschender Ansicht analog § 322 II StPO die sofortige Beschwerde und nicht die einfache Beschwerde zulässig sein.[655] Wird die Wirksamkeit der Rechtsmittelrücknahme oder des Verzichts hingegen nicht bestritten, so ist eine Entscheidung nicht erforderlich.[656]
Aus diesen Gründen kann diesem Argument des OLG Celle für die Zulassung der Revision nicht gefolgt werden.

Für die Zulässigkeit des Rechtsmittels der Revision nach Verwerfung der Berufung gem. § 329 I StPO spricht nach Auffassung des OLG Celle ferner das Bestreben des Gesetzgebers, eine erhöhte Rechtsstaatlichkeit des Verfahrens gegenüber dem JGG von 1943 zu schaffen. Die Rechtsstaatlichkeit des Verfahrens werde bei Nichtzulassung der Revision aber gefährdet, weil in den Fällen der vorliegenden Art das Rechtsmittel der Revision gerade durch das fehlerhafte Verwerfungsurteil versagt werde.
In diesem Zusammenhang ist, soweit auf § 40 RJGG Bezug genommen wird, darauf hinzuweisen, daß der Gesetzgeber des JGG 1953 im Rahmen der Einführung der instanziellen Rechtsmittelbeschränkung mehrere, zuvor in Erwägung gezogene Möglichkeiten für unzweckmäßig und als mit rechtsstaatlichen Grundsätzen unvereinbar erklärt hat. Daher wurde auf Art. 2 § 1 Nr. 1 (Kapitel 1, Teil 1) der Verordnung des Reichspräsidenten über Maßnahmen auf dem Gebiete der Rechtspflege und Verwaltung vom 14.06.1932 zurückgegriffen, da diese Vorschrift den gewünschten Anforderungen entsprach.[657]
Nach Brunner fordert die Möglichkeit einer falschen Bewertung über das Vorliegen von Entschuldigungsgründen i.S.d. § 329 I StPO zudem keine besonderen rechtsstaatlichen Garantieleistungen heraus. Die Gefahr einer falschen Bewertung über das Vorliegen von Entschuldigungsgründen müsse ebenso wie die - sicherlich nicht ferner liegende - Möglichkeit eines rechtsfehlerhaften Sachurteils in der Berufungsinstanz, also im Rahmen einer zweiten Sachprüfung, hingenommen werden.[658]
Diesem Argument Brunners ist zuzustimmen, da die Möglichkeit einer falschen Entscheidung in diesen beiden Fällen als vergleichbar erscheint.
Hierfür spricht auch die Überlegung, daß bei Nichtzulassung des Rechtsmittels der Revision in Fällen der vorliegenden Art kein Verstoß gegen die Verfahrensord-

---

[655] OLG München, NJW 1968, S.1000 f. (S.1000 f.), auf dieses Urteil verweist auch das OLG Celle, JR 1980, S.37 ff. (S.38);
Löwe/Rosenberg (Gollwitzer), Komm.z.StPO Bd.4, § 302 Rz.71 m.w.N.;
Kleinknecht/Meyer-Goßner, Komm.z.StPO, § 302 Rz.11 m.w.N. u. Rz.26.
[656] Kleinknecht/Meyer-Goßner, Komm.z.StPO, § 302 Rz.11 u. 26.
[657] s.o. C III 1.
[658] Brunner, Anm. zu OLG Celle (JR 1980, S.37 ff.=MDR 1979, S.603, LS), JR 1980, S.39 f. (S.40).

nung, wie etwa bei einem Verstoß des Rechtsmittelgerichts gegen das Verbot der reformatio in peius bei einer zugunsten des Angeklagten eingelegten Berufung[659], vorliegt. Demzufolge ist die Gefahr einer falschen Entscheidung über das Vorliegen ausreichender Entschuldigungsgründe im Rahmen des § 329 I StPO hinzunehmen. Den Staatsanwalt sollte aber bei Vorliegen einer derartigen Fehlbewertung die Pflicht treffen, Revision gegen das Verwerfungsurteil einzulegen, wenn ihm dieses Rechtsmittel noch zusteht.

Einzugehen bleibt auf das Argument der überwiegenden Ansicht, daß durch die Zulassung der Revision das Zusammenwirken zweier der Beschleunigung dienender Vorschriften, §§ 55 II JGG, 329 StPO, in sachwidriger Weise im Wege der Auslegung in ein verfahrensverzögerndes Resultat umgedeutet werde.
Diesem Argument hält das OLG Celle zutreffenderweise entgegen, daß § 329 StPO die Beschleunigung des Verfahrens nur im Falle des unentschuldigten Ausbleibens des Angeklagten, nicht hingegen eine Beschleunigung um jeden Preis zum Ziel habe. Nehme das zuständige Berufungsgericht zu Unrecht das unentschuldigte Ausbleiben des Angeklagten an, so müsse es eine Möglichkeit geben, den Fehler, der zu Unrecht zur Beschleunigung des Verfahrens geführt habe, zu korrigieren.
Gegen die Zulässigkeit der Revision für den Angeklagten nach vorheriger Verwerfung seiner Berufung gem. § 329 I StPO spricht aber - entgegen der Auffassung des OLG Celle - die diesem zustehende Möglichkeit der Wiedereinsetzung in den vorigen Stand nach den §§ 329 III, 44 und 45 StPO.
Dies gilt auch unter Berücksichtigung des Einwands des OLG Celle, daß die Voraussetzungen für eine Wiedereinsetzung enger als die für eine erfolgreiche Revision seien.[660] Denn trotz dieser Einschränkungen ist die Möglichkeit der Wiedereinsetzung in den vorigen Stand unter bestimmten Voraussetzungen gegeben. Es bestehen auch keine Bedenken im Hinblick auf das Rechtsstaatsprinzip.[661] Der Ausschluß eines Antrags auf Wiedereinsetzung in den vorigen Stand für den Fall der bereits vorgenommenen - aber unzutreffenden - Würdigung von Entschuldigungsgründen durch das Berufungsgericht ist ferner unter Hinweis auf Brunner hinzunehmen. Denn die Gefahr einer falschen Bewertung über das Vorliegen solcher Gründe ist ebenso wie die Möglichkeit eines rechtsfehlerhaften Sachurteils in der Berufungsinstanz hinzunehmen.

Darüber hinaus sprechen der Sinn und Zweck des § 55 II JGG, die Beschleunigung des Verfahrens aus erzieherischen Gründen, für die Versagung der Revision in Fällen der vorliegenden Art.

---

[659] s.u. D II 3 c dd.
[660] OLG Celle, JR 1980, S.37 ff. (S.38).
[661] vgl. Brunner, Anm. zu OLG Celle (JR 1980, S.37 ff.=MDR 1979, S.603, LS), JR 1980, S.39 f. (S.40).

Demnach ist mit der überwiegenden Ansicht davon auszugehen, daß einem Jugendlichen nach Verwerfung der durch diesen eingelegten Berufung gem. § 329 I StPO das Rechtsmittel der Revision nicht mehr zusteht.

Im Hinblick auf die Geltung dieser Ansicht für Heranwachsende, die erstinstanzlich nach Jugendstrafrecht verurteilt wurden, ist auf die weiteren, speziell auf diese Frage zugeschnittenen Argumente einzugehen.
In diesen Fällen ist fraglich, ob trotz der Verwerfung des Rechtsmittels der Berufung von der Fortgeltung des Jugendstrafrechts und somit des Eingreifens der in § 55 II JGG niedergelegten instanziellen Rechtsmittelbeschänkung auszugehen ist.
Hierfür spricht sich die überwiegende Ansicht aus, da die Vorschrift des § 109 II JGG keine erneute Überprüfung der Anwendung von Jugendstrafrecht in einer zweiten Instanz voraussetze.
Es ist aber zu berücksichtigen, daß bei einer Verwerfung der Berufung keine Sachentscheidung und damit keine Entscheidung über das anzuwendende Recht ergeht, so daß die Rechtsmittelbeschränkung an sich nicht anwendbar ist.[662]
Mangels Vorliegens einer Sachentscheidung über das anzuwendende Recht kann aber auch nicht zwingend von der Geltung des allgemeinen Strafrechts ausgegangen werden. Demzufolge bietet dieser Gesichtspunkt keine eindeutige Lösung.

Gegen die Zulassung der Revision spricht aber der Gedanke, daß eine Verwerfung nach § 329 I StPO nur dann möglich ist, wenn eine zulässige Berufung gegen das erstinstanzliche Urteil vorlag. Hiergegen spricht auch nicht das Argument des OLG Celle, daß - wie im Falle der Verwerfung einer Berufung als unzulässig - bei Verwerfung des Rechtsmittels gem. § 329 I StPO die Möglichkeit einer erneuten Sachprüfung verhindert werde. Die Gleichstellung einer Entscheidung über die Unzulässigkeit eines Rechtsmittels mit der über das anzuwendende Recht ist nicht anzuerkennen, da im Falle der Verwerfung nach § 329 I StPO die Möglichkeit einer Sachentscheidung eröffnet war.
Auch die bei Einlegung einer unzulässigen oder einer zulässigen Berufung, die als unzulässig verworfen wurde, für die Zulassung der Revision sprechenden rechtsstaatlichen Gesichtspunkte sind auf den Fall der Verwerfung einer Berufung gem. § 329 I StPO nicht übertragbar, da dem Angeklagten die Möglichkeit zustand, gegen das erstinstanzliche Urteil mit der Berufung vorzugehen. In der Berufungsverhandlung hätte eine Entscheidung über die Anwendung des allgemeinen Strafrechts oder des Jugendstrafrechts erfolgen können.
Besteht hingegen die Möglichkeit einer falschen Bewertung über das Vorliegen von Entschuldigungsgründen i.S.d. § 329 I StPO, so ist diese - wie bereits erwähnt- ebenso hinzunehmen wie die sicherlich nicht ferner liegende Möglichkeit eines rechtsfehlerhaften Sachurteils in der Berufungsinstanz.

---

[662] so auch Eisenberg, Komm.z.JGG, § 109 Rz.38.

Somit ist mit der überwiegenden Ansicht die Zulässigkeit des Rechtsmittels der Revision für einen Jugendlichen oder einen erstinstanzlich nach Jugendstrafrecht verurteilten Heranwachsenden nach vorheriger Verwerfung der Berufung gem. § 329 I StPO zu verneinen.

cc. Gleichzeitige Einlegung der Berufung

Fällt das Berufungsgericht aufgrund der gleichzeitig eingelegten Berufung des Angeklagten und der Staatsanwaltschaft (zuungunsten des Angeklagten) auf die Berufung der Staatsanwaltschaft hin eine im Vergleich zum erstinstanzlichen Urteil nachteilige Entscheidung, so soll nach vorherrschender Meinung gegen diese erstmalig verhängte Rechtsfolge regelmäßig keinem dieser Verfahrensbeteiligten mehr das Rechtsmittel der Revision gegen das Berufungsurteil zustehen.[663]

Der Angeklagte habe in diesen Fällen die Möglichkeit, die gegen die beantragte Strafschärfung sprechenden Gesichtspunkte im Berufungsverfahren geltend zu machen.[664]

Zur Begründung dieser Annahme wird weiterhin darauf hingewiesen, daß es für den Ausschluß der Revision nach § 55 II 1 JGG lediglich auf die Tatsache der vorherigen Einlegung einer zulässigen Berufung ankomme, nicht hingegen darauf, ob etwa aufgrund der von anderer Seite eingelegten Berufung zuungunsten des Angeklagten das Berufungsgericht eine für den Beschwerdeführer ungünstigere Entscheidung getroffen habe.[665] Da es allein auf die Einlegung der Berufung und nicht auf deren Durchführung ankomme, sei die Revision selbst dann unzulässig, wenn der Angeklagte seine Berufung in der Hauptverhandlung zurückgenommen habe.[666]

Diese Auffassung wird des weiteren damit begründet, daß die instanzielle Rechtsmittelbeschränkung der Vorschrift des Art. 2 § 1 Nr. 1 (Kapitel 1, Teil 1) der Notverordnung des Reichspräsidenten über Maßnahmen auf dem Gebiete der Rechtspflege und Verwaltung vom 14.06.1932 nachgebildet und diese Bestimmung von der Rspr. und dem Schrifttum nach Erlaß dieser Verordnung entsprechend der hier vertretenen Ansicht ausgelegt worden sei.[667]

---

[663] BayObLG, NJW 1964, S.1084 f. (S.1085);
OLG Hamm, NJW 1955, S.1609 (S.1609) mit zustimmender Anm. v. Potrykus, RdJ 1956, S.79 (S.79);
OLG Düsseldorf bei Böhm, A., NStZ 1990, S.528 ff. (S.530);
ebenso Dallinger/Lackner, Komm.z.JGG (2. Aufl.), § 55 Rz.46 m.w.N.

[664] BayObLG, NJW 1964, S.1084 f. (S.1085).

[665] OLG Hamm, NJW 1955, S.1609 (S.1609).

[666] OLG Schleswig bei Ernesti/Lorenzen, SchlHA 1984, S.81 ff. (S.99).

[667] BayObLG, NJW 1964, S.1084 f. (S.1085) m.w.N. hinsichtlich der damaligen Auslegung der genannten Vorschrift der Notverordnung von 1932.

Der vorherrschenden Meinung ist im Hinblick auf den Wortlaut der geltenden Fassung des § 55 II JGG und mangels entgegenstehender Gesichtspunkte zuzustimmen.
Hierfür spricht auch, daß ein Verstoß gegen das Verbot der reformatio in peius nicht vorliegt, da der Staatsanwalt die Berufung zuungunsten des Angeklagten eingelegt hat.
Auch der Umstand, daß der Angeklagte oder ein anderer Verfahrensbeteiligter das Rechtsmittel der Berufung zugunsten des Angeklagten eingelegt hat, steht dieser Annahme nicht entgegen. Aufgrund der gleichzeitig eingelegten Berufung der Staatsanwaltschaft zuungunsten des Angeklagten ist der Angeklagte im Hinblick auf die Einhaltung des Verbots der Schlechterstellung weniger schutzbedürftig.

dd. Verstoß des Berufungsgerichts gegen das Verbot der reformatio in peius
(1) Keine Zulassung eines weiteren Rechtsmittels
Nach der Vorschrift des § 55 II JGG soll nach überwiegender Ansicht das Rechtsmittel der Revision für einen Anfechtungsberechtigten, der zuvor gegen das erstinstanzliche Urteil Berufung eingelegt hat, selbst dann ausgeschlossen sein, wenn durch das Berufungsurteil ein Verstoß gegen das Verschlechterungsverbot vorliegt.
Der Staatsanwalt sei in diesen Fällen aber verpflichtet, zugunsten des Angeklagten Revision einzulegen, wenn er noch über dieses Rechtsmittel verfüge.[668]

Im Hinblick auf die bereits erörterte Frage, inwieweit dem Angeklagten gegen das im Vergleich zur erstinstanzlichen Entscheidung ungünstiger ausfallende Berufungsurteil das Rechtsmittel der Revision nach gleichzeitig eingelegter Berufung des Staatsanwalts (zuungunsten des Angeklagten) zusteht, betonen die Vertreter der überwiegenden Meinung, daß es für die Zulässigkeit der Anfechtung keinen Unterschied machen könne, ob die Schlechterstellung des Angeklagten in der Berufungsinstanz in Übereinstimmung mit der Verfahrensordnung oder unter Verstoß gegen diese erfolgt sei.
Diese Ansicht meint, der Gesetzgeber habe mit der Regelung der instanziellen Rechtsmittelbeschränkung bewußt in Kauf genommen, daß ein Verfahrensbeteiligter, der bereits Berufung eingelegt habe, gegen das ihm unrichtig erscheinende Urteil keine Revision mehr einlegen könne.[669]
Gegen die Zulassung der Revision spreche in diesen Fällen zudem die Rspr. zu der sich für alle Verfahrensordnungen gleichermaßen stellenden Frage, unter welchen Umständen die Anfechtung einer an sich unanfechtbaren Entscheidung ausnahmsweise zuzulassen sei.

---

[668] Brunner/Dölling, Komm.z.JGG, § 55 Rz.16;
BayObLG, NStZ 1989, S.194 f. (S.194);
kritisch Wittschier, Das Verbot der reformatio in peius im strafprozessualen Beschlußverfahren, S.85.
[669] vgl. BayObLGSt 1961, S.258 ff. (S.260)=ZfJ 1961, S.336 (S.336).

Nach der Rspr. soll eine unanfechtbare Entscheidung nur in Ausnahmefällen mit Rechtsmitteln angreifbar sein. Dies sei der Fall, wenn eine Entscheidung jeder gesetzlichen Grundlage entbehre und inhaltlich dem Gesetz widerspreche, also bei sogenannter „greifbarer Gesetzeswidrigkeit."[670] Nicht ausreichend hierfür sei bereits jeder eindeutige Verstoß des Gerichts gegen Rechtsvorschriften.
Die Zulassung eines Rechtsmittels sei vielmehr auf Ausnahmen zu beschränken, bei denen es um die Anfechtung von Entscheidungen gehe, die mit der geltenden Rechtsordnung schlechthin unvereinbar seien.[671]
Diese Voraussetzung ist nach der Rspr. selbst dann nicht erfüllt, wenn ein Verstoß gegen den verfassungsrechtlich verbürgten Grundsatz des rechtlichen Gehörs vorliegt.[672] Ebensowenig sei bei einem Verstoß des Berufungsgerichts gegen das in § 331 I StPO niedergelegte Verbot der reformatio in peius, selbst wenn dieser im Einzelfall schwer wiegen könne, von einer greifbaren Gesetzeswidrigkeit auszugehen. Es seien nämlich wesentlich gravierendere Mängel eines Urteils denkbar, wie z.B. die Verurteilung des Angeklagten unter Nichtbeachtung eines Verfahrenshindernisses.[673]

(2) Zulässigkeit der Revision

Die Vertreter der Gegenansicht wenden hiergegen ein, daß die Ansicht der h.M. dem Sinn des Verschlechterungsverbots, der darin besteht, dem Angeklagten die Sorge zu nehmen, bei Einlegung eines Rechtsmittels noch härter bestraft zu werden, nicht gerecht werde. Hierdurch werde das Vertrauen des Angeklagten in das gesetzmäßige Handeln der Justiz, in die Unterworfenheit der dritten Gewalt unter das geschriebene Recht als Essentiale des Rechtsstaatsprinzips verletzt.[674]
Gegenüber der vorherrschenden Ansicht wird weiterhin die Kritik erhoben, daß diese der primären Zielsetzung des § 55 JGG, Beschleunigung und Verkürzung des Jugendstrafverfahrens aus erzieherischen Gründen, entgegenstehe. Zur Begründung wird darauf hingewiesen, daß die erzieherische Ansprechbarkeit bei einem derartigen Verstoß gegen das Verschlechterungsverbot verlorengehen werde, weil

[670] BGH, MDR 1986, S.222 (S.222);
BGH, MDR 1988, S.37 f. (S.37 f.);
BayObLG, NJW 1988, S.72 f. (S.72), jeweils für die Zivilgerichtsbarkeit;
BayObLG, NStZ 1989, S.194 f. (S.195);
vgl. auch KG, MDR 1988, S.417 (S.417), für die Zivilgerichtsbarkeit.
[671] BayObLG, NStZ 1989, S.194 f. (S.195).
[672] BVerfGE 60, S.96 ff. (S.98) m.w.N.;
BGH, MDR 1986, S.222 (S.222);
BayObLG, NJW 1988, S.72 f. (S.72 f.);
KG, MDR 1988, S.417 (S.417), jeweils im Rahmen der Zivilgerichtsbarkeit.
[673] BayObLG, NStZ 1989, S.194 f. (S.195).
[674] Ostendorf, Anm. zu BayObLG (NStZ 1989, S.194 f.), aaO., S.195 f. (S.195);
Ostendorf, Komm.z.JGG, § 55 Rz.38;
vgl. auch Grethlein, Problematik des Verschlechterungsverbotes im Hinblick auf die besonderen Maßnahmen des Jugendrechts, S.170 mit Verweis in Fn.5.

gerade Jugendliche und Heranwachsende bei einem Verstoß gegen das Gebot des „fair play“ durch den Staat besonders empfindlich reagierten.[675]
Auch der Vergleich einer Verletzung des Verschlechterungsverbots mit einem Verstoß gegen das Gebot auf rechtliches Gehör nach Art. 103 I GG sei unzutreffend. Laut einem Urteil des Bundesverfassungsgerichts[676] ist es gerade geboten, im Falle der Verletzung dieses Gebots, ein Rechtsmittel gegen eine unanfechtbare Entscheidung zuzulassen, wenn die Auslegung der einschlägigen Verfahrensvorschriften diese Vorgehensweise ermögliche.[677]
Entsprechend der Einwände der Gegenansicht wäre das Verbot der reformatio in peius gegenüber der Rechtsmittelbeschränkung des § 55 II JGG somit als vorrangig einzustufen.[678]

(3) Entscheidung

Dem Argument der h.M., daß es keinen Unterschied machen könne, ob die Schlechterstellung des Angeklagten in der Berufungsinstanz in Übereinstimmung mit der Verfahrensordnung oder unter Verstoß gegen diese erfolgt sei, da der Gesetzgeber mit der Regelung des § 55 II JGG bewußt in Kauf genommen habe, daß einem Verfahrensbeteiligten, der bereits Berufung eingelegt habe, gegen das ihm unrichtig erscheinende Urteil keine Revision mehr zustehe, kann nicht gefolgt werden.
Es ist zwar zutreffend, daß durch die jugendstrafverfahrensrechtliche Rechtsmittelbeschränkung des § 55 JGG gewisse Unrichtigkeiten des Urteils in Kauf genommen werden müssen, damit das Verfahren nicht über Gebühr verzögert wird. Hierfür spricht gerade der § 55 JGG zugrundeliegende Kompromißcharakter, nach welchem versucht wird, den erzieherischen Belangen, die durch diese Vorschrift verwirklicht werden sollen, und dem rechtsstaatlichen Interesse an einer Kontrolle durch übergeordnete Gerichte gerecht zu werden.[679]
Im Falle eines Verstoßes gegen das Verschlechterungsverbot erscheint die Unanfechtbarkeit des Berufungsurteils zugunsten erzieherischer Belange aber nicht interessengerecht, da es sich hierbei um einen schweren Verstoß gegen die Verfahrensordnung handelt. Daher könnte das Vertrauen des Jugendlichen/Heranwachsenden in die Justiz erschüttert werden. Insoweit ist der Gegenansicht zuzustimmen, die davon ausgeht, daß die erzieherische Ansprechbarkeit bei einem Verstoß gegen das Verbot der reformatio in peius verlorengehe, weil gerade Ju-

---

[675] Ostendorf, Anm. zu BayObLG (NStZ 1989, S.194 f.), aaO., 195 f. (S.195 f.); vgl. auch Grethlein, Problematik des Verschlechterungsverbotes im Hinblick auf die besonderen Maßnahmen des Jugendrechts, S.170 mit Verweis in Fn.6.
[676] BVerfGE 60, S.96 ff. (S.99) unter Hinweis auf BVerfGE 49, S.252 ff. (S.256).
[677] Ostendorf, Anm. zu BayObLG (NStZ 1989, S.194 f.), aaO., S.195 f. (S.195).
[678] vgl. Ostendorf, Komm.z.JGG, § 55 Rz.38.
[679] vgl. hierzu Kaufmann, JZ 1958, S.9 ff. (S.11 f.), hinsichtlich der sachlichen Rechtsmittelbeschränkung des § 55 I JGG.

gendliche und Heranwachsende bei einem Verstoß gegen das Gebot des „fair play" durch den Staat besonders empfindlich reagierten.

Für die Gegenauffassung spricht ebenfalls die Überlegung, daß der Jugendliche die gerichtliche Autorität in einem gewissen Maße anerkennen muß, damit die angeordneten Rechtsfolgen ihre erzieherische Wirkung zumindest ansatzweise verwirklichen können.

Die Möglichkeit der Anerkennung gerichtlicher Autorität geht aber verloren, wenn sich der Jugendliche oder Heranwachsende bewußt wird, daß das Berufungsgericht gegen das Verbot der Schlechterstellung verstoßen kann, ohne daß hieraus entsprechende Konsequenzen erwachsen.

Dem Verurteilten werden Grenzen gezogen, indem er angeklagt wird, wenn sein Verhalten gegen das Strafgesetz verstößt. Wie aber soll er die strafgerichtliche Kontrolle ihm gegenüber akzeptieren, wenn dem Gericht selbst bei einem Verstoß gegen das Verbot der reformatio in peius keine Schranken gesetzt werden?

Für die Gefahr einer Erschütterung des Vertrauens des Jugendlichen in die Justiz ist ebenfalls das folgende Argument heranzuziehen, welches bereits im Rahmen der Forderung nach besonderer jugendstrafverfahrensrechtlicher Beschleunigung dargestellt wurde. Für das Bedürfnis an einer jugendspezifischen Beschleunigung des Verfahrens wurde darauf hingewiesen, daß der Jugendliche noch nicht über das Abstraktionsvermögen eines Erwachsenen verfüge und schneller als dieser vergesse.

Ist dieser Annahme zu entsprechen, so ist es nur schwer vorstellbar, daß es dem betroffenen Jugendlichen hingegen verständlich gemacht werden kann, daß ein Verstoß des Berufungsgerichts gegen das Verbot der reformatio in peius folgenlos bleiben soll.

Es ist weiterhin zu beachten, daß im Jugendstrafverfahren ohnehin erheblich seltener als im Erwachsenenstrafverfahren Rechtsmittel eingelegt werden.[680] Hierzu trägt die Rechtsmittelbeschränkung des § 55 JGG nicht unerheblich bei.

Die Ansicht der überwiegenden Meinung trägt die Gefahr in sich, daß im Jugendstrafverfahren noch seltener als bisher Rechtsmittel eingelegt werden, da der Anfechtende befürchten muß, daß im Berufungsurteil eine noch härtere Sanktion angeordnet wird. Hierdurch wird nach zutreffender Auffassung der Gegenansicht das Vertrauen des Angeklagten in das gesetzmäßige Handeln der Justiz, in die Unterworfenheit der dritten Gewalt unter das geschriebene Recht als Essentiale des Rechtsstaatsprinzips ebenfalls verletzt.

Die überwiegende Meinung vertritt ferner die Annahme, daß unanfechtbare Entscheidungen nur in Ausnahmefällen bei Vorliegen einer „greifbaren Gesetzeswidrigkeit" anfechtbar seien. Eine solche sei selbst bei einem Verstoß gegen das Gebot auf rechtliches Gehör (Art. 103 I GG) nicht gegeben. Die Ansicht meint, dies gelte entsprechend im Falle der Verletzung des Verbots der reformatio in peius.

---

[680] zu diesbezüglichen Zahlen s. D I 4 a.

Gegen dieses Argument ist mit der Minderansicht einzuwenden, daß es nach einem Urteil des Bundesverfassungsgerichts gerade geboten ist, bei Vorliegen einer Verletzung des Gebots auf rechtliches Gehör, ein Rechtsmittel gegen eine unanfechtbare Entscheidung zuzulassen, wenn die Auslegung der einschlägigen Verfahrensvorschriften dies ermögliche.[681]

Übertragen auf einen Verstoß des Berufungsgerichts im Jugendstrafverfahren gegen das Verbot der reformatio in peius wäre das Rechtsmittel der Revision zugunsten des vorherigen Berufungsführers daher zuzulassen, wenn die Vorschrift des § 55 II 1 JGG eine derartige Auslegung ermöglicht.

Mit Hilfe der grammatischen Auslegungsmethode wird versucht, den Sinn des Gesetzes aus dem Sprachsinn unter Berücksichtigung der juristischen Terminologie zu erschließen.[682] Diese Methode spricht für die Ansicht der h.M., da sich der Wortlaut der instanziellen Rechtsmittelbeschränkung nur auf die Rechte der Anfechtungsberechtigten, nicht hingegen auf die Befugnisse des Rechtsmittelgerichts bezieht.

Andererseits ist hieraus aber nicht zwingend zu folgern, daß das Berufungsgericht ohne Folgen gegen bestimmte Grundsätze verstoßen darf.

Die systematische Auslegung, nach welcher der Sinn einer Bestimmung unter Berücksichtigung des Zusammenhangs der in Frage stehenden Bestimmung mit anderen Normen desselben oder eines anderen Gesetzes ermittelt werden soll[683], führt hier nicht weiter.

Primär von Bedeutung ist in diesem Zusammenhang die teleologische Auslegungsmethode.

Nach dieser wird auf den objektiven Zweckgehalt der Norm unter Berücksichtigung der Praktikabilität abgestellt.[684]

Die Rechtsmittelbeschränkung des § 55 II JGG soll nach ihrem Sinn und Zweck dazu beitragen, den Jugendlichen/Heranwachsenden zu erziehen. Da die Gegenansicht zutreffend darauf eingeht, daß die erzieherische Ansprechbarkeit der jungen Straftäter bei einem Verstoß des Berufungsgerichts gegen das Verschlechterungsverbot verloren gehen kann, spricht die teleologische Auslegungsmethode für die Minderansicht. Grund für diese Annahme ist, daß gerade dieser Personenkreis besonders empfindlich auf Verstöße gegen das Gebot des „fair play" reagiert.

Diesem Ergebnis steht auch nicht der Wille des Gesetzgebers entgegen. Den Gesetzesmaterialien ist nämlich nicht zu entnehmen, daß bei einem Verstoß gegen das Verbot der reformatio in peius nicht ausnahmsweise das Rechtsmittel der Revision zugunsten des Berufungsführers zugelassen werden kann.

---

681 BVerfGE 60, S.96 ff. (S.99) unter Hinweis auf BVerfGE 49, S.252 ff. (S.256).

682 Jescheck/Weigend, Lehrbuch des Strafrechts AT, § 17 IV 1 a.

683 Kleinknecht/Meyer-Goßner, Komm.z.StPO, Einl. Rz.197.

684 Kleinknecht/Meyer-Goßner, Komm.z.StPO, Einl. Rz.199.

Folglich ist entgegen der vorherrschenden Ansicht mit der Gegenansicht das Rechtsmittel der Revision zugunsten des Berufungsführers zuzulassen, wenn durch das Berufungsurteil gegen das Verbot der reformatio in peius verstoßen wird.

ee. Einlegung einer beschränkten Berufung

Wird im Wege der zulässigen Teilanfechtung die Berufung auf bestimmte Beschwerdepunkte beschränkt, so soll dem Berufungsführer nach überwiegender Ansicht die Revision selbst dann verwehrt sein, wenn sich die Berufung auf einen Nebenpunkt, wie etwa eine Nebenstrafe, bezogen hat.[685]

Für diese Annahme spricht der Wortlaut des § 55 II 1 JGG, der nur auf die Einlegung einer zulässigen Berufung abstellt, jedoch nicht zwischen der Gesamt- und der Teilanfechtung unterscheidet.

Im Falle der alleinigen Anfechtung eines Nebenpunkts des Urteils, wie etwa einer Nebenstrafe, stellt sich aber die Frage, ob nicht in Ausnahmefällen das Rechtsmittel der Revision zugelassen werden sollte, da - wie der Beschwerdeführer in seiner Revisionsbegründung gegenüber dem BayObLG zutreffend hervorhebt - die Vollstreckbarkeit der übrigen Rechtsfolgen nicht beeinträchtigt werde. Dieser meint, die Zulassung eines Rechtsmittels stehe in diesen Fällen der mit § 55 II JGG verfolgten jugendgemäßen Beschleunigung daher nicht entgegen.[686]

Der Senat des BayObLG wendet hiergegen ein, daß es unstreitig sei, daß eine auf das Strafmaß beschränkte Berufung des Angeklagten diesem die Revision gegen das Berufungsurteil verschließe. Aus diesem Grunde könne nichts Gegenteiliges gelten, wenn eine von mehreren Straffolgen angefochten werde.

Nach Ansicht des Senats spricht gegen die Zulassung der Revision ferner die Überlegung, daß ein Nebenpunkt des Urteils nicht immer unbedeutend sein müsse und somit der Zulassung eines weiteren Rechtsmittels auch nicht unter Billigkeitsgesichtpunkten entsprochen werden könne.[687]

Nach Dallinger/Lackner sollte aus diesem Grunde sorgfältig geprüft werden, ob man sich durch eine beschränkt eingelegte Berufung des Rechtsmittels der Revision begeben wolle, wenn der Staatsanwalt Berufung eingelegt hat und anzunehmen ist, daß er diese auch durchführen werde.[688]

---

[685] BayObLG, NJW 1964, S.1084 f. (S.1085);
Dallinger/Lackner, Komm.z.JGG (2. Aufl.), § 55 Rz.47;
Grethlein/Brunner, Komm.z.JGG, § 55 Anm.3 b (2) (a) m.w.N.

[686] BayObLG, NJW 1964, S.1084 f. (S.1085).

[687] BayObLG, NJW 1964, S.1084 f. (S.1085).

[688] Dallinger/Lackner, Komm.z.JGG (2. Aufl.), § 55 Rz.47;
hiergegen Nothacker, GA 1982, S.451 ff. (S.463), denn eine derartige Bewertung könne von dem Jugendlichen nur schwerlich selbst vorgenommen bzw. im Falle rechtlichen Beistands kaum einsehbar gemacht werden.

Entscheidendes Gewicht kommt dem Argument zu, daß auch ein Nebenpunkt des Urteils von großer Bedeutung sein könne. Dies zeigt der Senat des BayObLG anhand des Beispiels auf, daß die Einziehung eines wertvollen Kraftfahrzeugs, das zur Tatbegehung benutzt wurde, neben einer geringen Strafe durchaus als gewichtigere Straffolge zu werten sein könne.[689]

Aufgrund dieser Überlegung scheidet die Zulassung einer Anfechtung unter Billigkeitsgesichtspunkten aus.

Doch selbst wenn es sich um eine unbedeutende Nebenfolge handelt, sollte das Rechtsmittel der Revision nicht zugelassen werden, da es schwierig wäre, genaue Kriterien für die Bestimmung bedeutender bzw. unbedeutender Nebenfolgen aufzustellen. Dies gilt insbesondere, weil die einzelnen Rechtsfolgen von den Betroffenen unterschiedlich empfunden werden.

Der Umstand, daß die Anfechtung einer Nebenfolge der Vollstreckbarkeit der übrigen Rechtsfolgen nicht entgegensteht, entspricht insoweit dem Grundsatz jugendspezifischer Beschleunigung.

Im Hinblick auf das Jugendstrafrecht ist aber zu beachten, daß es sich bei diesem um ein Täter- und nicht um ein Tatstrafrecht handelt, so daß bei Anordnung unterschiedlicher Rechtsfolgen diese in ihrer Gesamtheit zur Erziehung des Täters beitragen sollen. Wird nun eine Rechtsfolge wesentlich früher als eine andere im Urteil angeordnete Rechtsfolge vollstreckt, so können diese mangels Zusammenwirkens den Jugendlichen/Heranwachsenden nicht in beabsichtigter Weise erzieherisch beeinflussen.

Auch der Wortlaut des § 55 II 1 JGG spricht für diese Auslegung, und durch diese erfolgt auch kein Verstoß gegen das Rechtsstaatsprinzip, wie z.B. im Falle der Nichtbeachtung des Verbots der reformatio in peius durch das Berufungsgericht.

Aufgrund dieser Überlegungen ist der Ansicht zu folgen, daß bereits eine Teilanfechtung, selbst wenn sich diese nur auf einen Nebenpunkt des Urteils bezieht, der Einlegung einer zulässigen Revision durch den Berufungsführer entgegensteht.

d. Zulässigkeit der Revision neben der Berufung nach vorherrschender Auffassung

In bestimmten Fällen greift die Rechtsmittelbeschränkung des § 55 II JGG nicht ein, so daß einem Rechtsmittelberechtigten neben dem Rechtsmittel der Berufung zusätzlich noch das der Revision zusteht.

Hierfür spricht, daß eine strenge und konsequente Anwendung der in § 55 II JGG niedergelegten instanziellen Rechtsmittelbeschränkung nicht immer zu interessengerechten Lösungen führen würde.[690]

---

[689] BayObLG, NJW 1964, S.1084 f. (S.1085).

[690] vgl. OLG Hamm, ZfJ 1964, S.306 (S.306);
s. auch Potrykus, RdJ 1964, S.293 ff. (S.293).

aa. Verbindung von Urteilen in der Berufungsinstanz

Von der Zulässigkeit des Rechtsmittels der Revision gegen das Berufungsurteil wird zunächst ausgegangen, wenn zwei verschiedene erstinstanzliche Urteile erst in der Berufungsinstanz zur gemeinsamen Verhandlung verbunden und die Verfehlungen darüber hinaus nach § 31 JGG einheitlich geahndet werden, nachdem der Angeklagte gegen das eine und der Staatsanwalt gegen das andere - je unter Beschränkung auf das Strafmaß[691] - Berufung eingelegt haben.[692]

Zur Begründung dieser Annahme wird auf den Wortlaut des § 55 II 1 JGG hingewiesen.

Nach diesem ist die Einlegung der Revision für denjenigen ausgeschlossen, der eine zulässige Berufung eingelegt hat.

Daraus folgert diese Ansicht, § 55 II 1 JGG erfasse nur diejenigen Fälle, in denen sich das Berufungsgericht ausschließlich mit einer Entscheidung erster Instanz befaßt habe.

Gegen diese solle dann demjenigen Rechtsmittelführer das Rechtsmittel der Revision nicht mehr zustehen, der bereits Berufung eingelegt habe.

§ 55 II 1 JGG erfasse hingegen nicht die Fälle, in denen durch das Berufungsurteil Strafen erstinstanzlicher Urteile überprüft worden seien, gegen die von dem betreffenden Revisionsführer keine Berufung eingelegt worden sei.[693]

Es wird außerdem darauf hingewiesen, daß das Berufungsgericht hinsichtlich dieser neuen Rechtsfolge gewissermaßen erstinstanzlich tätig geworden sei, da die einbezogenen Rechtsfolgen wegfallen, so als wäre diese Entscheidung nicht ergangen. Daher hole das Berufungsgericht nur das nach, was die erste Instanz unterlassen habe.[694]

Weiterhin wird hervorgehoben, daß gegen diese Ansicht auch nicht der Umstand spreche, daß der Beschwerdeführer durch die Einlegung der Revision zugleich eine Überprüfung der Straffrage in der anderen Sache erreiche, gegen die er keine Revision mehr hätte einlegen können. Aus diesem Grunde erhalte er mehr, als § 55 II JGG ihm zubilligen wolle.

Dieser Umstand könne nämlich im Ergebnis auch im Falle einer Einbeziehung von Rechtsfolgen aus einem rechtskräftigen Urteil in eine neue Entscheidung nach

---

[691] Dallinger/Lackner, Komm.z.JGG (2. Aufl.), § 55 Rz.48;
Eisenberg, Komm.z.JGG, § 55 Rz.62 a;
OLG Hamm, ZfJ 1964, S.306 (S.306) mit zustimmender Anm. v. Potrykus;
Potrykus, RdJ 1964, S.293 ff. (S.293 f.).

[692] OLG Hamm, NStZ 1990, S.140 (S.140) mit zustimmender Anm. v. Neuhaus.

[693] OLG Hamm, ZfJ 1964, S.306 (S.306);
Potrykus, RdJ 1964, S.293 ff. (S.293).

[694] vgl. Potrykus, Anm. zu OLG Hamm (ZfJ 1964, S.306), aaO., S.306 f. (S.307);
Potrykus, RdJ 1964, S.293 ff. (S.293);
s. auch Neuhaus, Anm. zu OLG Hamm (NStZ 1990, S.140), aaO., S.140 f. (S.140).

§ 31 II JGG auftreten, da auch hier die Einlegung der Berufung gegen das frühere Urteil der Zulässigkeit der Revision nicht entgegenstehe.[695]

Für die Zulässigkeit der Revision spricht hier insbesondere die Überlegung, daß den Beschwerdeführern jeweils gegen das Urteil, gegen das der andere Berufung eingelegt hat, noch das Rechtsmittel der Revision zugestanden hätte. Aus diesem Grunde wäre es unbefriedigend, ihnen diese Rechtsmittel infolge der nachträglich vorgenommenen Verbindung der beiden Strafsachen und der einheitlichen Rechtsfolgenbestimmung nach § 31 JGG zu nehmen.[696]
Im Hinblick auf den Wortlaut des § 55 II 1 JGG ist diese Lösung ebenfalls als vertretbar anzusehen. Dem Wortlaut ist nämlich zu entnehmen, daß die Vorschrift des § 55 II 1 JGG nur dann zum Zuge kommen soll, wenn sich das Berufungsgericht ausschließlich mit einer erstinstanzlichen Entscheidung befaßt hat, die derjenige Anfechtungsberechtigte, der gegen das Berufungsurteil Revision einlegen möchte, bereits mit der Berufung angefochten hat.
Dem Argument, daß das Berufungsgericht in diesen Fällen gewissermaßen erstinstanzlich tätig geworden ist, ist zuzustimmen, da das Berufungsgericht in diesen Fällen nur das nachholt, was das erstinstanzlich zuständige Gericht unterlassen hat.
Bedenken bestehen auch nicht gegenüber der aus dieser Lösung resultierenden Folge, daß der Beschwerdeführer hiernach mehr erreicht, als ihm die instanzielle Rechtsmittelbeschränkung des § 55 II JGG zubilligen will, da diese Folge auch bei einer Einbeziehung nach § 31 II JGG eintreten kann.
Außerdem spricht, wie bereits erwähnt, der Wortlaut des § 55 II 1 JGG für die Zulassung der Revision. Zu beachten ist ferner, daß es von „zufälligen“ Faktoren abhängt, ob es zu einer Verbindung kommen kann. Der „Zufall“ sollte aber im Interesse des Rechtsstaatsprinzips nicht über die Rechtmittelmöglichkeiten der Beteiligten entscheiden.
Nach einer Abwägung dieser widerstreitenden Gesichtspunkte ist die Zulassung des Rechtsmittels der Revision als interessengerecht anzusehen.
Dementsprechend ist mit der hier dargestellten Ansicht die Revision gegen das Berufungsurteil als zulässig zu erachten, wenn zwei verschiedene erstinstanzliche Urteile erst in der Berufungsinstanz zur gemeinsamen Verhandlung verbunden und die Verfehlungen nach § 31 JGG einheitlich geahndet wurden, nachdem der Angeklagte gegen das eine und der Staatsanwalt gegen das andere (je unter Beschränkung auf das Strafmaß) Berufung eingelegt haben.

bb. Freispruch wegen einer von mehreren selbständigen Straftaten
Wird ein jugendlicher oder heranwachsender Angeklagter im erstinstanzlichen Verfahren wegen einer von mehreren selbständigen Straftaten freigesprochen, auf die

---

[695] OLG Hamm, ZfJ 1964, S.306 (S.306);
Dallinger/Lackner, Komm.z.JGG (2. Aufl.), § 55 Rz.48.
[696] ebenso Dallinger/Lackner, Komm.z.JGG (2. Aufl.), § 55 Rz.48.

Berufung der Staatsanwaltschaft hin aber vom Berufungsgericht unter Anwendung von Jugendstrafrecht verurteilt, so steht ihm insoweit das Rechtsmittel der Revision zu.
Dies gilt auch dann, wenn der Angeklagte das Urteil des ersten Rechtszugs, soweit er verurteilt worden ist, bereits mit der Berufung angefochten hat.[697]
Hierfür spricht, daß dem Angeklagten gegenüber dem freisprechenden Teil des Urteils mangels Beschwer gar kein Rechtsmittel zustand. Aus der Sicht des Angeklagten stellt die Einlegung der Revision gegen das ihn verurteilende Berufungsurteil somit die erstmalige Einlegung eines Rechtsmittels dar.[698]
Es wäre als unbillig anzusehen, dem Angeklagten die Revision aufgrund formalistischer Wortauslegung des § 55 II 1 JGG in diesen Fällen zu versagen und ihn unter der Verbindung der Sache mit den anderen leiden zu lassen.[699] Wären diese selbständigen Taten in unterschiedlichen Verfahren behandelt worden, so würde dem Angeklagten nach erstinstanzlichem Freispruch und nachfolgender Verurteilung im Berufungsverfahren das Rechtsmittel der Revision nämlich stets offenstehen.[700]
Gegen diesen Lösungsansatz könnte aber das in § 31 JGG normierte Einheitsprinzip sprechen. Nach diesem erstreckt sich die Anfechtung einer Tat in der Schuld - oder Straffrage auf den gesamten Rechtsfolgenausspruch, so daß von der Berufung sämtliche Taten ergriffen werden.[701]
Das Einheitsprinzip findet aber auf den Freispruch keine Anwendung.
Demzufolge steht dieses Prinzip der Zulassung der Revision in Fällen der vorliegenden Art nicht entgegen.
Für den dargestellten Lösungsansatz spricht darüber hinaus die Vorschrift des § 55 II 1 JGG selbst. Nach dieser steht jedem Rechtsmittelberechtigten zwar nur ein Rechtsmittel zu. Die Möglichkeit einer einmaligen Anfechtung soll durch diese Vorschrift aber gerade nicht ausgeschlossen werden.[702]

cc. Überschreitung der Rechtsfolgenkompetenz des Gerichts erster Instanz
Das Rechtsmittel der Revision steht dem Rechtsmittelberechtigten neben der Berufung auch dann zu, wenn die Jugendkammer als Berufungsgericht eine Rechtsfolge

---

[697] BayObLGSt 1972, S.274 f. (S.274 f.);
BayObLG, MDR 1977, S.689 f. (S.689);
Potrykus, RdJ 1964, S.293 ff. (S.293);
Dallinger/Lackner, Komm.z.JGG (2. Aufl.), § 55 Rz.49;
DSS (Schoreit), § 55 Rz.46.
[698] BayObLGSt 1972, S.274 f. (S.275).
[699] Dallinger/Lackner, Komm.z.JGG (2. Aufl.), § 55 Rz.49;
ebenso Potrykus, RdJ 1964, S.293 ff. (S.293).
[700] Dallinger/Lackner, Komm.z.JGG (2. Aufl.), § 55 Rz.49 m.w.N.;
Potrykus, RdJ 1964, S.293 ff. (S.293).
[701] Dallinger/Lackner, Komm.z.JGG (2. Aufl.), § 55 Rz.48;
Eisenberg, Komm.z.JGG, § 55 Rz.15 f. u. 62 a.
[702] BayObLGSt 1972, S.274 f. (S.275).

angeordnet hat, die nicht von der Rechtsfolgenkompetenz des erstinstanzlich zuständigen Gerichts gedeckt ist.[703] Grundsätzlich ist nämlich die Jugendkammer als Rechtsmittelgericht an die Rechtsfolgenkompetenz des Gerichts erster Instanz gebunden.[704]
Hierfür spricht, daß das Berufungsurteil in diesen Fällen - auch bei versehentlicher Überschreitung der Rechtsfolgenkompetenz des erstinstanzlich zuständigen Gerichts - in ein erstinstanzliches Urteil umgedeutet werden kann.
Dies gilt aber nur, wenn die Jugendkammer die für das erstinstanzliche Verfahren geltenden zwingenden Verfahrensvorschriften eingehalten hat.[705]

dd. Verwerfung der Berufung als unzulässig

Weiterhin ist die Revision nach bereits eingelegter Berufung im Hinblick auf § 55 II 1 JGG, nach dem derjenige, der eine zulässige Berufung eingelegt hat, gegen das Berufungsurteil nicht mehr Revision einlegen kann, als zulässig zu erachten, wenn das Berufungsgericht eine unzulässige Berufung als unzulässig verworfen hat.
Das gleiche gilt im Falle der fehlerhaften Verwerfung einer an sich zulässigen Berufung als unzulässig[706], da der Jugendliche in diesem Falle nicht schlechter gestellt werden darf als es § 55 II 1 JGG vorsieht.[707]
Zudem muß bei der Verwerfung einer zulässigen Berufung als unzulässig der die Rechtsmittelbeschränkung des § 55 JGG überwiegend tragende Grundsatz der Beschleunigung gegenüber dem aus prozessualen Gründen offensichtlich falschen Urteil zurückstehen.[708]
Die Zulässigkeit der Revision rechtfertigt sich in diesen Fällen darüber hinaus aus dem Umstand, daß der Berufungsführer seinerseits alles getan hat, um die ihm garantierte sachliche Nachprüfung des erstinstanzlichen Urteils zu ermöglichen. Da-

---

[703] vgl. BGH, GA 1968, S.340 f. (S.340), für das allgemeine Strafverfahrensrecht;
Pentz, GA 1958, S.299 ff. (S.303);
Brunner/Dölling, Komm.z.JGG, §§ 39-41, Rz.36.
[704] Eisenberg, Komm.z.JGG, § 41 Rz.11;
Brunner/Dölling, Komm.z.JGG, §§ 39-41 Rz.36;
Pentz, GA 1958, S.299 ff. (S.302).
[705] vgl. BGHSt 21, S.229 ff. (S.229 f.);
Brunner/Dölling, Komm.z.JGG, §§ 39-41 Rz.36;
vgl. auch Pentz, GA 1958, S.299 ff. (S.303).
[706] Eisenberg, Komm.z.JGG, § 55 Rz.62;
DSS (Schoreit), Komm.z.JGG, § 55 Rz.44;
BayObLGSt 1973, S.220 f. (S.221)=BayObLG, JR 1974, S.523 f. (S.523) mit insoweit zustimmender Anm. v. Brunner, aaO., S.524 (S.524).
[707] Eisenberg, Komm.z.JGG, § 55 Rz.62.
[708] Brunner, Anm. zu BayObLG (JR 1974, S.523 f.=BayObLGSt 1974, S.220 ff.), JR 1974, S.524 (S.524) m.w.N.

her muß ihm aus rechtsstaatlichen Gründen die Einlegung dieses Rechtsmittels erhalten bleiben.[709] [710]

ee. Nichtberücksichtigung der Berufung

Wurde über die zulässige Berufung des Rechtsmittelführers ausweislich der Urteilsformel in der Berufungsinstanz nicht mitentschieden, so kann dieser entgegen der Regelung des § 55 II 1 JGG gegen das Berufungsurteil mit dem Ziel der Aufhebung des Berufungsurteils Revision einlegen.[711]

Dies ist beispielsweise dann der Fall, wenn das Berufungsgericht eine unbeschränkt eingelegte Berufung des Angeklagten übersehen und sich auf die beschränkte Berufung eines anderen Verfahrensbeteiligten hin nicht mit der Schuldfrage befaßt hat.[712]

In diesen Fällen hat der Angeklagte zwar ein Rechtsmittel eingelegt. Da dieses aber keine Berücksichtigung gefunden hat, ist es so zu behandeln als ob es gar nicht eingelegt wurde.

Für die Zulassung der Revision spricht ebenfalls die Vorschrift des § 55 II JGG, da durch diese die Möglichkeit einer einmaligen Anfechtung gerade nicht ausgeschlossen werden soll.[713]

ff. Behandlung der Revision als Berufung

(1) Hat ein zur Rechtmitteleinlegung Berechtigter gegen ein erstinstanzliches Urteil des Jugendrichters oder des Jugendschöffengerichts Berufung eingelegt und ein anderer Revision, so wird die Revision entsprechend §§ 2 JGG, 335 III 1 StPO als Berufung behandelt.

Aus diesem Grunde ist der Revisionsführer nach überwiegender Ansicht - trotz der in § 55 II 1 JGG niedergelegten Rechtsmittelbeschränkung - berechtigt, gegen das Berufungsurteil mit der Revision vorzugehen.[714]

---

[709] Brunner, Anm. zu BayObLG (JR 1974, S.523 f.=BayObLGSt 1974, S.220 ff.), JR 1974, S.524 (S.524).

[710] aus diesem Grunde besteht auch kein Widerspruch zu der oben vertretenen Ansicht, daß dem Angeklagten nach Verwerfung der Berufung gem. § 329 I StPO kein weiteres Rechtsmittel mehr zusteht. In diesen Fällen verhindert der Angeklagte die Möglichkeit des Ergehens einer Sachentscheidung durch sein bewußtes oder nachlässiges Verhalten i.d.R. nämlich selbst (s.o. D II 3 c bb). Im übrigen fordert die Möglichkeit einer falschen Bewertung über das Vorliegen von Entschuldigungsgründen keine besonderen rechtsstaatlichen Garantieleistungen heraus und ist daher hinzunehmen.

[711] Dallinger/Lackner, Komm.z.JGG (2. Aufl.), § 55 Rz.52;
Brunner/Dölling, Komm.z.JGG, § 55 Rz.17;
Eisenberg, Komm.z.JGG, § 55 Rz.65.

[712] Dallinger/Lackner, Komm.z.JGG (2. Aufl.), § 55 Rz.52.

[713] s.o. D II 3 d bb.

[714] OLG Stuttgart, Die Justiz 1969, S.228 f. (S.228 f.);
OLG Celle, MDR 1964, S.527 f. (S.527 f.);
Eisenberg, Komm.z.JGG, § 55 Rz.67;

Dies gilt nach dieser Ansicht - entgegen dem Wortlaut des § 55 II 2 JGG - auch im Falle der Einlegung unterschiedlicher Rechtsmittel durch die in § 55 II 2 JGG genannten Verfahrensbeteiligten.[715]

Zur Begründung dieser Annahme weist diese Auffassung darauf hin, daß § 55 II 1 JGG seinem unmißverständlichen Wortlaut nach die Einlegung einer zulässigen Berufung und nicht die einer zulässigen Revision voraussetze.[716] Dies beanspruche auch bei Einlegung unterschiedlicher Rechtsmittel durch die in § 55 II 2 JGG genannten Verfahrensbeteiligten Geltung[717], da § 55 II 1 JGG gegenüber § 55 II 2 JGG als vorrangig anzusehen sei.[718]
Diese Ansicht wird weiterhin darauf gestützt, daß § 55 II JGG bereits durch die Wahl zwischen der Berufung und der Revision zu einer starken Beschränkung der Rechtsmittelmöglichkeiten führe. Aus diesem Grunde müsse zumindest die Wahl zwischen diesen beiden Rechtsmitteln erhalten bleiben.[719]
Zudem bestehe der Sinn dieser Vorschrift nicht darin, einem Verfahrensbeteiligten, der sich für die Einlegung der Revision entschieden habe, den Weg in diese Instanz zu versagen, nur weil ein anderer Rechtsmittelberechtigter Berufung eingelegt habe.[720]
Nach Auffassung des OLG Stuttgart ist eine Revision, die nach § 335 III 1 StPO als Berufung „behandelt" wird, daher nicht als Berufung i.S.d. § 55 II JGG zu werten.[721]

Schoreit wendet gegen diese Ansicht ein, daß in allen Fällen der Einlegung voneinander abweichender Rechtsmittel durch die Anfechtungsberechtigten die gegen das erstinstanzliche Urteil eingelegte Revision in jeder Beziehung als Berufung zu werten sei.

Ostendorf, Komm.z.JGG, § 55 Rz.32 u. 38.

[715] über den Wortlaut des § 55 II 2 JGG wird von dieser Regelung ebenfalls der Verteidiger erfaßt. Da der Verteidiger aber die Rechte des Mandanten ausübt, gilt das zuerst eingelegte Rechtsmittel, wenn beide unterschiedliche Rechtsmittel einlegen, s. hierzu Brunner/Dölling, Komm. z.JGG, § 55 Rz.19.
Zu beachten ist aber, daß der Verteidiger nach § 297 StPO gegen den Willen des Beschuldigten keine Rechtsmittel einlegen kann.

[716] OLG Celle, MDR 1964, S.527 f. (S.528).

[717] Eisenberg, Komm.z.JGG, § 55 Rz.67;
Ostendorf, Komm.z.JGG, § 55 Rz.32 u. 38;
vgl. OLG Celle, MDR 1964, S.527 f. (S.528);
s. auch OLG Stuttgart, Die Justiz 1969, S.228 f. (S.229 f.).

[718] Eisenberg, Komm.z.JGG, § 55 Rz.67.

[719] OLG Stuttgart, Die Justiz 1969, S.228 f. (S.228).

[720] vgl. OLG Celle, MDR 1964, S.527 f. (S.528).

[721] OLG Stuttgart, Die Justiz 1969, S.228 f. (S.229).

Dies habe auch hinsichtlich der durch § 55 II 1 JGG eröffneten Rechtsmittelwahl zu gelten. Die Beeinträchtigung dieser Wahlmöglichkeit aufgrund der von anderer Seite eingelegten Berufung sei hinzunehmen.
Begründet wird diese Ansicht damit, daß die ursprüngliche Entscheidung nach Durchführung des Berufungsverfahrens ohnehin nicht mehr Gegenstand der Revision sein könne.[722]

Eine weitere Ansicht geht in diesen Fällen entsprechend der überwiegend vertretenen Auffassung von der Zulässigkeit der Revision aus. Etwas anderes gilt nach dieser Ansicht aber dann, wenn die in § 55 II 2 JGG aufgezählten Verfahrensbeteiligten unterschiedliche Rechtsmittel eingelegt haben, da die Regelung des § 55 II 2 JGG der Zulassung der Revision gegen das Berufungsurteil entgegenstehe.[723]

(2) (a) Gegen die Zulassung der Revision bei Einlegung unterschiedlicher Rechtsmittel durch die in § 55 II 2 JGG genannten Verfahrensbeteiligten könnte die Umgehungsmöglichkeit der Rechtsmittelbeschränkung des § 55 II 1 JGG sprechen, da diese gerade durch die in § 55 II 2 JGG niedergelegte Regelung vermieden werden soll.[724]
Die Gefahr einer Umgehung der instanziellen Rechtsmittelbeschränkung ist aber als gering einzuschätzen, da hierfür ein planmäßiges Vorgehen der von § 55 II 2 JGG erfaßten Verfahrensbeteiligten erforderlich wäre.
Es ist weiterhin auf den Wortlaut des § 55 II 2 JGG einzugehen. Auf den ersten Blick steht dieser der Zulassung der Revision entgegen, da dem Angeklagten, dem Erziehungsberechtigten sowie dem gesetzlichen Vertreter nach diesem nur ein einheitliches Rechtsmittelwahlrecht zugebilligt wird. Diese Regelung stellt somit eine Einschränkung des dem verhandlungsfähigen Angeklagten[725], dem Erziehungsberechtigten nach §§ 67 III JGG, 298 StPO und dem gesetzlichen Vertreter gem. § 298 I StPO jeweils zustehenden selbständigen Rechtsmittelrechts dar.[726]
Durch die Formulierung „ hat der Angeklagte, der Erziehungsberechtigte oder der gesetzliche Vertreter" in § 55 II 2 JGG wird aber der Eindruck erweckt, daß diese Vorschrift nicht auf den Fall, daß die hier genannten Verfahrensbeteiligten voneinander abweichende Rechtsmittel eingelegt haben, zugeschnitten ist.
Die Wertung einer gegen das erstinstanzliche Urteil eingelegten Revision - bei gleichzeitiger Einlegung einer Berufung durch einen anderen Verfahrensbeteiligten-

---

[722] DSS (Schoreit), Komm.z.JGG, § 55 Rz.48.
[723] Brunner/Dölling, Komm.z.JGG, § 55 Rz.19;
ebenso Dallinger/Lackner (2. Aufl.), Komm.z.JGG, § 55 Rz.55.
[724] Dallinger/Lackner, Komm.z.JGG (2. Aufl.), § 55 Rz.55;
Eisenberg, Komm.z.JGG, § 55 Rz.66;
Albrecht, P.-A., Jugendstrafrecht, § 49 B II 2.
[725] Ostendorf, Komm.z.JGG, § 55 Rz.3.
[726] dieses erlischt für den Erziehungsberechtigten und den gesetzlichen Vertreter jedoch in der Regel mit dem Eintritt der Volljährigkeit des Jugendlichen.

als Berufung nach § 335 III 1 StPO könnte bei Einführung dieser Regelung nicht ausreichend berücksichtigt worden sein.
Aufschluß könnte hier die Entscheidung gegenüber dem Argument der überwiegenden Meinung geben, daß § 55 II 1 JGG gegenüber § 55 II 2 JGG vorrangig sei.
Für eine Vorrangstellung des ersten gegenüber dem zweiten Satz dieser Vorschrift spricht einmal die Anordnung dieser beiden Sätze sowie die Bezugnahme des zweiten Satzes auf die Einlegung einer zulässigen Berufung.
Gegen die Zulassung des Rechtsmittels der Revision bei Einlegung unterschiedlicher Rechtsmittel durch die in § 55 II 2 JGG genannten Verfahrensbeteiligten spricht aber entscheidend die Überlegung, daß beispielsweise bei Einlegung einer zulässigen Berufung durch den Erziehungsberechtigten ohne gleichzeitige Einlegung anderer Rechtsmittel durch den Angeklagten und den gesetzlichen Vertreter, letzterem auch kein Wahlrecht mehr zustünde. Es ist daher nicht ersichtlich, warum in den Fällen, in denen die gegen das erstinstanzliche Urteil eingelegte Revision eines der in § 55 II 2 JGG aufgezählten Verfahrensbeteiligten nach § 335 III 1 StPO als Berufung behandelt wurde, die Einlegung der Revision gegen das Berufungsurteil noch möglich sein sollte.

Demzufolge ist hier der Ansicht zu folgen, nach der die Revision gegen das Berufungsurteil einem von § 55 II 2 JGG erfaßten Verfahrensbeteiligten nicht mehr zusteht, wenn dessen Revision gegen das erstinstanzliche Urteil nach § 335 III 1 StPO als Berufung behandelt wurde.

(b) Zur Entscheidung darüber, ob das Rechtsmittel der Revision bei Einlegung unterschiedlicher Rechtsmittel durch die Verfahrensbeteiligten, die über ein selbständiges Rechtsmittelwahlrecht verfügen, demjenigen gegen das Berufungsurteil zustehen soll, der gegen das erstinstanzliche Urteil Revision eingelegt hat, ist auf die weiteren Argumente einzugehen, die für die Zulassung dieses Rechtsmittels angeführt werden.
Von entscheidender Bedeutung ist hier der Gesichtspunkt, daß die instanzielle Rechtsmittelbeschränkung des § 55 II 1 JGG ohnehin schon zu einer starken Einschränkung der Rechte der Verfahrensbeteiligten führt. Würde im Falle voneinander abweichender Rechtsmittel die Zulässigkeit der Revision demjenigen versagt, dessen Revision gegen das erstinstanzliche Urteil entsprechend § 335 III 1 JGG als Berufung behandelt wurde, so wäre dieses Ergebnis als nicht interessengerecht anzusehen. Eine derart starke Einschränkung des durch § 55 II 1 JGG eröffneten Wahlrechts wäre mit dem Rechtsstaatsprinzip nicht zu vereinbaren.
Für die Zulassung der Revision spricht des weiteren das von der überwiegenden Ansicht hervorgehobene Argument, daß der Sinn des § 55 II JGG nicht darin bestehen könne, dem Revisionsführer dieses Rechtsmittel zu versagen, nur weil ein anderer Verfahrensbeteiligter gegen das Urteil erster Instanz mit der Berufung vorgegangen sei.

In § 55 II 1 JGG wird außerdem auf die Einlegung einer „zulässigen" Berufung abgestellt. Demzufolge steht der Wortlaut der Zulassung des Rechtsmittels der Revision ebenfalls nicht entgegen.
Der Einwand Schoreits, daß das erstinstanzliche Urteil nach Durchführung des Berufungsverfahrens ohnehin nicht mehr Gegenstand der Revision sein könne und aus diesem Grunde die Nichtzulassung der Revision hinzunehmen sei, ist nicht zu berücksichtigen, da die Revision gegen das Berufungsurteil noch möglich wäre.

Demnach steht bei Einlegung unterschiedlicher Rechtsmittel durch die Beteiligten demjenigen, der gegen das erstinstanzliche Urteil mit der Revision vorgegangen ist, gegen das Berufungsurteil das Rechtsmittel der Revision zu.
Dies gilt jedoch nicht - wie bereits erwähnt - bei der Einlegung unterschiedlicher Rechtsmittel durch die in § 55 II 2 JGG genannten Verfahrensbeteiligten.

e. Folgen der Anfechtung

Legt ein Rechtsmittelführer, der zuvor Berufung eingelegt hat, entgegen der Vorschrift des § 55 II JGG Revision ein, so ist dieses Rechtsmittel nach § 349 I StPO als unzulässig zu verwerfen. Diese Entscheidung trifft das angerufene Revisionsgericht und nicht gem. § 346 I StPO das Berufungsgericht, dessen Urteil angefochten wurde. Durch § 346 I StPO wird nämlich die Zuständigkeit des Gerichts, dessen Entscheidung angefochten wird, auf die in dieser Vorschrift genannten Fälle beschränkt. Über die Unzulässigkeit aus anderen als der dort genannten Gründe hat dagegen das zuständige Revisionsgericht nach § 349 I StPO zu entscheiden.[727]

Auf einen mitangeklagten Jugendlichen oder Heranwachsenden erstreckt sich nach vorherrschender Meinung die revisionsgerichtliche Aufhebung eines Urteils zugunsten eines Angeklagten in entsprechender Anwendung des § 357 StPO. Diese Ansicht meint, die Rechtsmittelbeschränkung des § 55 II JGG könne den Mitangeklagten nicht entgegengehalten werden.[728]
Hiergegen wendet das OLG Oldenburg in einem Urteil vom 05.03.1957 - Ss 476/56 - ein, daß durch den Nebensatz des § 357 StPO „die nicht Revision eingelegt haben" klargestellt werde, daß diese Vorschrift nur dann Anwendung finde, wenn demjenigen, auf den sich die Revisionsentscheidung erstrecken solle, noch die Möglichkeit zur Einlegung dieses Rechtsmittels zustehe. Daher sei § 357 StPO

---

[727] BGH, MDR 1959, S.507 f. (S.507);
BayObLGSt 1962, S.207 f. (S.207 f.).
[728] Dallinger, MDR 1963, S.539 ff. (S.540 f.);
Dallinger/Lackner, Komm.z.JGG (2. Aufl.), § 55 Rz.60;
DSS (Schoreit), Komm.z.JGG, § 55 Rz.49;
Brunner/Dölling, Komm.z.JGG, § 55 Rz.16;
Eisenberg, Komm.z.JGG, § 55 Rz.70.

nicht anwendbar, wenn dem Mitangeklagten aufgrund der instanziellen Rechtsmittelbeschränkung des § 55 II JGG die Einlegung der Revision versagt sei.[729]

Der Wortlaut des § 357 StPO entspricht zwar der Annahme des OLG Oldenburg, daß die Erstreckung der Aufhebung eines Urteils auf einen Mitangeklagten nur dann möglich ist, wenn diesem nach § 55 II JGG noch das Rechtsmittel der Revision zusteht.
Für die Erstreckung der revisionsgerichtlichen Aufhebung eines Urteils entsprechend § 357 StPO spricht hingegen, daß die Gefahr einer Verzögerung des Verfahrensabschlusses in diesen Fällen nicht gegeben ist, da es hierbei lediglich um eine Frage der Urteilserstreckung geht.[730]
Die bestehende Umgehungsmöglichkeit des § 55 II JGG durch das bewußte Zusammenwirken mehrerer Angeklagter muß aus Gerechtigkeitsgründen ebenfalls in Kauf genommen werden, zumal eine derartige Umgehung der instanziellen Rechtsmittelbeschränkung nicht sehr naheliegend erscheint.[731]
Für die vorherrschende Auffassung spricht darüber hinaus, daß es in einem hohem Maße als erziehungswidrig anzusehen wäre, wenn in demselben Verfahren im Hinblick auf das Vorliegen einer Gesetzesverletzung bei Anwendung des Strafgesetzes Ungleichheiten bei der Aburteilung mehrerer Angeklagter bestünden.
Hierdurch entstünde zudem die Gefahr einer Minderung des Ansehens des Gerichts.
Somit ist mit der überwiegenden Ansicht davon auszugehen, daß sich die erfolgreiche Revision eines Angeklagten in entsprechender Anwendung des § 357 StPO auf die übrigen Mitangeklagten erstreckt, ohne daß diesen die Rechtsmittelbeschränkung des § 55 II JGG entgegengehalten werden kann.[732]

f. Sinngemäße Anwendung des § 55 II JGG

aa. Geltung des § 55 II JGG im Rahmen der sofortigen Beschwerde nach § 59 I und III JGG

(1) Seinem Wortlaut nach erstreckt sich die instanzielle Rechtsmittelbeschränkung des § 55 II JGG nur auf Urteile sowie die Rechtsmittel der Berufung und der Revision.
Dennoch wird von der h.M. die entsprechende Anwendung des § 55 II JGG auf die sofortige Beschwerde nach § 59 I[733] und III[734] JGG befürwortet. Demzufolge kann

---

[729] OLG Oldenburg, NJW 1957, S.1450 (S.1450);
ebenso Kleinknecht/Meyer-Goßner, Komm.z.StPO, § 357 Rz.7 m.w.N.
[730] DSS (Schoreit), Komm.z.JGG, § 55 Rz.49.
[731] vgl. Cohnitz, Der Verteidiger in Jugendsachen, S.36.
[732] dies gilt jedoch nicht bei einer Aufhebung gem. § 354 a StPO wegen zwischenzeitlicher Gesetzesänderung, da es sich hierbei nicht, wie von § 357 StPO gefordert, um eine Gesetzesverletzung handelt, s. BGHSt 20, S.78 ff. (S.79);
Brunner/Dölling, Komm.z.JGG, § 55 Rz.16.
[733] OLG Stuttgart, Die Justiz 1964, S.172 f. (S.172 f.);

nur derjenige eine Entscheidung mit der sofortigen Beschwerde anfechten, der nach § 55 II JGG noch ein Rechtsmittel besitzt.[735] Wird beispielsweise erstmals in der Berufungsinstanz eine Jugendstrafe angeordnet, so steht dem Beschwerdeführer hiernach nicht mehr die sofortige Beschwerde gem. § 59 I 2 JGG mit der Begründung zu, daß die Jugendstrafe nicht ausgesetzt worden ist. Dasselbe gilt, wenn der Rechtsmittelführer zunächst den Schuldspruch eines auf Jugendstrafe lautenden Urteils mit der Berufung angefochten hat und sich anschließend mit der sofortigen Beschwerde gegen die Ablehnung der Aussetzung zur Bewährung richtet. Demjenigen, der gegen ein Urteil ein Rechtsmittel eingelegt hat, ist ferner die sofortige Beschwerde gegen einen späteren Widerruf der Aussetzung der Jugendstrafe versagt.

Für die Geltung des § 55 II JGG spricht nach überwiegender Auffassung, daß § 59 I und III JGG kein zusätzliches Rechtsmittel begründen, sondern unter bestimmten Voraussetzungen an die Stelle einer zulässigen Berufung oder Revision treten. Daher könne für den Ausschluß der sofortigen Beschwerde nichts anderes als für die Rechtsmittel der Berufung und der Revision gelten.[736] Zur Begründung wird weiterhin auf die Überlegung hingewiesen, daß durch § 59 I und III JGG lediglich eine Vereinfachung des Verfahrens bei entsprechend beschränktem Rechtsmittel erstrebt werde.[737]

Diese Ansicht hebt des weiteren hervor, daß es im Rahmen des § 35 II JGG 1923, dem die Bestimmung der heute geltenden Fassung des § 59 I JGG nachgebildet ist, unstreitig gewesen sei, daß durch diese Vorschrift kein neuer Rechtszug hinsichtlich der Nachprüfung der Strafaussetzung eröffnet wurde.[738]

Ferner spreche weder der Wortlaut noch der Zweck des § 59 I und III JGG, der in der Vereinfachung des Verfahrens liege, gegen die primäre Intention des § 55 II JGG, aus erzieherischen Gründen ein Jugendstrafverfahren möglichst schnell abzuschließen.[739]

OLG Düsseldorf, MDR 1990, S.178 (S.178, LS);
OLG Düsseldorf, NStZ 1994, S.198 f. (S.198 f.);
OLG Hamm, JMBl.NRW 1955, S.10 (S.10);
Brunner/Dölling, Komm.z.JGG, § 55 Rz.14 u. § 59 Rz.3;
Dallinger/Lackner, Komm.z.JGG (2. Aufl.), § 55 Rz.61 u. § 59 Rz.12.

[734] OLG Stuttgart, MDR 1976, S.1043 (S.1043, LS).

[735] auf die einfache Beschwerde nach § 59 II JGG soll die Rechtsmittelbeschränkung des § 55 II JGG hingegen keine Anwendung finden, s. hierzu OLG Celle, NStZ 1993, S.400 f. (S.401) mit insoweit zutimmender Anm. v. Nix.

[736] vgl. OLG Stuttgart, Die Justiz 1964, S.172 f. (S.172);
vgl. auch OLG Düsseldorf, NStZ 1994, S.198 f. (S.198 f.).

[737] vgl. OLG Stuttgart, Die Justiz 1964, S.172 f. (S.172);
vgl. auch OLG Düsseldorf, NStZ 1994, S.198 f. (S.198).

[738] OLG Stuttgart, Die Justiz 1964, S.172 f. (S.172).

[739] vgl. OLG Stuttgart, Die Justiz 1964, S.172 f. (S.172 f.);
s. auch OLG Düsseldorf, NStZ 1994, S.198 f. (S.199).

Nach Böhm würde die Nichtanwendung der instanziellen Rechtsmittelbeschränkung auf die sofortige Beschwerde nach § 59 I und III JGG außerdem zu dem widersprüchlichen Ergebnis führen, daß bei wesentlich schwerer wiegenden Rechtsfolgenentscheidungen ein zweites Rechtsmittel ausgeschlossen, im Falle der bewilligten oder abgelehnten Aussetzung der Jugendstrafe hingegen gewährt würde.[740]

(2) Nach der Gegenansicht spricht gegen die Auffassung der h.M. zunächst der Wortlaut des § 55 II JGG. Nach diesem gelte die instanzielle Rechtsmittelbeschränkung nämlich nur für das Verhältnis der Berufung zu der Revision.[741]
Gegen die h.M. wird weiterhin eingewendet, daß das systematische Verhältnis von § 55 zu § 59 JGG gegen die von dieser vorgenommenen Auslegung spreche.[742]
Nothacker weist zudem auf die Gefahr hin, daß die Auffassung der h.M. häufiger zu einer uneingeschränkt eingelegten Berufung mit der Folge einer zusätzlichen Tatsachenüberprüfung führen könne, welches dem jugendspezifischen Beschleunigungsgrundsatz gerade zuwiderliefe.[743]

(3) Dem Argument der h.M., daß es im Rahmen des § 35 II JGG 1923 unstreitig gewesen sei, daß diese Vorschrift keinen weiteren Rechtszug eröffne, ist im Hinblick auf eine entsprechende Anwendung des § 55 II JGG auf die sofortige Beschwerde nach § 59 I, III JGG entgegenzuhalten, daß das JGG von 1923 noch keine dem heutigen § 55 II JGG vergleichbare instanzielle Rechtsmittelbeschränkung enthielt. Diese wurde vielmehr erst in das JGG 1953 aufgenommen. Demzufolge ist dieses Argument abzulehnen.
Dem Hinweis Böhms, daß bei Nichtanwendung des § 55 II JGG auf die sofortige Beschwerde nach § 59 JGG ein Widerspruch aufträte, da als Folge hieraus bei wesentlich schwerer wiegenden Rechtsfolgenentscheidungen ein zweites Rechtsmittel ausgeschlossen und in dem Fall der bewilligten oder abgelehnten Aussetzung der Jugendstrafe hingegen gewährt würde, ist ebenfalls nicht zu folgen.
Gegen dieses Argument spricht, daß die Jugendstrafe als schwerste Rechtsfolge des JGG anzusehen ist und sich nur bei dieser Rechtsfolge die Frage nach einer Aussetzung bzw. einer Nichtaussetzung zur Bewährung stellt. Andere, schwerere Entscheidungen, die in einem geringeren Ausmaß anfechtbar wären, sind also kaum vorstellbar.

---

[740] Böhm, A., Einführung in das Jugendstrafrecht, S.93 im Hinblick auf § 59 I JGG.
[741] DSS (Schoreit), Komm.z.JGG, § 55 Rz.50;
Ostendorf, Komm.z.JGG, § 55 Rz.33 u. § 59 Rz.2;
Albrecht, P.-A., Jugendstrafrecht, § 49 B II 1 e;
ebenso Eisenberg, Komm.z.JGG, § 55 Rz.71.
[742] Eisenberg, Komm.z.JGG, § 55 Rz.71;
Albrecht, P.-A., Jugendstrafrecht, § 49 B II 1 e;
Nothacker, GA 1982, S.451 ff. (S.466).
[743] Nothacker, GA 1982, S.451 ff. (S.466).

Die überwiegende Meinung geht ferner davon aus, daß der Wortlaut des § 59 I, III JGG dem mit der instanziellen Rechtsmittelbeschränkung des § 55 II JGG verfolgten Zweck, das Jugendstrafverfahren aus erzieherischen Gründen zu vereinfachen und somit zu beschleunigen, nicht entgegenstehe. Dieser Annahme ist insoweit zuzustimmen, als die sofortige Beschwerde nach § 59 I, III JGG zwar eine auf die Strafaussetzung bzw. deren Widerruf beschränkte, sonst aber umfassende Anfechtung darstellt, die zur Vereinfachung und Beschleunigung des Verfahrens an die Stelle der Berufung tritt.[744]

Zu bedenken ist aber, daß das Rechtsmittel der sofortigen Beschwerde dem Eintritt der Rechtskraft und somit der Vollstreckbarkeit einer Entscheidung grundsätzlich nicht entgegensteht. Demzufolge könnte gegen die überwiegend vertretene Auffassung der Einwand erhoben werden, daß die analoge Anwendung des § 55 II JGG auf die Vorschrift des § 59 I, III JGG nicht erforderlich ist, da sie dem mit der Vorschrift des § 55 JGG verfolgten Zweck, die Maßnahmen der Straftat aus erzieherischen Gründen möglichst schnell nachfolgen zu lassen, nicht entgegensteht.

Fraglich ist aber, ob der sofortigen Beschwerde in diesen Fällen ausnahmsweise eine aufschiebende Wirkung zukommt.

Dem Gesetzeswortlaut ist kein diesbezüglicher Hinweis zu entnehmen. Es ist jedoch zu beachten, daß dem Rechtsmittel der sofortigen Beschwerde in entsprechender Anwendung des Grundgedankens des § 449 StPO dann eine aufschiebende Wirkung zukommen kann, wenn die Vollstreckbarkeit oder die weitere Vollstreckung des Urteils oder einer abschließenden Beschlußentscheidung von dem Ergebnis der Beschwerde abhängt. Dies gilt auch dann, wenn das Gesetz keine diesbezügliche Anordnung enthält.[745]

Hiervon wird i.d.R. im Falle der Anfechtung einer Anordnung oder Ablehnung der Aussetzung der Jugendstrafe nach § 59 I JGG auszugehen sein.

Im Rahmen der sofortigen Beschwerde nach § 59 III JGG nimmt die h.M. an, daß diesem Rechtsmittel eine aufschiebende Wirkung zukommt, weil der Beschluß über den Widerruf zu den urteilsvertretenden Beschlüssen gezählt wird.[746] Dieser Annahme ist zuzustimmen.

Demnach hindert die Einlegung einer sofortigen Beschwerde nach § 59 I, III JGG i.d.R. den Eintritt der Rechtskraft einer Entscheidung und somit deren Vollstreckbarkeit.

Aus diesem Grunde ist die Überlegung, ob eine analoge Anwendung des § 55 II JGG mangels Suspensiveffekts der sofortigen Beschwerde überhaupt erforderlich erscheint, zu verwerfen.

---

[744] Brunner/Dölling, Komm.z.JGG, § 59 Rz.3.

[745] Löwe/Rosenberg (Gollwitzer), Komm.z.StPO Bd.4, § 307 Rz.3;
Kleinknecht/Meyer-Goßner, Komm.z.StPO, § 307 Rz.1.

[746] Ranft, Strafprozeßrecht, § 67 Rz.1966;
Brunner/Dölling, Komm.z.JGG, §§ 26, 26 a Rz.13 m.w.N;
Molketin, ZfJ 1981, S.265 ff. (S.267);
a.A. Pohlmann/Jabel (Jabel), Komm.z.StVollstrO, § 1 Rz.1.

Anzuerkennen ist hingegen die Annahme der Gegenansicht, daß § 55 II JGG seinem Wortlaut nach nur für das Verhältnis der Berufung zu der Revision gilt, da dieser eindeutig nur diese beiden Rechtsmittel nennt.
Das von der Gegenansicht hervorgehobene Argument hinsichtlich des systematischen Verhältnisses des § 55 zu § 59 JGG wird hingegen nicht in ausreichendem Maße begründet.
Die Anordnung dieser beiden Vorschriften an unterschiedlichen Stellen des Gesetzes erweckt zwar den Eindruck, daß diese Vorschriften voneinander unabhängig sind. Dieser Umstand steht einer analogen Anwendung des § 55 II JGG auf § 59 I, III JGG jedoch nicht entgegen.
Einzugehen ist weiterhin auf den von Nothacker angesprochenen Gesichtspunkt, daß die Auffassung der h.M. häufiger zu einer uneingeschränkt eingelegten Berufung mit der Folge einer zusätzlichen Tatsachenüberprüfung führen könne. Dieser Umstand liefe der Zielsetzung des § 55 JGG, das Verfahren in angemessener Weise zu beschleunigen, gerade zuwider.
Hiergegen spricht aber die Überlegung, daß ein Rechtsmittelberechtigter, dem es nur um die Frage der Aussetzung einer Jugendstrafe zur Bewährung oder deren Widerruf geht, nicht immer eine unbeschränkte Berufung gegen die erstinstanzliche Entscheidung einlegen wird.
Entscheidend für eine analoge Anwendung des § 55 II JGG auf die sofortige Beschwerde nach § 59 I, III JGG spricht vielmehr der Zweck des § 59 I, III JGG, der in der Vereinfachung des Verfahrens liegt. Da eine Beschleunigung des Verfahrens insbesondere durch eine Vereinfachung desselben zu erreichen ist, liefe in diesem Fall die Zulassung eines weiteren Rechtsmittels gerade dem mit dieser Vorschrift erstrebten Ziel zuwider.
Aus diesem Grunde ist der Ansicht der h.M. zu folgen und die analoge Anwendung des § 55 II JGG auf die sofortige Beschwerde nach § 59 I, III JGG zu bejahen.

bb. Anwendung des § 55 II JGG im Rahmen der sofortigen Beschwerde gem. § 464 III 1, 1. Halbsatz StPO

Nach h.M. ist die selbständige sofortige Beschwerde nach den §§ 2 JGG, 464 III 1, 1. Halbsatz StPO gegen die Entscheidung über Kosten und notwendige Auslagen unzulässig, wenn die Hauptentscheidung für den Beschwerdeführer aufgrund der in § 55 II JGG niedergelegten Rechtsmittelbeschränkung nicht mehr mit Rechtsmitteln angefochten werden kann.[747]

---

[747] OLG Koblenz, MDR 1978, S.595 (S.595);
OLG Hamm, JMBl.NRW 1983, S.65 (S.65);
Brunner/Dölling, Komm.z.JGG, § 55 Rz.14;
DSS (Schoreit), Komm.z.JGG, § 55 Rz.50;
Kleinknecht/Meyer-Goßner, Komm.z.StPO, § 464 Rz.17;
Pfeiffer/Fischer (Fischer), Komm.z.StPO, § 464 Rz.7;
Löwe/Rosenberg (Hilger), Komm.z.StPO Bd.5, § 464 Rz.51.

Hierfür spricht der durch das Strafverfahrensänderungsgesetz vom 27.01.1987 geänderte Wortlaut des § 464 III 1 StPO.[748] Dieser wurde nämlich dahingehend geändert, daß die sofortige Beschwerde gegen die Entscheidung über Kosten und die notwendigen Auslagen unzulässig ist, wenn eine Anfechtung der in § 464 I StPO genannten Hauptentscheidung durch den Beschwerdeführer unstatthaft ist.
Durch diese Änderung wurde der jahrzehntelang bestehende Streit über die Frage der Zulässigkeit der Anfechtung einer Kostenentscheidung bei Unanfechtbarkeit der Hauptentscheidung beigelegt.[749]
Ostendorf wendet gegen die überwiegend vertretene Auffassung ein, daß sich § 55 II JGG seinem ausdrücklichen Wortlaut nach nur auf das Verhältnis des Rechtsmittels der Berufung zu dem der Revision beziehe. Aus diesem Grunde werde das Rechtsmittel der sofortigen Beschwerde gem. § 464 III 1 StPO von der Vorschrift des § 55 II JGG nicht erfaßt.[750]
Diesem Argument Ostendorfs ist aber mit Schoreit entgegenzuhalten, daß es sich bei dem Ausschluß der sofortigen Beschwerde gegen die Kostenentscheidung nicht um eine Frage der Reichweite des § 55 II JGG handelt. Für diesen Einwand spricht, daß § 464 III 1, 2. Halbsatz StPO ausdrücklich bestimmt, daß die sofortige Kostenbeschwerde unzulässig ist, wenn die Hauptentscheidung nicht mehr anfechtbar ist.[751]
Die Hauptentscheidung ist aber mit den Rechtsmitteln der Berufung oder der Revision anfechtbar, so daß die Geltung des § 55 II JGG im Rahmen der Anfechtbarkeit derselben dem Wortlaut der instanziellen Rechtsmittelbeschränkung entspricht. Die Unzulässigkeit der sofortigen Beschwerde stellt somit nur eine Folge der Nichtanfechtbarkeit der Hauptentscheidung dar.[752]
Des weiteren erhebt Eisenberg gegenüber der Ansicht der h.M. den Einwand, daß sich der jugendstrafrechtliche Beschleunigungsgrundsatz nur auf die Verhängung und Vollstreckung von Rechtsfolgen, hingegen nicht auf die Kostenentscheidung beziehe.[753]
In Nr. 1 Satz 1 der RiLi zu § 74 JGG ist aber der Hinweis enthalten, daß neben der Voraussetzung, daß der Jugendliche die auferlegten Kosten und Auslagen aus eigenen Mitteln bestreiten kann, die Auferlegung aus erzieherischen Gründen angebracht erscheinen muß. Daher ist unter Berücksichtigung erzieherischer Gesichts-

[748] BGBl. I 1987, S.475 ff. (S.477 f.).
[749] s. zu diesem Streitstand Löwe/Rosenberg (Hilger), Komm.z.StPO Bd.5, § 464 Rz.48 m.w.N.
[750] Ostendorf, Komm.z.JGG, § 55 Rz.33.
[751] DSS (Schoreit), Komm.z.JGG, § 55 Rz.50.
[752] dies gilt entsprechend für die sofortige Beschwerde gegen einen Beschluß, durch den die Ablehnung eines erkennenden Richters als unzulässig verworfen oder als unbegründet zurückgewiesen wurde. Denn nach § 28 II 2 StPO kann in diesen Fällen die Entscheidung nur zusammen mit dem Urteil angefochten werden, s. hierzu OLG Köln, ZfJ 1976, S.308 f. =MDR 1976, S.774 f.
[753] Eisenberg, Komm.z.JGG, § 55 Rz.72.

punkte auch im Hinblick auf die Kostenentscheidung eine Beschleunigung als sinnvoll zu erachten.[754]
Für die überwiegende Meinung spricht weiterhin der hinter der Vorschrift des § 464 III StPO stehende Sinn. Dieser liegt nach dieser Ansicht nämlich nicht darin, ein weitergehendes Rechtsmittel, als es in der Hauptsache möglich ist, bezüglich der Kostenentscheidung zu schaffen. Vielmehr solle mit dieser Regelung eine Vereinfachung der Überprüfung der Kostenentscheidung in den Fällen, in denen früher die Anfechtung der gesamten Entscheidung erforderlich war, erreicht werden.[755] Diesem Gedanken ist zuzustimmen.
Demnach ist mit der h.M. die Unzulässigkeit der sofortigen Beschwerde nach § 464 III 1 StPO zu bejahen, wenn die Hauptentscheidung nach § 55 II JGG nicht mehr anfechtbar ist.

g. Zusammenfassung
Die Rechtsmittelbeschränkung des § 55 JGG gilt gem. §§ 109 II 1, 112 Satz 1 und 2 JGG auch in Verfahren gegen Heranwachsende, wenn der Richter Jugendstrafrecht anwendet. Die Zulässigkeit des Rechtsmittels der Revision nach § 55 II JGG richtet sich für Heranwachsende dementsprechend danach, welches sachliche Recht dem Berufungsurteil zugrundeliegt.

Ein Ausschluß der Revision gem. § 55 II 1 JGG ist mit der überwiegenden Ansicht bei Einlegung einer zunächst zulässigen, später aber unzulässig gewordenen Berufung, im Falle der Verwerfung der Berufung wegen Ausbleibens des Angeklagten gem. § 329 I StPO sowie bei gleichzeitig eingelegten Berufungen durch den Angeklagten und den Staatsanwalt, wenn dieser das Rechtsmittel zuungunsten des Angeklagten eingelegt hat, anzunehmen.
Das gleiche gilt für die Annahme, daß die instanzielle Rechtsmittelbeschränkung auch nach vorheriger Einlegung einer beschränkten Berufung eingreift.
Nicht gefolgt werden kann der überwiegend vertretenen Meinung hingegen in dem Punkt, daß ein Verstoß des Berufungsgerichts gegen das Verbot der reformatio in peius zum Ausschluß der Revision gem. § 55 II 1 JGG führe. Für die Zulassung des Rechtsmittels der Revision spricht, daß im Falle der Unanfechtbarkeit des Berufungsurteils das Vertrauen der Jugendlichen und Heranwachsenden in die Justiz erschüttert würde. Darüber hinaus deutet der hinter § 55 II JGG stehende Sinn und Zweck auf die Zulassung eines weiteren Rechtsmittels hin.

Die nach vorherrschender Auffassung bestehenden Fallgruppen, in denen das Rechtsmittel der Revision nach vorheriger Berufungseinlegung als zulässig erachtet wird, sind grundsätzlich anzuerkennen.

---

[754] ebenso OLG Stuttgart, Die Justiz 1970, S.190 f. (S.191).
[755] OLG Koblenz, MDR 1978, S.595 (S.595).

Etwas anderes gilt nur hinsichtlich der Annahme, daß einem von § 55 II 2 JGG erfaßten Verfahrensbeteiligten dann noch das Rechtsmittel der Revision zustehe, nachdem die von diesem zuvor eingelegte Revision aufgrund der gleichzeitig eingelegten Berufung eines weiteren von dieser Vorschrift erfaßten Beteiligten entsprechend §§ 2 JGG, 335 III 1 StPO als Berufung behandelt wurde.
Gegen die überwiegende Ansicht ist einzuwenden, daß dem Angeklagten, dem Erziehungsberechtigten und dem gesetzlichen Vertreter über § 55 II 2 JGG nur ein einheitliches Rechtsmittelwahlrecht zusteht.

Ferner ist mit der vorherrschenden Auffassung davon auszugehen, daß sich die revisionsgerichtliche Aufhebung eines Urteils zugunsten eines Angeklagten in entsprechender Anwendung des § 357 StPO auf die übrigen Mitangeklagten erstreckt. Die Rechtsmittelbeschränkung des § 55 II JGG kann diesen nicht entgegengehalten werden.

Des weiteren wurde festgestellt, daß sich die Rechtsmittelbeschränkung des § 55 II JGG entgegen ihrem Wortlaut nicht nur auf die Rechtsmittel der Berufung und der Revision erstreckt, sondern darüber hinaus auf die sofortige Beschwerde nach § 59 I, III JGG.
Darüber hinaus wirkt sich die instanzielle Rechtsmittelbeschränkung im Rahmen der Anfechtbarkeit einer Kostenentscheidung nach § 464 III StPO aus. Die Zulässigkeit der sofortigen Beschwerde richtet sich nach § 464 III 1 StPO nämlich nach der Anfechtbarkeit der Hauptentscheidung, so daß insoweit die Rechtsmittelbeschränkung des § 55 II JGG Berücksichtigung findet.

Die überwiegend praktizierte Anwendung des § 55 II JGG ist folglich bis auf die genannten Ausnahmen als vertretbar anzuerkennen.

4. Die Regelung des § 55 III JGG

Nach § 55 III JGG kann der Erziehungsberechtigte oder der gesetzliche Vertreter das von ihm eingelegte Rechtsmittel nur mit Zustimmung des Angeklagten zurücknehmen. Diese Vorschrift wurde erst durch das Einführungsgesetz zum Strafgesetzbuch (EGStGB)[756] in das JGG aufgenommen.
Als Begründung für die Einführung des § 55 III JGG wurde in dem Entwurf eines Einführungsgesetzes zum Strafgesetzbuch (EGStGB) der Bundesregierung darauf hingewiesen, daß die Verfahrensposition des Angeklagten, auf die er möglicherweise vertraut habe, nicht ohne dessen Willen verschlechtert werden dürfe.[757]

---

[756] BGBl. I 1974, S.469 ff. (S.528).
[757] BT-Dr. 7/550, S.330 (Anl. 1, Begr.);
ebenso DSS (Schoreit), Komm.z.JGG, § 55 Rz.51;
so bereits vor Einführung des § 55 III JGG OLG Düsseldorf, NJW 1957, S.840 f. (S.840).

Dies gilt unabhängig davon, ob der Angeklagte selbst auf die Einlegung eines Rechtsmittels wirksam verzichtet hat, da der Verzicht möglicherweise gerade im Vertrauen auf das vom Erziehungsberechtigten oder gesetzlichen Vertreter eingelegten Rechtsmittels erfolgte.[758]

Hat der Staatsanwalt zugunsten des Angeklagten ein Rechtsmittel eingelegt, so bestimmt § 302 I 2 StPO entsprechend der Regelung des § 55 III JGG für die Rechtsmittel des Erziehungsberechtigten und des gesetzlichen Vertreters, daß die Zurücknahme dieses Rechtsmittels der Zustimmung des Angeklagten bedarf.

---

[758] Eisenberg, Komm.z.JGG, § 55 Rz.11;
vgl. OLG Celle, NJW 1964, S.417 f. (S.418) bereits vor Bestehen des § 55 III JGG;
vgl. auch OLG Düsseldorf, NJW 1957, S.840 f. (S.840) ebenfalls für die Rechtslage vor Einführung des § 55 III JGG.

E. Zusammenfassung

I. Die Anfechtbarkeit von Entscheidungen wird im Jugendstrafverfahren durch die Vorschrift des § 55 JGG im Vergleich zum allgemeinen Strafverfahrensrecht erheblich eingeschränkt.

Die Rechtsmittelbeschränkung des § 55 JGG findet gem. § 104 I Nr. 7 JGG gegen Jugendliche auch in Verfahren vor den für allgemeine Strafsachen zuständigen Gerichten Anwendung. Nach §§ 109 II 1, 112 Satz 1 und 2 JGG gilt § 55 II JGG ebenfalls in Verfahren gegen Heranwachsende bei den Jugendgerichten und den für allgemeine Strafsachen zuständigen Gerichten, wenn der Richter diese dem Jugendstrafrecht unterstellt.

II. Eine jugendstrafverfahrensrechtliche Rechtsmittelbeschränkung wurde erstmals in das JGG von 1923 aufgenommen. Diese war in § 35 JGG 1923 niedergelegt.

Nach § 35 I JGG 1923 bestand aber im Gegensatz zu der heutigen Fassung des § 55 JGG noch kein Ausschluß der Anfechtbarkeit wegen des Umfangs der angeordneten Maßnahmen.

Diese Vorschrift bezog sich ferner entsprechend ihrem Wortlaut nur auf den Ausschluß der Anfechtung von Urteilen.

Weiterhin erstreckte sich § 35 I JGG 1923 noch nicht auf Urteile, in denen Zuchtmittel angeordnet waren, da diese erst zu einem späteren Zeitpunkt eingeführt wurden.

Eine der geltenden Fassung des § 55 II JGG entsprechende instanzielle Rechtsmittelbeschränkung sah § 35 JGG 1923 noch nicht vor. Nach Art. 2 § 1 Nr. 1 Satz 2 (Kapitel 1, Teil 1) der Verordnung des Reichspräsidenten auf dem Gebiete der Rechtspflege und Verwaltung vom 14.06.1932 durfte aber derjenige, der bereits Berufung eingelegt hatte, gegen das Berufungsurteil nicht mehr Revision einlegen.

Art. 2 § 1 Nr. 1 dieser Verordnung wurde später im Rahmen des Entwurfs eines Gesetzes zur Änderung des Reichsjugendgerichtsgesetzes als Vorbild für die in § 55 II JGG niedergelegte instanzielle Rechtsmittelbeschränkung herangezogen.

Durch § 40 RJGG wurde die Möglichkeit der Rechtmitteleinlegung gegenüber der nach § 35 I JGG 1923 bestehenden Lage erheblich eingeschränkt. Nach dieser Vorschrift war die Anfechtung einer Entscheidung, in der lediglich Erziehungsmaßregeln (mit Ausnahme der Fürsorgeerziehung) oder Zuchtmittel angeordnet oder deren Auswahl und Anordnung dem Vormundschaftsrichter überlassen wurden, ausgeschlossen.

Am 29.01.1952 verabschiedete das Bundeskabinett den Entwurf eines Gesetzes zur Änderung des Reichsjugendgerichtsgesetzes und bereitete damit der gesetzgeberischen Reformarbeit im Parlament den Weg.

Die in § 40 RJGG niedergelegte Rechtsmittelbeschränkung wurde als mit rechtsstaatlichen Grundsätzen unvereinbar erachtet. Aus diesem Grunde kehrte man teilweise zu der Regelung des § 35 JGG 1923 zurück. Gleichzeitig hielt man es aber für erforderlich, eine Bestimmung in das JGG aufzunehmen, durch die eine Abkürzung des zweistufigen Rechtsmittelzugs bei Urteilen des Jugendrichters und des Jugendschöffengerichts erreicht werden konnte. Art. 2 § 1 Nr. 1 (Kapitel 1, Teil 1) der Verordnung des Reichspräsidenten vom 14.06.1932 wurde nach Verwerfung mehrerer anderer Möglichkeiten als Vorbild für die Einführung einer instanziellen Rechtsmittelbeschränkung gewählt.

III. Für das Bedürfnis am Bestehen der in § 55 JGG niedergelegten jugendstrafverfahrensrechtlichen Rechtsmittelbeschränkung werden mehrere Gründe angeführt.

1. Es wird zunächst darauf hingewiesen, daß im Jugendstrafverfahren eine besondere Beschleunigung erforderlich sei, da die für notwendig erachteten Maßnahmen ihre erzieherische Wirksamkeit nur dann entfalten können, wenn sie der Tat des Jugendlichen/Heranwachsenden so schnell wie möglich nachfolgen.
In diesem Zusammenhang wurde auf den Erziehungsgedanken und den Grundsatz der Beschleunigung eingegangen.
Die Erziehung nach dem JGG zielt darauf ab, den Täter von der Begehung weiterer Straftaten, vor allem der gleichen oder ähnlichen Art, abzuhalten.
Es wurde weiterhin festgestellt, daß durch den Beschleunigungsgrundsatz des allgemeinen Strafverfahrensrechts neben anderen Zielsetzungen auch prozeßökonomische Anliegen berücksichtigt werden.
Der allgemeine Beschleunigungsgrundsatz gelangt über § 2 JGG im Jugendstrafverfahren grundsätzlich zur Anwendung. Daneben besteht im Jugendstrafverfahren aber ein spezielles jugendstrafverfahrensrechtliches Beschleunigungsprinzip.
Aufgrund bestehender Unklarheiten im Rahmen des speziellen jugendstrafverfahrensrechtlichen Beschleunigungsprinzips wurde die Forderung nach einer gesetzlichen Fixierung dieses Grundsatzes erhoben.
Die Vorschrift des § 55 JGG gilt als geradezu „klassische" Ausprägung der Prinzipienvariante jugendstrafrechtlicher Beschleunigung, da im allgemeinen Strafverfahrensrecht keine vergleichbare Rechtsmittelbeschränkung besteht. Im Hinblick auf § 55 II 1 JGG würde dies aber dann nicht mehr gelten, wenn die Aufnahme einer dieser Vorschrift entsprechenden Regelung in die StPO, wie es in dem Entwurf eines Zweiten Gesetzes zur Entlastung der Rechtspflege (strafrechtlicher Bereich) von 1995 vorgeschlagen wird, durchgeführt würde.
Ein Verstoß der in § 55 JGG niedergelegten jugendstrafverfahrensrechtlichen Rechtsmittelbeschränkung gegen den Gleichheitssatz des Art. 3 I JGG wegen der Verfolgung prozeßökonomischer Ziele konnte nicht festgestellt werden.
Aufgrund des Umstands, daß die Verwirklichung prozeßökonomischer wie auch erzieherischer Vorhaben durch die Beschleunigung von Jugendstrafverfahren zu erreichen sind, wurde in diesem Zusammenhang nochmals die Forderung nach einer gesetzlichen Niederlegung des jugendstrafrechtlichen Beschleunigungsgrundsatzes erhoben.

Daß im Jugendstrafverfahren eine besondere Beschleunigung erforderlich ist, damit die in der Entscheidung angeordneten Rechtsfolgen den Jugendlichen/Heranwachsenden erzieherisch beeinflussen können, wurde anhand der Erkenntnisse entwicklungspsychologischer Forschungen, der Ausführungen zu den Neutralisierungstechniken von Straftätern und dem experimentell psychologischen Befund von Solomon dargestellt.
Diesen Erkenntnissen widerspricht aber die Tatsache, daß sich die allgemeinen förmlichen Strafverfahren häufig über einen Zeitraum von mehreren Monaten erstrecken. Daher besteht die Gefahr, daß für den Jugendlichen/Heranwachsenden der Sinnzusammenhang zwischen Tatbegehung und nachfolgender strafrechtlicher Reaktion verlorengeht, so daß die Möglichkeit der Wahrung des Zusammenhangs zwischen Tat und strafrechtlicher Reaktion durch die Rechtsmittelbeschränkung des § 55 JGG zweifelhaft ist.
Die jugendstrafverfahrensrechtliche Rechtsmittelbeschränkung erscheint zwar dennoch geeignet, einem noch weitergehenden Verlust des Sinnzusammenhangs zwischen Straftatbegehung und nachfolgender strafrechtlicher Reaktion entgegenzuwirken. Um aber den durch § 55 JGG zu erzielenden Beschleunigungseffekt und damit den Erhalt der erzieherischen Wirksamkeit der für erforderlich erachteten Maßnahmen mit größerer Sicherheit zu gewährleisten, ist nach Wegen zu suchen, durch die eine schnellere Durchführung der allgemeinen formellen Strafverfahren zu erreichen ist.
Die Straftaten Jugendlicher sollten bei Vorliegen der Voraussetzungen der §§ 76 ff. JGG nach Möglichkeit häufiger im vereinfachten Jugendverfahren, in dem die Rechtsmittelbeschränkung des § 55 JGG Geltung beansprucht, abgeurteilt werden. Hierfür spricht, daß durch diese Verfahrensart eine erhebliche Beschleunigung des Verfahrens erzielt werden kann.
Auch eine noch stärkere Anwendung der Einstellungsmöglichkeiten nach den §§ 45, 47 JGG erscheint erstrebenswert, auch wenn § 55 JGG im Rahmen dieser Erledigungsmöglichkeiten nicht gilt, da durch diese eine erhebliche Beschleunigung möglich ist. Durch eine häufigere Anwendung dieser nach dem JGG bestehenden Einstellungsmöglichkeiten auf schwere Delikte und vorbelastete Täter sowie durch eine Anhebung der Schadenssumme, bis zu der von diesen Vorschriften i.d.R. Gebrauch gemacht wird, wäre eine stärkere Nutzung derselben möglich. Die Durchführung empirischer Untersuchungen zu der Frage, inwieweit eine derartige Anwendungspraxis tatsächlich erfolgsversprechend wäre, sollte zumindest in Erwägung gezogen werden.
Dies gilt ebenfalls für die Überlegung, ob eine Erweiterung des Katalogs des § 45 III JGG durch die Aufnahme weiterer Erziehungsmaßregeln vorgenommen werden sollte.
Durch eine häufigere Behandlung von Jugendstrafsachen nach den §§ 45, 47 und 76 ff. JGG besteht zudem die Möglichkeit der Beschleunigung der allgemeinen förmlichen Verfahren.

2. Das Bedürfnis am Bestehen der jugendstrafverfahrensrechtlichen Rechtsmittelbeschränkung des § 55 JGG wird weiterhin auf die Annahme zurückgeführt, daß voneinander abweichende (Rechtsmittel-) Entscheidungen zu einer erzieherisch abträglichen Minderung der richterlichen/gerichtlichen Autorität sowie zu einer Einengung der pädagogischen Verantwortungsfreudigkeit des erstinstanzlich zuständigen Richters führen können.
Die Gefahr einer in erzieherischer Hinsicht abträglichen Minderung der richterlichen/gerichtlichen Autorität durch voneinander abweichende (Rechtsmittel-) Entscheidungen ist grundsätzlich gegeben.
Bevor aber eine derartige Minderung eintreten kann, ist zunächst die Anerkennung der Autorität der Gerichte und Richter erforderlich. Die den Gerichten und Richtern zukommende Amtsautorität erhält ihre eigentliche Legitimation erst durch die persönliche Autorität des Amtsträgers, für die neben den für die Ausübung des Amts notwendigen Kenntnisse ebenfalls das Vorliegen diesbezüglicher charakterlicher und intellektueller Eigenschaften erforderlich ist. Da ein Teil der in Jugendstrafsachen zuständigen Richter weder ausreichend erzieherisch befähigt noch in der Jugenderziehung erfahren ist und somit die Anerkennung der diesen zukommenden Autorität erschwert wird, wurde die Forderung nach einer stärkeren Umsetzung der Voraussetzungen des § 37 JGG in die Praxis erhoben.

Der Gesichtspunkt, daß durch voneinander abweichende (Rechtsmittel-) Entscheidungen ebenfalls die pädagogische Verantwortungsfreudigkeit des erstinstanzlichen Richters eingeengt werden könnte, ist abzulehnen. Anderenfalls müßte die Möglichkeit der Einlegung von Rechtsmitteln auch in Verfahren gegen erwachsene Straftäter unter dem Gesichtspunkt der Beeinträchtigung der Entscheidungsfreudigkeit des zuständigen Richters sowie die Möglichkeit der Einlegung von Rechtsmitteln insgesamt in Frage gestellt werden.

3. Das Bestehen der Rechtsmittelbeschränkung des § 55 JGG wird ferner damit begründet, daß im Jugendstrafverfahren ein geringeres praktisches Bedürfnis an einer erneuten Überprüfung einer Entscheidung durch höhere Instanzen als im allgemeinen Strafverfahren bestehe, da Jugendliche häufig ein Geständnis ablegen und die von diesen verübten Straftaten darüber hinaus meist weniger kompliziert als die von Erwachsenen erscheinen.
Diese Annahme ist als Begründung für die Verkürzung der Rechtsmittelmöglichkeiten nach dem JGG nicht anzuerkennen, denn die mangelnde Verläßlichkeit von Geständnissen ist als Fehlerquelle im Strafverfahren anerkannt. Auch die Erkenntnis, daß die von Jugendlichen verübten Straftaten weniger kompliziert sind, vermag die Rechtsmittelbeschränkung des § 55 JGG nicht zu legitimieren, da andererseits das Eingehen auf die hervorgetretenen Erziehungsbedürfnisse um so schwieriger erscheint.
Es ist weiterhin zu beachten, daß es sich bei dem Argument, daß im Jugendstrafverfahren ein geringeres praktisches Bedürfnis an der Überprüfung einer Entschei-

dung durch höhere Instanzen bestehe, indirekt um ein solches verfahrensökonomischer Art handelt und somit im Hinblick auf einen möglichen Verstoß gegen Art. 3 I GG abzulehnen ist.
Gegen das weitere Argument, daß im Jugendstrafverfahren die Möglichkeit einer Fehlentscheidung zwar nie ausgeschlossen sei, daß aber auch die Gewährung einer zweiten und dritten Instanz keine 100 % ige Sicherheit biete, ist der Einwand zu erheben, daß es sich hierbei um kein spezielles jugendstrafverfahrensrechtliches Problem handelt.

4. Neben den allgemeinen Gesichtspunkten, die das Bestehen der jugendstrafverfahrensrechtlichen Rechtsmittelbeschränkung legitimieren sollen, wird die sachliche Rechtsmittelbeschränkung des § 55 I JGG speziell auf die Annahme zurückgeführt, daß der erstinstanzlich zuständige Richter den Erziehungsbedürfnissen am besten Rechnung tragen könne.
Hierfür spricht, daß der Jugendrichter und das Jugendschöffengericht, die in Jugendstrafsachen i.d.R. erstinstanzlich zuständig sind, einen häufigen Umgang mit jugendlichen Delinquenten haben. Hierdurch können Erfahrungen darüber gesammelt werden, wie am besten Zugang zu den Jugendlichen zu finden ist, um sie erzieherisch zu beeinflussen.
Da ein häufiger Umgang mit Jugendlichen aber für sich allein nicht ausreicht, um auf die Bedürfnisse dieser Tätergruppe sinnvoll eingehen zu können, wurde an dieser Stelle nochmals die Forderung nach einer konsequenten Umsetzung der Voraussetzungen des § 37 JGG in die Praxis erhoben.
Für die Annahme, daß der erstinstanzlich zuständige Richter den Erziehungsbedürfnissen Jugendlicher am besten Rechnung tragen könne, spricht ferner, daß der erstinstanzlich zuständige Richter früher als die Rechtsmittelgerichte auf den Straftäter eingehen kann.

IV. 1. Im Rahmen der Ausführungen zu der Frage, ob die Vorschrift des § 55 I JGG nur für Urteile und die Rechtsmittel der Berufung und Revision Geltung beansprucht, wurde mit der h.M. davon ausgegangen, daß die sachliche Rechtsmittelbeschränkung ebenfalls bei der Anfechtung von Entscheidungen nach den §§ 65, 66, 71 I und 86 i.V.m. 83 JGG zur Anwendung gelangt.
Darüber hinaus ist § 55 I JGG neben den sich aus den §§ 359, 363 JGG ergebenden Beschränkungen im Rahmen des Wiederaufnahmeverfahrens (§§ 359 ff. StPO) zu beachten.
Die Fallgruppen, in denen nach überwiegender Ansicht die Anfechtung einer Entscheidung durch § 55 I 1 JGG ausgeschlossen wird, sind als vertretbar anzuerkennen. Eine Ausnahme hiervon besteht nur für den Fall, daß eine Entscheidung, in der auf Jugendarrest erkannt wurde, angefochten wird, um die Anrechnung bereits erlittener Freiheitsentziehung (§ 52 JGG) zu erreichen. In diesen Fällen sollte die Rechtsmittelbeschränkung des § 55 I 1 JGG nicht eingreifen, da das Zusammentreffen von Untersuchungshaft oder anderer Freiheitsentziehung mit dem Zuchtmit-

tel des Jugendarrests die Eingriffsintensität der von § 55 I 1 JGG erfaßten Eingriffe wesentlich übersteigt.

Nicht anzuerkennen ist ferner die überwiegend vertretene Auffassung, daß § 55 I JGG nur die Frage der Zulässigkeit eines Rechtsmittels betreffe und keine Bindung des Rechtsmittelgerichts bewirke. Nach vorherrschender Ansicht ist das Rechtsmittelgericht daher im Falle der zulässigen Anfechtung einer Entscheidung - selbst bei Aufrechterhaltung des Schuldspruchs - berechtigt, die Entscheidung in einem Punkt abzuändern, dessen Anfechtung für sich allein nicht zulässig gewesen wäre.
Es ist vielmehr dem Lösungsansatz der Gegenansicht zu folgen, nach welchem das Rechtsmittelgericht im Falle der Bestätigung des Schuldspruchs an die in der Vorinstanz getroffenen Maßnahmen gebunden ist. Eine Bindung besteht hingegen nicht, wenn das Rechtsmittelgericht zu anderen Schuldfeststellungen gelangt.

Vorgeschlagen wurde des weiteren die Herausnahme des Jugendarrests aus der Vorschrift des § 55 I 1 JGG, weil es sich bei diesem Zuchtmittel um eine sehr eingriffsintensive Maßnahme handelt. Darüber hinaus unterliegt der Jugendarrest ohnehin starker Kritik, die bis zu der Forderung nach Abschaffung dieser Rechtsfolge reicht.

Bis auf die erhobenen Einwände und Vorschläge ist die Rechtsmittelbeschränkung des § 55 I JGG als sinnvolle Regelung, die beibehalten werden sollte, anzuerkennen.

2. Die Zulässigkeit des Rechtsmittels der Revision in Verfahren gegen Heranwachsende richtet sich danach, welches sachliche Recht dem Berufungsurteil zugrundeliegt.
Die vorherrschende Auffassung zu der Frage, in welchen Fällen das Rechtsmittel der Revision gem. § 55 II JGG ausgeschlossen bzw. als zulässig zu erachten ist, ist mit gewissen Einschränkungen anzuerkennen.
Liegt ein Verstoß gegen das Verbot der reformatio in peius durch das Berufungsurteil vor, so ist die Revision zugunsten des Berufungsführers zuzulassen. Für diese Lösung spricht der hinter der instanziellen Rechtsmittelbeschränkung stehende Sinn und Zweck.
Wird die Revision eines von § 55 II 2 JGG erfaßten Verfahrensbeteiligten aufgrund der gleichzeitig eingelegten Berufung eines anderen, von § 55 II 2 JGG erfaßten, Beteiligten gem. §§ 2 JGG, 335 III 1 StPO als Berufung behandelt, so sollte diesem die Einlegung eines weiteren Rechtsmittels nach § 55 II 1 JGG entgegen der überwiegenden Ansicht versagt werden. Für die Nichtzulassung des Rechtsmittels der Revision spricht der Umstand, daß dem Angeklagten, dem Erziehungsberechtigten und dem gesetzlichen Vertreter aufgrund der Regelung des § 55 II 2 JGG nur ein einheitliches Rechtsmittelwahlrecht zusteht.

Entgegen dem Wortlaut des § 55 II 1 JGG, der sich nur auf Urteile und die Rechtsmittel der Berufung und der Revision bezieht, ist mit der h.M. von einer entsprechenden Geltung des § 55 II JGG im Rahmen der sofortigen Beschwerde nach § 59 I, III JGG auszugehen.
Darüber hinaus wirkt sich die instanzielle Rechtsmittelbeschränkung im Rahmen der Anfechtbarkeit einer Kostenentscheidung nach § 464 III StPO aus. Die Zulässigkeit der sofortigen Beschwerde richtet sich nach § 464 III 1 StPO nämlich nach der Anfechtbarkeit der Hauptentscheidung, so daß insoweit die Rechtsmittelbeschränkung des § 55 II JGG Berücksichtigung findet.

Im Falle der revisionsgerichtlichen Aufhebung eines Urteils zugunsten eines Angeklagten ist mit der überwiegend vertretenen Auffassung anzunehmen, daß sich diese Entscheidung in entsprechender Anwendung des § 357 StPO auf die übrigen Mitangeklagten erstreckt, selbst wenn diesen nach § 55 II JGG kein Rechtsmittel mehr zustand.

Die in § 55 II JGG niedergelegte instanzielle Rechtsmittelbeschränkung ist, wie die sachliche Rechtsmittelbeschränkung des § 55 I JGG, insgesamt als zweckmäßige Regelung anzuerkennen und sollte unter Berücksichtigung der erhobenen Kritik an der vorherrschend praktizierten Anwendung dieser Vorschrift beibehalten werden.

3. Nach § 55 III JGG kann der Erziehungsberechtigte oder der gesetzliche Vertreter das von ihm eingelegte Rechtsmittel nur mit Zustimmung des Angeklagten zurücknehmen. Grund für diese Regelung ist die Annahme, daß die Verfahrensposition des Angeklagten, auf die er möglicherweise vertraut hat, nicht ohne seinen Willen verschlechtert werden darf. Diese Schutzvorschrift unterliegt keiner Kritik und ist beizubehalten.

Anhang

Auszug aus dem JGG 1923 (RGBl. I 1923, S.135 ff.)

§ 35 I „Ein Urteil, in dem eine Erziehungsmaßregel angeordnet worden ist, kann nicht deshalb angefochten werden, weil eine andere oder eine weitere Erziehungsmaßregel hätte angeordnet werden sollen, oder weil die Auswahl und Anordnung der Erziehungsmaßregel dem Vormundschaftsgericht überlassen worden ist. Die Vorschrift gilt nicht, wenn die Fürsorgeerziehung angeordnet worden ist."

Auszug aus dem RJGG (RGBl. I 1943, S.635 ff.)

§ 40 RJGG
„Ein Urteil, in dem lediglich Zuchtmittel oder Erziehungsmaßregeln angeordnet oder deren Auswahl und Anordnung dem Vormundschaftsrichter überlassen sind, ist nur anfechtbar, wenn die Fürsorgeerziehung angeordnet ist oder die Anfechtung auf eine Bestrafung des Angeklagten abzielt."

Auszug aus der Verordnung des Reichspräsidenten über Maßnahmen auf dem Gebiete der Rechtspflege und Verwaltung vom 14.06.1932 (RGBl. I, S.285 ff.)

Art. 2 § 1 Nr. 1 (Kapitel 1, Teil 1)
„Gegen die Urteile des Amtsrichters und des Schöffengerichts findet, vorbehaltlich der Bestimmung des § 313 der Strafprozeßordnung, nach Wahl des Berechtigten die Berufung an das Landgericht oder die Revision an das Oberlandesgericht statt. Wer Berufung eingelegt hatte, darf nicht mehr Revision gegen das Berufungsurteil einlegen."

Literaturverzeichnis

Adam, Hansjörg/Albrecht, Hans-Jörg/Pfeiffer, Christian	Jugendrichter und Jugendstaatsanwälte in der Bundesrepublik Deutschland, Kriminologische Forschungsberichte aus dem Max-Planck-Institut für ausländisches und internationales Strafrecht Bd. 24, Freiburg im Breisgau 1986
Albrecht, Hans-Jörg	Ist das Strafverfahren noch zu beschleunigen?, NJ 1994, S.396 ff.
Albrecht, Peter-Alexis	Jugendstrafrecht. Ein Studienbuch, 2. Auflage, München 1993
Asbrock, Bernd	Grundzüge und Besonderheiten eines Strafverfahrens und einer Gerichtsverfassung für Jungerwachsene im Rahmen eines zukünftigen Jungtäterrechts nach Herabsetzung des Volljährigkeitsalters auf 18 Jahre, Diss. jur. Göttingen 1975
Balbier, Ralf-Werner	Brauchen wir ein neues Jugendstrafrecht?, DRiZ 1989, S.404 ff.
ders.	Das neue Jugendstrafverfahren, in: Jugend im sozialen Rechtsstaat: Für ein neues Jugendgerichtsgesetz, Dokumentation des 22. Deutschen Jugendgerichtstages vom 26. - 30.09.1992 in Regensburg, Hrsg.: Deutsche Vereinigung für Jugendgerichte und Jugendgerichtshilfen, Schriftenreihe der Deutschen Vereinigung für Jugendgerichte und Jugendgerichtshilfen Bd. 23, Bonn 1996, S.468 ff.
Bender, Bernd	Zur Methode der Rechtsfindung bei der Auslegung und Fortbildung gesetzten Rechts, JZ 1957, S.593 ff.
Bertram, Friedrich	Die Auswirkungen der letzten Novelle zur Strafprozeßordnung (StPOÄG) auf das Jugendgerichtsverfahren, MschrKrim Bd. 51 (1968), S.285 ff.

Berz, Ulrich — Möglichkeiten und Grenzen einer Beschleunigung des Strafverfahrens, NJW 1982, S.729 ff.

Beulke, Werner — Wieviel Erziehung ist im Jugendstrafrecht möglich?, in: Toleranz-Erziehung-Strafe. Antworten auf Straftaten Jugendlicher, hrsg. von Rössner, Dieter, Hofgeismarer Protokolle Bd. 266, Hofgeismar 1989, S.65 ff.

Bietz, Hermann — Erziehung statt Strafe? Überlegungen zur Weiterentwicklung des Jugendkriminalrechts, ZRP 1981, S.212 ff.

ders. — Zur „Diversion" und Funktion der Jugendgerichtshilfe im Rahmen des § 45 JGG, ZfJ 1983, S.321 ff.

Blau, Günter — Kriminalpolitische Auswirkungen des Erziehungsgedankens, in: Grundfragen des Jugendkriminalrechts und seiner Neuregelung. Symposium an der Kriminologischen Forschungsstelle zu Köln (01. - 04.10.1990), 3. Auflage, hrsg. vom Bundesministerium der Justiz, reihe recht, Bonn 1995, S.326 ff.

Blos, Peter — Adoleszenz; eine psychoanalytische Begutachtung, 2. Auflage, Stuttgart 1978

Böhm, Alexander — Aus der neueren Rechtsprechung zum Jugendstrafrecht, NStZ 1984, S.445 ff.

ders. — Einführung in das Jugendstrafrecht, 3. Auflage, München 1996

Böhm, Winfried — Wörterbuch der Pädagogik, 12. Auflage, Stuttgart 1982

Bolesch, Cornelia — Jugendstrafen bis 30?, Süddeutsche Zeitung v. 2./3.10.1997, S.11

Bottke, Wilfried — Zur Ideologie und Teleologie des Jugendstrafverfahrens, ZStW Bd. 95 (1983), S.69 ff.

ders. Generalprävention und Jugendstrafrecht aus kriminologischer und dogmatischer Sicht, Abhandlungen zum Jugendstrafrecht, Sammelband 3, Berlin New York 1984

Brockhaus Enzyklopädie Bd. 2, 19. Auflage, Mannheim 1987
Bd. 12, 19. Auflage, Mannheim 1990

Brunner, Rudolf Anmerkung zum Urteil des BayObLG vom 21.12.1973 (BayObLGSt 1973, S. 220 ff. = JR 1974, S. 523 f,), JR 1974, S.524

ders. Anmerkung zum Urteil des OLG Celle vom 13.02.1979 (JR 1980, S.37 ff. = MDR 1979, S. 603, LS), JR 1980, S.39 f.

ders. Anmerkung zum Beschluß des BGH vom 14.05.1981 (JR 1982, S. 123 f.), aaO., S.124 f.

ders. Anmerkung zum Beschluß des BayObLG vom 26.06.1991 (NJW 1992, S. 1520 f. = JR 1992, S. 387 ff.), JR 1992, S.389 f.

Brunner, Rudolf/Dölling, Dieter Jugendgerichtsgesetz. Kommentar, 10. Auflage, Berlin New York 1996

Bundesministerium der Justiz >>Diversion<< im deutschen Jugendstrafrecht -informelle Erledigungen und ambulante Maßnahmen-, Empfehlungen der Ad-hoc-Kommission >>Diversion<< der Jugend- und Justizministerkonferenzen und Thesen der Bundesarbeitsgemeinschaft für ambulante Maßnahmen nach dem Jugendrecht in der Deutschen Vereinigung für Jugendgerichte und Jugendgerichtshilfe e.V. sowie Auswahlbibliographie zu Diversion und ambulanten Maßnahmen, reihe recht, Bonn 1989

Cohnitz, Wolf-Günther Der Verteidiger in Jugendsachen. Ein Leitfaden, insbesondere für die anwaltliche Praxis, Berlin 1957

Creifelds, Carl — Rechtswörterbuch, 13. Auflage, München 1996

Dallinger, Wilhelm — § 357 StPO und die Rechtsmittelbeschränkung des § 55 II JGG, MDR 1963, S.539 ff.

Dallinger, Wilhelm/Lackner, Karl — Jugendgerichtsgesetz, München Berlin 1955

dies. — Jugendgerichtsgesetz, 2. Auflage, München Berlin 1965

Dauner, Iris — Falsche Selbstbezichtigungen Jugendlicher aus der Sicht des Kinder- und Jugendpsychiaters, in: Festschrift für Hermann Stutte zum 70. Geburtstag, Jugendpsychiatrie und Recht, hrsg. von Remschmidt, Helmut/Schüler-Springorum, Horst, Köln Berlin Bonn München 1979, S.3 ff.

Deutsche Vereinigung für Jugendgerichte und Jugendgerichtshilfen — Denkschrift über die kriminalrechtliche Behandlung junger Volljähriger, Göttingen 1977

dies. — Unterkommission III. Jugendverfahren, DVJJ-Journal 1992, S.23 ff.

dies. — Jugend im sozialen Rechtsstaat: Für ein neues Jugendgerichtsgesetz, Dokumentation des 22. Deutschen Jugendgerichtstages vom 26. - 30.09.1992 in Regensburg, Schriftenreihe der Deutschen Vereinigung für Jugendgerichte und Jugendgerichtshilfen Bd. 23, Bonn 1996

Diemer, Herbert/Schoreit, Armin/Sonnen, Bernd-Rüdeger — JGG. Kommentar zum Jugendgerichtsgesetz, 2. Auflage, Heidelberg 1995

Döbert, Rainer/Nunner-Winkler, Gertrud — Performanzbestimmende Aspekte des moralischen Bewußtseins, in: Sozialisation und Moral. Neuere Ansätze zur moralischen Entwicklung und Erziehung, hrsg. von Portele, Gerhard, Weinheim Basel 1978, S.101 ff.

Drobinski, Matthias — Prügeln und geprügelt werden. Wie eine Großstadt bislang noch vergeblich nach dem

	besten Rezept sucht, um die wachsende Jugendkriminalität einzudämmen, Süddeutsche Zeitung v. 2./3.10.1997, S.11
Eckert, Hans-Ulrich	Zur Technik strafrechtlicher Verhaltenssteuerung, ZfJ 1982, S.135 ff.
Eisenberg, Ulrich	Anmerkung zum Urteil des HansOLG Hamburg vom 31.08.1982 (JR 1983, S.170 ff.), aaO., S.172 f.
ders.	Einführung in die Grundprobleme des Jugendstrafrechts -dargestellt an Hand von zwei Originalfällen, JuS 1983, S.569 ff.
ders.	Anmerkung zum Beschluß des LG Mainz vom 15.08.1983 (NStZ 1984, S.121 f.), aaO., S.122 f.
ders.	Zur Verantwortung vor dem Erziehungsgedanken im Jugendstrafrecht, JR 1987, S.485 ff.
ders.	Anm. zum Beschluß des LG Freiburg vom 11.07.1986 (JR 1988, S.523 ff.), aaO., S.524 f.
ders.	Jugendgerichtsgesetz, 7. Auflage, München 1997
Eisenhardt, Thilo	Die Wirkungen der kurzen Haft auf Jugendliche. Eine repräsentative empirische psychologisch-kriminologische Studie über delinquente Jugendliche und die Auswirkungen des Vollzuges auf ihre Persönlichkeit und ihre sozialen Einstellungen, Frankfurt/Main 1977
Engisch, Karl	Einführung in das juristische Denken, 7. Auflage, Stuttgart Berlin Köln Mainz 1977
Enneccerus, Ludwig / Nipperdey, Hans Carl	Allgemeiner Teil des Bürgerlichen Rechts. Ein Lehrbuch, Bd. 1, Halbbd. 1, 15. Auflage, Tü-

bingen 1959

Francke, Herbert — Das Jugendgerichtsgesetz vom 16. Februar 1923, 2. Auflage, Berlin München 1926

Frehsee, Detlev — Der Ungehorsamsarrest -repressive Antwort auf schwere Fälle? Wege zu seiner Vermeidung, in: Mehrfach Auffällige-Mehrfach Betroffene. Erlebnisweisen und Reaktionsformen, Dokumentation des 21. Deutschen Jugendgerichtstages vom 30.09. - 04.10.1989 in Göttingen, Hrsg.: Deutsche Vereinigung für Jugendgerichte und Jugendgerichtshilfen, Schriftenreihe der Deutschen Vereinigung für Jugendgerichte und Jugendgerichtshilfen Bd. 18, Bonn 1990, S.314 ff.

Giesecke, Hermann — Die Hitlerjugend, in: Die Formung des Volksgenossen. Der „Erziehungsstaat" des Dritten Reiches, hrsg. von Herrmann, Ulrich, Weinheim Basel 1985, S.173 ff.

Grethlein, Gerhard — Problematik des Verschlechterungsverbotes im Hinblick auf die besonderen Maßnahmen des Jugendrechts, Neuwied Berlin 1963

Grethlein, Gerhard/Brunner, Rudolf — Jugendgerichtsgesetz. Kommentar, 3. Auflage, Berlin 1969

Hammel, Walter — Autorität!? Autorität und ihr Widerspruch, Bad Heilbrunn/Obb. 1973

Hanack, Ernst-Walter — Pozeßhindernis des überlangen Strafverfahrens?, JZ 1971, S.705 ff.

Hasenclever, Christa — Jugendhilfe und Jugendgesetzgebung seit 1900, Göttingen 1978

Hauber, Rudolf — Spezialisierung als Legitimation jugendrichterlichen Handelns, ZfJ 1977, S.372 ff.

Hauser, Harald — Der Jugendrichter- Idee und Wirklichkeit, Kriminologische Studien Bd. 31, Göttingen

1980

ders. Der Jugendrichter -Idee und Wirklichkeit. -Eine Untersuchung in 4 Landgerichtsbezirken über das Selbstbild von Jugendrichtern und deren Fremdeinschätzung durch jugendliche Delinquenten und Jugendgerichtshelfer, MschrKrim Bd. 63 (1980), S.1 ff.

Heinen, Bert Die Gestaltung der Gerichtsverhandlung im vereinfachten Verfahren, UJ 1957, S.204 ff.

Heinz, Wolfgang Strategien der Diversion in der Jugendgerichtsbarkeit der Bundesrepublik Deutschland, RdJ 1984, S.291 ff.

ders. Die Bedeutung des Erziehungsgedankens für Normsetzung und Normanwendung im Jugendstrafrecht der Bundesrepublik Deutschland, in: Erziehung und Strafe. Jugendstrafrecht in der Bundesrepublik Deutschland und Polen -Grundfragen und Zustandsbeschreibung, hrsg. von Wolff, Jörg/Marek, Andrzej, Schriftenreihe der DVJJ Bd. 19, Bonn 1990, S.28 ff.

ders. Diversion im Jugendstrafverfahren. Aktuelle kriminalpolitische Bestrebungen im Spiegel empirischer Untersuchungen, ZRP 1990, S.7 ff.

ders. Diversion im Jugendstrafverfahren. Praxis, Chancen, Risiken und rechtsstaatliche Grenzen, ZStW Bd. 104 (1992), S.591 ff.

Heinz, Wolfgang/Hügel, Christine Forschungsvorhaben des Bundesministers der Justiz. Erzieherische Maßnahmen im deutschen Jugendstrafrecht, hrsg. vom Bundesministerium der Justiz, reihe recht, Bonn 1986

Heinz, Wolfgang/Storz, Renate Diversion im Jugendstrafverfahren der Bundesrepublik Deutschland. Forschungsvorhaben

	des Bundesministers der Justiz: >Erzieherische Maßnahmen im deutschen Jugendstrafrecht - Abschluß- und Vertiefungsuntersuchung< Abschlußbericht, 3. unveränderte Auflage, hrsg. vom Bundesministerium der Justiz, reihe recht, Bonn 1994
Hellmer, Joachim	Die Verwerfung von Rechtsmitteln im Jugendstrafverfahren durch Beschluß, JR 1955, S.92 ff.
Hellwig, Albert	Jugendgerichtsgesetz, Berlin 1923
Hering, Eike/Sessar, Klaus	Praktizierte Diversion. Das „Modell Lübeck" sowie die Diversionsprogramme in Köln, Braunschweig und Hamburg, Hamburger Studien zur Kriminologie Bd. 7, Pfaffenweiler 1990
Herold, Georg	Untersuchungshaft bei Jugendlichen und Heranwachsenden, RdJ 1957, S.103 ff.
Herz, Ruth	Jugendstrafrecht, 2. Auflage, Köln Berlin Bonn München 1987
Hillenkamp, Thomas	Verwirkung des Strafanspruches durch Verfahrensverzögerung ?, JR 1975, S.133 ff.
Jähnke, Burkhard/Laufhütte, Heinrich Wilhelm/Odersky, Walter	Strafgesetzbuch (Leipziger Kommentar), 11. Auflage, 1. Lieferung, Berlin New York 1992
Jescheck, Hans-Heinrich/Weigend, Thomas	Lehrbuch des Strafrechts, Allgemeiner Teil, 5. Auflage, Berlin 1996
Jung, Heike	Die jugendrichterlichen Entscheidungen-Anspruch und Wirklichkeit, ZRP 1981, S.36 ff.
Kaiser, Günther/Kerner, Hans-Jürgen/Sack, Fritz/Schellhoss, Hartmut	Kleines Kriminologisches Wörterbuch, 3. Auflage, Heidelberg 1993
Kaufmann, Arthur	Zur Rechtsmittelbeschränkung in Jugendstraf-

sachen, JZ 1958, S.9 ff.

Kerner, Hans-Jürgen — Jugendgerichtsverfahren und Kriminalprävention, in: Jugendgerichtsverfahren und Kriminalprävention, Hrsg.: Deutsche Vereinigung für Jugendgerichte und Jugendgerichtshilfen e.V., Schriftenreihe der Deutschen Vereinigung für Jugendgerichte und Jugendgerichtshilfen N.F., Heft 13, München 1984, S.14 ff.

Kiesow, Wilhelm — Jugendgerichtsgesetz vom 16. Februar 1923, Mannheim Berlin Leipzig 1923

Kleinknecht, Theodor / Meyer-Goßner, Lutz — Strafprozeßordnung, 43. Auflage, München 1997

Klug, Ulrich — Juristische Logik, 4. Auflage, Berlin Heidelberg New York 1982

Koffka, Johannes/Schäfer, Karl — Die Vorschriften über die Strafrechtspflege in der Verordnung des Reichspräsidenten über Maßnahmen auf dem Gebiete der Rechtspflege und der Verwaltung vom 14. Juni 1932 (RGBl. I, S.285), Berlin 1932

Kohlmann, Günther — Der Anspruch des Beschuldigten auf schnelle Durchführung des Ermittlungsverfahrens, in: Festschrift für Reinhart Maurach zum 70. Geburtstag, hrsg. von Schroeder, Friedrich-Christian/Zipf, Heinz, Karlsruhe 1972, S.501 ff.

Krech, David/Crutchfield, Richard S./Livson, Norman/Wilson, William A. jr./Parducci, Allen — Grundlagen der Psychologie in 8 Bänden, Bd. 4, Weinheim Basel 1985

Kühne, Hans-Heiner — Strafprozeßlehre, 4. Auflage, Heidelberg 1993

Kümmerlein, Heinz — Das neue Reichsjugendgerichtsgesetz I, DJustiz 1943, S.529 ff.

ders. — Das neue Reichsjugendgerichtsgesetz II, DJustiz 1943, S.553 ff.

ders. Reichsjugendgerichtsgesetz vom 6. November 1943, München Berlin 1944

ders. Vereinfachung in der Jugendstrafrechtspflege - zugleich ein Erfahrungsbericht zum Verfahrensrecht des Reichsjugendgerichtsgesetzes-, DJustiz 1945, S.2 ff.

Küng-Hofer, Rolf Die Beschleunigung des Strafverfahrens unter Wahrung der Rechtsstaatlichkeit, Bern Frankfurt/Main Nancy New York 1984

Lange, Regina Fehlerquellen im Ermittlungsverfahren. Eine Auswertung von 1110 Wiederaufnahmeverfahren, Wissenschaft & Praxis Bd. 8, Heidelberg 1980

Larenz, Karl Methodenlehre der Rechtswissenschaft, 6. Auflage, Berlin Heidelberg New York London Paris Tokyo Hong Kong Barcelona Budapest 1991

Libuda-Köster, Astrid Diversion: Selbsteinschätzung und Realität staatsanwaltlichen Entscheidens. -Eine Befragung nordrhein-westfälischer Jugendstaatsanwältinnen und Jugendstaatsanwälte-, in: Informalisierung des Rechts. Empirische Untersuchungen zur Handhabung und zu den Grenzen der Opportunität im Jugendstrafrecht, hrsg.von Albrecht, Peter-Alexis, Berlin New York 1990, S.229 ff.

Lichtenstein, Ernst Erziehung Autorität Verantwortung. Reflexionen zu einer pädagogischen Ethik, Ratingen 1967

Lindsay, P. H./Norman, D. A. Einführung in die Psychologie. Informationsaufnahme und -verarbeitung beim Menschen, Berlin Heidelberg New York 1981

Löwe, Ewald/Rosenberg, Werner Die Strafprozeßordnung und das Gerichtsverfassungsgesetz. Kommentar. Bd. 4, 24. Auflage, New York 1988

Bd. 5, 24. Auflage, Berlin New York 1989

Lückert, Heinz-Rolf — Die Autorität in der Erziehung. Formen, Fundierung, Funktion (1965), in: Autorität und Freiheit, hrsg. von Geißler, Erich E., 3. Auflage, Bad Heilbrunn/Obb. 1970, S.74 ff.

Lummer, Heinrich — Der Autoritätsverlust als Gefährdung des demokratischen Rechtsstaates, in: Freiheit und Autorität als Grundlage der modernen Gesellschaft, hrsg. von Bossle, Lothar/Goldberg, Gerhard W., Würzburger Studien zur Soziologie Bd. 7, Würzburg 1982, S.45 ff.

Maurach, Reinhart/Gössel, Karl Heinz/Zipf, Heinz — Strafrecht, Allgemeiner Teil, Teilbd. 2. Ein Lehrbuch, 7. Auflage, Heidelberg 1989

Messmer, Heinz — „`s is besser so“ -Randnotizen zum Stichwort Diversion-, ZfJ 1990, S.438 ff.

Meyer-Goßner, Lutz/Sröber, Hubert — Reform des Rechtsmittelverfahrens in Srafsachen, ZRP 1996, S.354 ff.

Middendorf, Wolf — Rechtsmittel im Jugendstrafverfahren, ZfJ 1952, S.70 ff.

Miehe, Olaf — Die Bedeutung der Tat im Jugendstrafrecht. Zugleich ein Beitrag zur verfassungsrechtlichen Kritik der jugendrichterlichen Zumessung, Göttinger Rechtswissenschaftliche Studien Bd.53, Göttingen 1964

Mietzel, Gerd — Wege in die Entwicklungspsychologie: Kindheit und Jugend, 2. Auflage, Weinheim 1995

Molketin, Rüdiger — § 26 II JGG -eine in der Praxis leider viel zu oft vernachlässigte Vorschrift, ZfJ 1981, S.265 ff.

Momberg, Rolf — Der Einfluß der Jugendgerichtshilfe auf die Entscheidung des Jugendrichters. -Ergebnisse aus einer empirischen Untersuchung von 276 Strafverfahrensakten unter besonderer Berücksichtigung von Jugendgerichtshilfebericht und Urteilsbegründung-, MschrKrim Bd. 65 (1982), S.65 ff.

Mrozynski, Peter — Jugendhilfe und Jugendstrafrecht, München 1980

Müller, Karl Friedrich Wilhelm — Jugendstrafrecht und Jugendgerichtsbarkeit, 3. Auflage, Regensburg 1975

Müller-Dietz, Heinz — Jugendgerichtsbarkeit und Sozialarbeit, MschrKrim Bd. 58 (1975), S.1 ff.

ders. — Grundfragen des strafrechtlichen Sanktionensystems, Heidelberg Hamburg 1979

Neuhaus, Ralf — Anmerkung zum Beschluß des OLG Hamm vom 28.07.1989 (NStZ 1990, S.140) aaO., S.140 f.

Nickel, Horst — Entwicklungspsychologie des Kindes- und Jugendalters Bd. 2, Bern Stuttgart Wien 1975

Nix, Christoph — Anmerkung zum Beschluß des OLG Celle vom 01.09.1992 (NStZ 1993, S. 400 f.), aaO., S.401

Nolte, Carsten — Die Rückfälligkeit Jugendlicher und Heranwachsender nach der Verbüßung von Jugendarrest, Diss. jur. Göttingen 1978

Nothacker, Gerhard — Zur besonderen Beschränkung der Rechtsmittel im Jugendstrafverfahren (§ 55 JGG), GA 1982, S.451 ff.

ders. — „Erziehungsvorrang“ und Gesetzesauslegung im Jugendgerichtsgesetz. Eine systematisch-methodologische Analyse jugendstrafrechtlicher Rechtsanwendungsprinzipien, Strafrechtliche Abhandlungen N.F. Bd. 56, Berlin 1985, zugleich Diss. jur Berlin 1984

Nüse, Karl-Heinz — Anmerkung zum Beschluß des OLG Stuttgart vom 22.05.1978 (LRE 11, S.290 ff.), aaO, S.299 f.

Oerter, Rolf/Montada, Leo — Entwicklungspsychologie, 3. Auflage, Weinheim 1995

Ostendorf, Heribert — Alternativen zur strafverurteilenden Konfliktserledigung, ZRP 1983, S.302 ff.

ders. — Maßloses Erziehungsstrafrecht oder gebändigtes Präventionsstrafrecht, in: Beiträge zur Erziehung im Jugendkriminalrecht, hrsg. von Walter, Michael, Köln Berlin Bonn München 1989, S.91 ff.

ders. — Anmerkung zum Beschluß des BayObLG vom 09.08.1988 (NStZ 1989, S. 194 f.), aaO, S.195 f.

ders. — Jugendgerichtsgesetz. Kommentar, 3. Auflage, Köln Berlin Bonn München 1994

ders. — Reform des Jugendarrests, MschrKrim Bd. 77 (1995), S.352 ff.

ders. — Zukunft des Jugendstrafrechts, in: Jugendstrafrechtsreform durch die Praxis. -Informelle Reaktionen und neue ambulante Maßnahmen auf dem Prüfstand, 4. unveränderte Auflage, hrsg. vom Bundesministerium der Justiz. Symposium vom 06. - 09.10.1988 in der Universität Konstanz, reihe recht, Bonn 1992, S.325 ff.

Palandt, Otto — Bürgerliches Gesetzbuch, 56. Auflage, München 1997

Pawlowski, Hans-Martin — Methodenlehre für Juristen: Theorie der Norm und des Gesetzes, 2. Auflage, Heidelberg 1991

Pentz, Adolf — Neues zum Jugendgerichtsgesetz, RdJ 1956, S.44 ff.

ders. Zur Auslegung des § 55 JGG, JZ 1957, S.49 f.

ders. Zweifelsfragen im Strafverfahren gegen Jugendliche, GA 1958, S.299 ff.

Peters, Karl Jugendgerichtsgesetz vom 16. Februar 1923, Berlin 1942

ders. Reichsjugendgerichtsgesetz vom 6. November 1943, 2. Auflage, Berlin 1944

ders. Werdendes Jugendstrafrecht. Gedanken, Entwurf und Begründung zur Neugestaltung des Jugendgerichtsgesetzes, Bonn 1947

ders. Jugendstrafrecht, Bonn 1948

ders. Fehlerquellen im Strafprozeß Bd.1, Karlsruhe 1970

ders. Strafprozeß, 4. Auflage, Heidelberg 1985

Pfeiffer, Christian Jugendarrest -für wen eigentlich? Arrestideologie und Sanktionswirklichkeit, MschrKrim Bd. 63 (1981), S.28 ff.

ders. Kriminalprävention im Jugendgerichtsverfahren. Jugendrechtliches Handeln vor dem Hintergrund des Brücke-Projekts, 2. Auflage, Köln Berlin Bonn München 1989, zugleich Diss. jur. München 1982/83

ders. Diversion -Alternativen zum Freiheitsentzug. Entwicklungstrends und regionale Unterschiede, in: Jugendstrafrechtsreform durch die Praxis. -Informelle Reaktionen und neue ambulante Maßnahmen auf dem Prüfstand, 4. unveränderte Auflage, hrsg. vom Bundesministerium der Justiz. Symposium vom 06. - 09.10.1988 in der Universität Konstanz, reihe recht, Bonn 1992, S.74 ff.

Pfeiffer, Gerd — Das strafrechtliche Beschleunigungsgebot, in: Festschrift für Jürgen Baumann zum 70. Geburtstag, hrsg. von Arzt, Gunther/Fezer, Gerhard/Weber, Ulrich/Schlüchter, Ellen/ Rössner, Dieter, Bielefeld 1992, S.329 ff.

Pfeiffer, Gerd/Fischer, Thomas — Strafprozeßordnung. Kommentar, München 1995

Pieplow, Lukas — Erziehung als Chiffre, in: Beiträge zur Erziehung im Jugendkriminalrecht, hrsg. von Walter, Michael, Köln Berlin Bonn München 1989, S.5 ff.

Pieroth, Bodo/Schlink, Bernhard — Grundrechte, Staatsrecht II, 12. Auflage, Heidelberg 1996

Plewig, Hans-Joachim — Ideale des Rechtsstaats ?, Neue KrimPol 1995, S.9 f.

Pohlmann, Hans/Jabel, Hans-Peter — Strafvollstreckungsordnung. Kommentar, 6. Auflage, Bielefeld 1981

Pommerening, Roswitha — Das Selbstbild der deutschen Jugendrichter, MschrKrim Bd.65 (1982), S.193 ff.

Potrykus, Gerhard — Zur Frage der Rechtsmittelbeschränkung in § 40 JGG, UJ 1950, S.468 f.

ders. — Kommentar zum Jugendgerichtsgesetz, Nürnberg Düsseldorf 1952

ders. — Kommentar zum Jugendgerichtsgesetz, 3. Auflage, Darmstadt Nürnberg Düsseldorf Berlin Frankfurt 1954

ders. — Das Verbot der reformatio in peius und das Jugendstrafrecht, NJW 1955, S.929 ff.

ders. — Anmerkung zum Urteil des OLG Stuttgart vom 19.08.1955 (NJW 1956, S.33 ff.), aaO., S.33 f.

ders. Anmerkung zum Beschluß des OLG Hamm vom 22.07.1955 (NJW 1955, S. 1609), RdJ 1956, S.79

ders. Anmerkung zum Beschluß des LG München II vom 17.11.1959 (NJW 1960, S. 1216 ff.), aaO., S.1216 f.

ders. Drei bedeutsame Entscheidungen aus dem Gebiete des Jugendstrafrechts, RdJ 1964, S.293 ff.

ders. Anmerkung zum Urteil des OLG Hamm vom 14.05.1964 (ZfJ 1964, S. 306) aaO., S.306 f.

Prantl, Heribert Schock-Urteile sind keine Lösung, Süddeutsche Zeitung v. 2./3.10.1997, S.11

Radbruch, Gustav Jugendgerichtsgesetz vom 16. Februar 1923 (RGBl. I, S.135), ZfJ 1923, S.249 ff.

Ranft, Otfried Strafprozeßrecht, 2. Auflage, Stuttgart München Hannover Berlin Weimar Dresden 1995

Roth, Andreas Die Entstehung des Jugendstrafrechts. Das Problem der Behandlung von Jugendlichen vor dem 1. Weltkrieg, ZNR 1991, S.17 ff.

Roxin, Claus Strafverfahrensrecht. Ein Studienbuch, 24. Auflage, München 1995

Sach, Joachim Jugendrichterausbildung: Erzieherisch befähigt und in der Jugenderziehung erfahren?, RdJ 1969, S.298 ff.

Sauer, W. Ist die Rechtsmittelbeschränkung im Jugendstrafrecht noch haltbar?, NJW 1947/1948, S.684

Schaffstein, Friedrich Das vereinfachte Jugendverfahren, MschrKrim Bd. 61 (1978), S.313 ff.

Schaffstein, Friedrich/Miehe, Olaf	Weg und Aufgabe des Jugendstrafrechts, Wege der Forschung Bd. CXVI, Darmstadt 1968
Schaffstein, Friedrich / Beulke, Werner	Jugendstrafrecht. Eine systematische Darstellung, 12. Auflage, Stuttgart Berlin Köln 1995
Scheffler, Uwe	Legitimation und Funktion des Beschleunigungsprinzips im Jugendstrafrecht, RdJ 1981, S.451 ff.
Schlegelberger, Franz	Die Notverordnungen vom 14. Juni 1932, A. Die Verordnung des Reichspräsidenten auf dem Gebiete der Rechtspflege und Verwaltung, JW 1932, S.1929 f.
Schlothauer, Reinhold	Das falsche Geständnis -ein Prozeßbericht, StVert 1981, S.39 ff.
Schmidt, Eberhard	Schlägermensur und Strafrecht, JZ 1954, S.369 ff.
Schmidt, Günter R.	Autorität in der Erziehung, in: Autorität, hrsg. von Türk, Hans Joachim, Mainz 1973, S.175 ff.
Schmitt, Otto Helmut	Anmerkung zum Beschluß des OLG Celle vom 01.11.1967 (NJW 1968, S. 1841, LS = NJW 1968, S. 1297), NJW 1968, S.1841 f.
Schnitzerling	Anmerkung zum Urteil des OLG Frankfurt/Main vom 17.08.1955 (NJW 1956, S. 32 f.), aaO., S.32 f.
Schönfelder, Thea	Die erzieherische Wirksamkeit der Hauptverhandlung im Jugendgerichtsverfahren, Z.Kinder-Jugendpsychiat. 1974 (Bd. 2), S.128 ff.
Schönke, Adolf/Schröder, Horst	Strafgesetzbuch. Kommentar, 25. Auflage, München 1997
Schroeder, Friedrich-Christian	Revision der Staatsanwaltschaft bei Verwer-

fung der Berufung des nichterschienenen Angeklagten, NJW 1973, S.308 f.

Sessar, Klaus — Jugendstrafrechtliche Konsequenzen aus jugendkriminologischer Forschung: zur Trias von Ubiquität, Nichtregistrierung und Spontanbewährung im Bereich der Jugendkriminalität, in: Die Einstellung des Strafverfahrens im Jugendrecht. Chancen und Risiken eines neuen kriminalpolitischen Weges sowie Erfahrungen und Anregungen aus der Praxis, hrsg. von Walter, Michael/Koop, Gerd, Kriminalpädagogische Praxis Heft 5, Meppen 1984, S.26 ff.

ders. — Zur theoretischen Absicherung von Diversion unter Zuhilfenahme von Erfahrungen aus dem Lübecker Projekt, in: Neue ambulante Maßnahmen nach dem Jugendgerichtsgesetz -Erfahrungen und Perspektiven-, hrsg. vom Bundesministerium der Justiz, 4. Auflage, reihe recht, Bonn 1992, S.116 ff.

Sessar, Klaus/Hering, Eike — Bedeutung und Reichweite pädagogisch gemeinter Verfahrenseinstellungen durch den Jugendstaatsanwalt. Das Beispiel des „Lübecker Modells“, in: Kriminologische Forschung in der Diskussion: Berichte, Standpunkte, Analysen, hrsg. von Kury, Helmut, Köln Berlin Bonn München 1985, S.371 ff.

Sieverts, Rudolf — Die Erziehungsaufgabe des Jugendarrestes, in: Weg und Aufgabe des Jugendstrafrechts, hrsg. von Schaffstein, Friedrich/Miehe, Olaf, Wege der Forschung Bd. CXVI, Darmstadt 1968, S.255 ff.

Soergel, Hans Theodor — Bürgerliches Gesetzbuch Bd. 1, 12. Auflage, Stand: Sommer 1987, Stuttgart Berlin Köln Mainz 1988

Solomon, Richard L. — Punishment, American Psychologist, volume

19 (1964), S.239 ff.

Sommer, Karl — Das neue Reichsjugendgerichtsgesetz, DJustiz 1944, S.51 ff.

Spranger, Eduard — Psychologie des Jugendalters, 26. Auflage, Heidelberg 1960

Stone, L. Joseph/Church, Joseph — Kindheit und Jugend. Einführung in die Entwicklungspsychologie, Bd. 1, Stuttgart 1978

Streng, Franz — Der Erziehungsgedanke im Jugendstrafrecht. Überlegungen zum Ideologiecharakter und zu den Perspektiven eines multifunktionalen Systembegriffs, ZStW Bd. 106 (1994), S.60 ff.

Strohal, Richard — Wesen und Sinn der Autorität -berechtigte und verfehlte Ansprüche, in: Autorität -was ist das heute? Umstrittene Machtansprüche in Staat, Gesellschaft und Kultur, hrsg. von Lehner, Gunthar, München 1965, S. 5 ff.

Sykes, Gresham M./Matza, David — Techniken der Neutralisierung: Eine Theorie der Delinquenz, in: Kriminalsoziologie, hrsg. von Sack, Fritz/König, René, Frankfurt/Main 1968, S.360 ff.

Tilch, Horst — Deutsches Rechts-Lexikon Bd.2, 2. Auflage, München 1992

Thierack, Georg — Dem neuen Jugendstrafrecht zum Geleit, Deutsches Jugendrecht 1944 (Heft 4), S.5 ff.

Viehmann, Horst — Anmerkungen zum Erziehungsgedanken im Jugendstrafrecht aus rechtsschaffender Sicht, in: Beiträge zur Erziehung im Jugendkriminalrecht, hrsg. von Walter, Michael, Köln Berlin Bonn München 1989, S.111 ff.

Voss, Michael — Jugend ohne Rechte. Die Entwicklung des Jugendstrafrechts, Frankfurt/Main New York 1986

Walter, Michael	Über die Bedeutung des Erziehungsgedankens für das Jugendkriminalrecht, in: Beiträge zur Erziehung im Jugendkriminalrecht, hrsg. von Walter, Michael, Köln Berlin Bonn München 1989, S.59 ff.
ders.	Der Erziehungsgedanke im Jugendrecht -Abschied oder Reformulierung?, in: Erziehung und Strafe. Jugendstrafrecht in der Bundesrepublik Deutschland und Polen -Grundfragen und Zustandsbeschreibung, hrsg. von Wolff, Jörg/Marek, Andrzej, Schriftenreihe der DVJJ Bd. 19, Bonn 1990, S.51 ff.
Welp, Jürgen	Die Gestellung des verhandlungsunfähigen Angeklagten, JR 1991, S.265 ff.
Welzel, Hans	Das deutsche Strafrecht. Eine systematische Darstellung, 11. Auflage, Berlin 1969
Werle, Gerhard	Justiz-Strafrecht und polizeiliche Verbrechensbekämpfung im Dritten Reich, Berlin New York 1989
Wetterich, Paul/Hamann, Helmut	Strafvollstreckung, 4. Auflage, München 1989
Wittschier, Johannes	Das Verbot der reformatio in peius im strafprozessualen Beschlußverfahren, Darmstadt 1984
Wolff, Jörg	Jugend und Strafrecht im Nationalsozialismus, ZNR 1991, S.41 ff.
Wolff, Jörg	Die Entwicklung des Jugendstrafrechts im Nationalsozialismus, DVJJ-J 1992, S.204 ff.

Andreas Auprich

Das Recht auf Entwicklung als kollektives Menschenrecht

Frankfurt/M., Berlin, Bern, Bruxelles, New York, Oxford, Wien, 2000. 330 S.
Europäische Hochschulschriften: Reihe 2, Rechtswissenschaft. Bd. 2931
ISBN 3-631-36677-9 · br. DM 98.–*

Das Novum des Rechts auf Entwicklung liegt vor allem darin, dass ihm eine kollektive Komponente zugeschrieben wird und es das politische Anliegen „Entwicklung" in eine Menschenrechtsforderung kleiden will. Die Arbeit untersucht die Vereinbarkeit dieser Aspekte mit der Idee der Menschenrechte und möchte abklären, welche „Kollektive" als Berechtigte eines Menschenrechts auf Entwicklung in Frage kommen und welche entwicklungspolitischen Forderungen als Ansprüche aus einem Menschenrecht auf Entwicklung denkbar sind. Dabei ist zwischen einem Recht auf Entwicklung als Strukturprinzip der Völkerrechtsordnung und einem Recht auf Entwicklung als Menschenrecht zu unterscheiden. Als kollektive Nutznießer eines Menschenrechts auf Entwicklung sind entwicklungsorientierte Organisationsformen der Zivilgesellschaft in Betracht zu ziehen, die spezifische Mitsprache-, Abwehr- und Gestaltungsrechte zur Schaffung eines förderlichen Umfelds für Entwicklung einfordern.

Aus dem Inhalt: Idee der Menschenrechte · Entwicklungsbegriff · Das Recht auf Entwicklung in der Diskussion der Vereinten Nationen · Rechtsquellen und Natur des Rechts auf Entwicklung · Nichtregierungsorganisationen · Realisierung eines kollektiven Menschenrechts auf Entwicklung

FSC
www.fsc.org
MIX
Papier | Fördert gute Waldnutzung
FSC® C083411

Kolibri 360 GmbH
Ferdinand-Jühlke-Straße 7
99095 Erfurt, Deutschland
produktsicherheit@kolibri360.de

Druck:
CPI Druckdienstleistungen GmbH
im Auftrag der
Kolibri 360 GmbH
Ferdinand-Jühlke-Str. 7
99095 Erfurt